가난하게 태어난 것은 당신의 실수가 아니다.
그러나 죽을 때도 가난한 것은 당신의 실수다.

빌게이츠

다 쓰고 남은 걸 저축하는 게 아니라,
저축하고 나서 남은 게 있으면 써라.

워렌 버핏

하버드
부자 수업

하버드 부자 수업

펴낸날 2020년 1월 15일 1판 1쇄

지은이 무천강
옮긴이 이에스더
펴낸이 강유균
편집위원 이라야 남은영
기획·홍보 김아름
교정·교열 이교숙
경영지원 이안순
디자인 현애정
마케팅 신용천

펴낸곳 리드리드출판(주)
출판등록 1978년 5월 15일(제 13-19호)
주소 경기도 고양시 일산서구 고양대로632번길 60, 207호(일산동, 대우이안)
전화 (02)719-1424
팩스 (02)719-1404
이메일 gangibook@naver.com
홈페이지 www.readlead.kr
포스트 https://post.naver.com/gangibook

ISBN 978-89-7277-332-0 (03320)

* 잘못된 책은 바꾸어 드립니다.
* 책값은 뒤표지에 있습니다.

이 도서의 국립중앙도서관 출판예정도서목록(CIP)은 서지정보유통지원시스템 홈페이지(http://seoji.nl.go.kr)와
국가자료공동목록시스템(http://www.nl.go.kr/kolisnet)에서
이용하실 수 있습니다.(CIP제어번호 : CIP2019051226)

사고방식부터 과학적 방법까지 알려주는 인생 머니플랜

하버드 부자 수업

HARVARD RICH CLASS

무천강 지음 · 이에스더 옮김

리드리드출판

프 롤 로 그

하버드에서 가르치는 돈을 벌고, 쓰고, 관리하는 법

'내가 돈을 못 버는 것도 아닌데 왜 월말만 되면 푸어족이 되어 있을까?'

'돈을 모으는 방법이 저축밖에 없는 걸까?'

'직장 밖에서도 돈을 벌 수 있는 방법은 없을까?'

'투자는 하고 싶은데, 아는 것은 없고, 어떻게 해야 할까?'

'보험은 나오는 것만 있고 들어가는 건 없는 매매일까?'

'삶 속에서 어떻게 해야 적은 돈으로 크게 쓸 수 있을까?'

불현듯 이런 생각이 들 때가 있다. 별로 쓴 것도 없는데 월급이 바닥났을 때, 열심히 아끼고 모았는데 그 고통에 비해 모아진 돈이 적을 때, 원하는 것을 사고 싶은 데 가진 돈이 턱없이 부족할 때 그렇다. 그럴 때는 푸어족의 머릿속에 위의 의문들이 꼬리에 꼬리를 물고 이어진다.

집값은 계속 올라가고 월급은 늘 제자리걸음이다. 물가상승률을 뛰어넘지 못하는 월급으로는 오늘의 안락함도 보장받기 힘들다. 티끌 모아 태산이라는데 티끌을 쓸어 모았더니 겨우 티끌 덩어리에서 끝나고 말았다. 결국 내일을 즐길 수 있는 자본을 모은다는 것은 자신에게 가당치 않다는 것을 체감할 뿐이다.

일본의 미래학자 오마에 겐이치는 "부자는 더 부유해지고, 중간 계층의 인구 중 아주 극소수만 부유층으로 편입되고, 나머지 대다수는 저소득 혹은 중·저소득층으로 떨어질 수 있다."라고 미래경제를 예측했다. 중간 계층의 급격한 감소와 파괴로 소위 M형 사회가 형성된다는 것이다.

M형 사회가 도래하기 전에 우리는 먼저 준비해야 한다. 제때 움직이지 않으면 통화팽창에 자신의 정기저축을 먹이로 헌납할 수밖에 없는 '신 빈민족'으로 전락하고 만다.

현대사회에서 근검절약으로 돈을 모아야 한다는 개념은 이미 낙오된 지 오래다. 생활의 '질'과 '양'을 희생하지 않는 전제하에 이성적인 투자를 통해 돈을 버는 것이야말로 오늘날 제대로 인정하는 '자산관리'다. 공부하지 않거나 전략 없이 임의로 투자하는 주먹구구식 방법은 이제 통하지 않는다.

그래서 하버드에서는 개인의 자산관리 방법을 가르친다. 단기간 내에 자신이 가진 돈의 가치를 최대로 끌어올릴 수 있는 법을 아는 사람과 모르는 사람의 차이가 확연히 나타나기 때문이다. 하버드의 자산관리 첫 시간은 두 가지 개념만 가르친다. 첫째는 '투자' 행위와 '소비' 행위를 구분해야 한다는 것이다. 둘째는 매달 월급의 30%를 먼저 저축하고 남은 돈으로 소비해야 한다는 점이다. 이것이 그 유명한 '하버드 자산관리 비법'이다. 하버드가 키운 청년들이 미래의 삶 속에서 부유함을 누리며 사는 이유는 이 두 개념을 머리에 각인했기 때문이다.

자산관리는 창조성을 가진 일이다. 재미있는 일이지 어려운 일이 아니라는 말이다. 관련 지식만 잘 알고 나면 돈을 완벽하게 다룰 수 있고, 전 세계로부터 돈을 벌어들일 수도 있다. 자산관리는 전문영역이기도 하다. 그래서 서양에서는 개인 자산관리업이 이미 큰 각광을 받고 있다. 개인이 돈을 낳고, 모으고, 쓰는 방법을 관리해주는 일을 한다. 소비, 저축, 보험, 투자 등 끊임없이 합리적으로 돈을 버는 방법을 찾아주는 것이다. 여기에는 재원 개발과 과학적으로 소비하는 절약이 포함된다. 자산관리의 정수는 돈을 쓰는 것, 즉 번 돈을 타당하게 운용하는 것에 있기 때문이다.

개인의 자산관리는 전면적인 개념으로 일상생활의 필요를 채우는 것에서부터 결혼을 하고, 아이를 교육하고, 부모를 부양하는 것, 가정의 중대한 투자와 가족에 대한 안전을 보장하는 것 등을 포함한다. 그러니까 우리 생활 속의 모든 요소가 자산관리와 연관돼 있는 것이다. 유한한 돈이 최대 효과를 발휘하게 하는 것이야말로 자산관리의 참뜻이라고 할 수 있다.

자산관리는 당신이 일상생활에서 어떻게 해야 적은 돈으로 최상의 삶을 누릴 수 있는지 알려준다. 당신은 돈을 위해 일하고, 자산관리는 돈이 당신을 위해 일하는 것이다.

이 책은 하버드 명사들이 강의한 자산관리 지식을 종합했다. 거기에 현재의 금융상황에 대한 분석을 더해 부를 축적하는 방식을 소개한다. 이유는 간단하다. 당신이 적극적인 태도로 즐거운 삶을 살며 돈의 노예에서 벗어나도록 돕고자 하는 바람이다.

금융 대가 조지 소로스의 명언을 기억하라.

"자산관리는 일종의 사고방식이지 간단한 기술이 아니다."

지은이 **무천강**

차례 contents

PART 2
세상에 눈먼 돈은 없다

PART 3
저축은 견고한 방어선이다

PART 4
잘 쓸 줄 알면 잘 버는 법도 안다

PART 5
수입과 지출의 평행을 맞춰라

PART 6
돈을 낳는 암호를 해독하라

PART 7
주식시장엔 두려움으로 들어서라

PART 8
보험, 미래의 안전벨트를 채워라

PART 9
자녀에 대한 투자는 아끼지 마라

PART 10
자기 스타일에 맞게 투자를 맞춰라

PART 11
위기 대처능력이 답이다

사람들은 언제나 돈을 저축하라고 충고한다.

그러나 이것은 나쁜 충고다.

모든 돈을 저축하지는 마라.

자신에게 투자하라

헨리 포드

PART 1
자산관리는 필수다

H A R V A R D

R I C H

C L A S S

H A R V A R D

R I C H

C L A S S

자산관리는 무엇인가? 이 물음에 선뜻 답을 할 수 있는 사람은 많지 않다. 자산과 관련된 저축, 주식, 펀드, 채권, 보험 등 익숙한 단어지만 막상 하나씩 들여다보면 많이 익숙한데 생소하다. 그만큼 깊이 있게 연구해보지 않았다는 말이다. 언론을 통해 각종 자산관리 정보를 들었지만, 어떤 원칙을 따라야 하는지 되짚어보지도 못했다. 그래서 많이 아는 것 같지만 전혀 모르는 것이 자산관리다.

우리가 가진 자금에는 한계가 있다. 그러기에 더욱 심혈을 기울여 자산관리를 계획해야 한다. 자금을 합리적으로 배치해야 원하는 만큼 돈을 벌 수 있다. 그만큼 '부자'에 근접할 수 있는 것이다. 자산관리에 대한 연구를 거듭한 결과 터득한 결론은 하나다. 당신이 돈을 관리하지 않으면, 돈도 당신을 관리하지 않는다는 것이다.

01

돈을 알아야 돈을 지킬 수 있다

사람들은 돈을 모은다. 열심히 일하고 고생스러움도 감당하는 이유는 돈을 벌기 위해서다. 그러나 모은 돈을 효과적으로 활용하는 법은 알지 못한다. 액수가 크면 클수록 돈을 소비하거나 누리지 못하고 이를 굳건하게 지키려고만 한다.

반면 "돈이 있어야 투자나 자산관리를 논할 자격이 있다."라고 믿는 사람도 있다. 그들은 자산관리나 투자는 돈 있는 사람들만이 가질 수 있는 특권이라고 믿는다. 당장 돈이 없으니 자산관리를 할 것이 없다는 것이다. 하지만 이런 경제에 대한 늑장심리가 수많은 사람들의 '머니플랜'을 늦추고 있다는 사실을 알아야 한다.

자산관리나 투자는 돈 있는 사람들만의 특권이 아니다. 소수의 돈 있는 사람과 중산층, 중하층을 막론하고 일반적인 우리 삶과 밀접한 관련이 있다. 가난한 사람이든 고정 재산이 없는 사회초년생이든 회피해서는 안 된다. 보잘것없는 재산도 '티끌 모아 태산'이 될 수 있다. 자산에 대한 정보와 기회를 잘 활용하기만 한다면 '가난에서 탈출'할 수 있다. 따라서 정확한 자산관리 개념을 배워야 한다. 그것만이 우리의 '원대한 머니플랜'을 실현시키는 길이다.

하버드 자산관리 전문가는 인생의 단계마다 그에 맞는 자산관리 방식이 있다고 한다. 그 방식에 맞춰 미리 미리 계획을 세우고 진행해야 젊었을 때 돈을 물 쓰듯 쓰다가 나이 들어서 한탄하고 슬퍼하지 않을 수 있다고 말한다. 이에 따라 생활에 필수적인 자산관리에 대한 정확한 의식이 필요하다. 당신이 인생의 어느 단계에 있더라도 자산관리를 시작하기에 늦지 않았다. 지금부터가 중요하다.

1. 학창 시절

부모로부터 용돈을 받아 사용하는 시기다. 공부를 하고 학업을 마무리 짓는 것이 목표지만 이 시기에 투자나 자산관리의 지식도 쌓아야 한다. 예를 들어, 용돈이라는 '수입'이 있다면 이를 타당하게 활용하고 정확한 소비 개념을 세우는 것이다. 맹목적으로 유행을 따라 부모가 피땀을 흘려 모은 돈을 낭비하지 않아야 한다.

2. 사회 청년기

직업을 갖게 되는 단계다. 사회 초입에 받은 월급은 경제적인 독립의 기초가 된다. 이때부터 실질적인 자산관리를 시작해 투자 자본을 저축해야 한다. 청년기의 사람들은 일에 대한 추진력도 높은 편이다.

그렇기에 재원을 늘리고 절약하여 자금을 효과적으로 운용할 수 있어야 한다.

3. 가정을 이루고 재산을 모으는 시기

결혼 후 10년은 인생의 변화에 순응하는 시기다. 개인의 조건이나 필요에 따라 자산관리도 달라진다. 아이가 없고 맞벌이인 '신혼'은 비교적 투자능력이 있기 때문에 리스크가 적고 수익이 높은 상품에 투자하거나, 집이나 차를 사는 등 자산을 늘리고 창업을 해서 돈을 벌 수 있다. 반면 아이가 있는 가정은 자녀양육에 지출이 늘어나기 때문에 안정적이면서 높은 수익을 낼 수 있는 투자전략을 구사하는 것이 좋다.

4. 자녀들이 성장하는 중년기

이 단계에서는 자녀들의 교육자금을 저축하는 동시에 부모를 부양해야 하기 때문에 병원비, 보험비 등에 대한 부담이 늘어난다. 전문화된 능력과 업무경력이 쌓여 수입도 상대적으로 늘어나기 때문에 대출상환 방식도 탄력적으로 조절할 수 있다. 이에 따른 자산관리나 투자에도 종합적인 방식을 구사하는 것이 적합하다.

5. 자녀들이 분가하는 중노년기

이 시기에는 자녀들이 가정을 꾸리면서 교육비나 생활비 지출이 줄어들게 된다. 대신 병원비, 보험료가 포함된 은퇴 자금 마련이 자산관리의 목적이 된다. 퇴직을 앞두고 있고 자금도 어느 정도 모았을 것이다. 안전성이 높은 보수적인 투자방식을 통해 은퇴 후의 새로운 사업에 대한 준비를 고려해볼 수도 있다.

6. 은퇴 후 노년기

자산상태가 가장 여유로운 시기다. 하지만 여가비용이나 의료비에 대한 부담이 다소 증가되기도 한다. 은퇴 후의 생활을 즐기는 동시에 자산관리에는 '수비 태세'를 갖춰야 한다. '자본금을 지키는 것'을 목표로 리스크가 높은 투자를 피해 건강과 생활에 영향을 주지 않도록 해야 한다. 증여와 유산상속방식 중 어떤 것이 적합한지 따져보고 재산 이동에 대한 계획을 미리 세워둬야 한다.

인생 단계의 자산관리를 완벽하게 실천할 수는 없다. 하지만 나름대로 자산관리에 대한 어떤 깨달음은 생길 것이다. 목표가 생기면 움직일 힘이 생기게 마련이다.

재산은 티끌 모아 태산으로 만들고, 돈으로 돈을 굴리면서 모으는 것이다. 반드시 안정적이고 타당한 자산관리 계획을 세워야 '재산을 모으는' 목표를 점차 실현해갈 수 있다. 안정적인 삶, 보장된 삶, 고품질의 삶의 기초를 닦을 수 있는 것이다. 만약 아무런 계획도 없이 순간의 결정으로 자산관리 흐름을 주관한다면, 굴곡이 심한 극단적인 결과를 초래할 수밖에 없다.

하버드 자산관리 비법

아름다운 인생을 그려나가기 위해서는 제대로 된 인생 계획을 세워야 한다. 뿐만 아니라 인생 단계에서 자금의 필요를 어떻게 충족할 것인지 알아야 한다. 그래서 자산에 대한 적절한 계획과 관리가 절실하다. 자산관리는 평생을 두고 진행해야 하는 일이다. 각 인생의 단계에서 자금의 책임과 필요를 명확히 알고, 이에 부합하는 자산계획을 세우는 것이 바람직하다.

02

돈은 불릴수록 불어난다

돈을 아껴야 한다는 말을 새겨듣지 않는 사람들이 있다. 그들은 돈은 버는 것이지 아끼는 것이 아니라고 생각한다. 하지만 평소에 모아뒀던 돈에서 처음 자산관리가 시작된다. 즉, 먼저 아껴둔 작은 돈으로 목돈을 만들고, 그 목돈으로 더 큰 돈을 마련할 수 있다. 하버드 자산관리 전문가는 개인이 할 수 있는 전략적인 자산관리법을 제시했다. 그것은 아주 단순한 '모으기', '아끼기', '투자하기'다.

모으기 모으기의 기본은 매월 받은 월급의 일부를 은행에 저금하는 것이다. 여기서 기억할 것은 선 저축, 후 소비를 해야 한다는 점이다. 만약 쓸 돈을 모두 쓰고 월말에 남은 돈으로 저축을 하려 하면, 푸어족이 되어 저축할 돈이 없게 된다.

아끼기 매월 고정저축과 기본적인 생활지출 외에 최대한 불필요한 지출을 막는 것이다. 이렇게 아낀 돈은 은행에 넣어두었다가 자금이 충분히 모이면 투자를 진행할 수 있다.

투자하기 투자는 모은 돈과 아낀 돈으로 보험, 주식, 펀드 등의 자산관리를 진행하는 것을 말한다. 여기서 '모으기'와 '아끼기'는 기초에 해당한다. 이 방법을 이용해 돈을 모은 대표적 인물이 석유왕 존 데이비슨 록펠러이다.

석유왕 존 데이비슨 록펠러는 19세기 미국의 3대 부호이다. 그가 일생 동안 번 돈은 10억 달러가 넘고, 세금으로 낸 돈만 1억 달러가 넘는다. 이는 대다수의 사람들이 아는 이야기이다. 하지만 사람들은 그가 평생 얼마나 근검절약했는지는 잘 모른다.

어느 날, 록펠러가 퇴근하고 버스를 타고 집에 가려고 하는데 주머니를 뒤져보니 차비 10센트가 모자란다는 것을 알게 되었다. 그는 비서에게 돈을 빌린 뒤 "내가 돈을 갚아야 한다는 걸 꼭 알려주게. 내가 잊어버릴지도 모르니까."라고 말했다. 그러자 비서가 "신경 쓰지 않으셔도 됩니다. 10센트면 얼마 되지도 않는 돈인 걸요."라고 말했다. 하지만 록펠러는 단호하게 말했다. "어떻게 얼마 되지 않는 돈이라고 말할 수 있는가? 1달러를 은행에 넣고 2년이 지나야 간신히 얻을 수 있는 이자가 10센트라네."

록펠러가 평소에 자주 가던 식당이 있었는데 그는 식사가 끝나면 종업원에게 15센트의 팁을 주곤 했다. 어느 날 무슨 이유에서인지 그는 종업원에게 팁을 5센트밖에 주지 않았다. 이때 종업원은 자기도 모르게 불평하며 말했다. "제가 당신처럼 돈이 많은 사람이었다면, 절대 10센트를 아까워하지 않았을 거예요."

그러자 록펠러가 웃으며 대답했다. "그게 바로 당신이 평생 종업원으로 일하는 이유입니다."

어느 날, 록펠러가 뉴욕의 한 호텔에 와서 호텔 매니저에게 물었다. "여기에서 가장 저렴한 방은 하룻밤에 얼마죠? 저 혼자 묵을 거라 작은 방만 있으면 됩니다."

그러자 호텔매니저가 "왜 그렇게 초라한 방에 묵으려고 하시죠? 선생님 아드님이 저희 호텔에 오시면 항상 제일 비싼 방에 묵거든요. 그런데 선생님이 제일 싼 방을 찾는 게 이해가 되질 않습니다."라고 말했다. 이에 록펠러는 재치 있게 말했다. "그 아이의 아버지는 부자고, 제 아버지는 부자가 아니기 때문이죠."

한 푼 한 푼을 아껴서 그 돈을 결정적인 곳에 사용하는 것은 자산관리의 기본이다. 그런데 돈을 아껴야 한다면 대체 언제까지 아껴야 하는 것일까? 돈을 버는 목적은 자신과 가족의 생활환경을 개선하고, 필요를 충족하고 행복한 삶을 사는 것이다. 그런데 평생 돈을 아낀다면 주객이 전도된 것인 아닌가? 하지만 부호들의 생각은 다르다. 록펠러의 이야기에서 알 수 있듯 방대한 재산을 가진 대부호도 돈을 아낀다. 단 10센트라도 최대한 합리적으로 사용하려고 애쓰는 것이다.

돈을 아끼는 것은 일종의 학문이다. 이 학문에는 아끼는 것뿐만 아니라 쓸 줄 아는 것도 포함된다. 돈을 아낄 줄 아는 사람이 제대로 쓸 줄도 알기 때문이다. 역으로 생각하면 돈을 쓸 줄 아는 사람만이 돈을 아낄 수 있다는 말이다. 이 두 가지는 마치 동전의 양면처럼 어느 한 쪽도 부족할 수 없다.

하버드 출신의 학자가 돈을 아끼는 '비결'을 발견했다. 집에서 쓰는 일상용품 중에 쓸모없는 것은 절대 사지 않고, 쓸모 있는 것은 절대 버리지 않는다는 원칙이었다. 사실 이 비결은 모두가 알고 있는 방법이었다. 다만, 사람들이 이를 너무 하찮게 여겼을 뿐이다. 쉽게 얻을 수 있는 수익인데도 인지하지 못한 것이다. 그는 물이나 전기를 아끼는 것을 생활습관으로 길들이라고 한다. 또한, 명품보다는 편하고 잘 맞는 옷이나 물건이면 충분하다고 했다. 먹는 것 역시 외식하는 횟수를 줄이고 식재료를 구입해 집에서 요리를 해먹는 것을 권했다. 그렇게 했더니 두 사람의 생활비가 이전보다 천 달러 넘게 절약됐다는 것이다. 그런데도 생활의 질에는 별다른 영향이 없었다고 한다.

하버드 자산관리 비법

돈은 한 푼 한 푼씩 모여야 쌓이는 것이다. 삶도 사소한 것이 하나씩 쌓여 완성된다. "꼼꼼하게 계산하다."라는 말에서도 알 수 있듯이, 자산관리는 사소한 부분에서부터 시작해야 한다. 과학적인 자산관리 습관도 바로 이 사소한 것에서부터 시작해 점점 크기를 키워야 한다. 그래야 더 많은 부를 창출해낼 수 있다.

03

돈이 돈을 따르게 하라

어떤 사람은 체력으로 돈을 벌고, 어떤 사람은 기술로 돈을 번다. 또 어떤 사람은 지식으로 돈을 번다. 그런데 안타깝게도 자산관리까지 잘하는 사람은 지극히 희소하다. 조금만 지혜를 발휘해서 돈이 돈을 낳게 할 수 있다면 우리는 부의 주인이 될 수 있다.

돈을 버는 데 지혜를 이용하면 당신은 영원히 가난해지지 않을 수 있다. 우리가 아는 부자들은 지혜를 활용하여 돈을 번 사람들이다. 설사 당신이 그들을 빈털터리로 만든다고 해도 그들은 금방 다시 부유해질 것이다. 왜냐하면 그들은 여전히 지혜를 가지고 있기 때문이다. 록펠러는 "만약 누군가 나의 모든 재산을 빼앗고, 나를 사막에 던져 놓는다 해도 낙타 한 무리만 내 곁을 지나간다면 나는 금방 다시 부유해질 것입니다."라고 말했다.

그럼 자산관리에 관심이 많은 두 청년의 이야기를 살펴보자.

제니는 월급이 충분하지 않다고 여겼다. 그래서 새로운 재원을 창출해야겠다는 생각이 싹텄다. 매달 받는 월급은 고정적이라서 목돈이 필요한 경우 한 번에 마련하기가 쉽지 않았다. 그래서 그녀는 자신의 직업 외의 방법으로 돈을 버는 것에 대해 생각하기 시작했다. 그녀는 이베이에서 자신이 사용하지 않는 디지털 기기들을 팔아 펀드를 사기 시작했다.

이후 그녀는 인터넷 광고업을 시작했다. 합법적으로 자신의 사이트를 통해 모집원들을 늘렸고, 그들은 또 각자의 모집원들을 늘렸다. 그들은 이 과정을 통해 성과급을 받아가게 되었다. 처음에는 아무런 광고 효과도 보지 못하다가 서서히 광고 효과가 나타나는 기미가 보이자 제니는 매우 기뻤다. 그리고 앞으로도 계속 이 일을 해나갈 수 있겠다는 믿음이 생겼다. 그녀는 이 일의 전망이 아주 좋다고 생각했다.

헬렌은 한 회사의 회계사다. 그녀는 매일 퇴근 후 집에서 집안일을 하는 것 외에는 책을 보거나 인터넷을 했다. 그러다 그녀는 직업적인 연관성 탓인지 점점 돈으로 돈을 버는 일에 관심을 가지게 되었다. 그녀는 자신의 금융자산의 실제 상황을 종합한 뒤, 수중의 자금을 3등분하여 3분의 1은 일상 지출에 사용하고, 다른 3분의 1은 비교적 보수적인 투자상품을 구입하는 데 사용하고, 나머지 3분의 1은 비교적 급진적인 상품에 투자했다.

현재 그녀가 투자하고 있는 보수적인 상품은 국채, 보험, 원금 보장형 상품으로 연수익은 약 4%이다. 급진적 투자의 연수익이 더 높긴 하지만 위험률이 너무 높기 때문에 그녀는 자신의 자금의 3분의 1만 투자하는 원칙을 고수하고 있다. 이를 통해 급진적인 투자의 위험률을 줄이고 있는 것이다.

현재 헬렌은 그녀의 삶을 아주 충실하게 살고 있다. 매일 해야 할 집안일들이 모두 끝나면 휴식시간을 이용해 자신의 펀드를 관리한다. 집안관리와 자산관리라는 두 마리 토끼를 다 잡은 셈이라 할 수 있다.

사람들은 모두 부를 축적하고 싶어 한다. 하지만 어떻게 해야 직업 외적으로 부를 쌓을 수 있는지 그 방법을 모른다. 당신의 자산관리의 포문을 열기 위해 몇 가지 기본적인 투자와 자산관리 방법을 소개한다.

1. 금융투자 방법

현재 가장 큰 투자 시장은 주식시장이다. 주식시장의 뜨거운 열기는 많은 사람들을 주식투기에 끌어들이고 있다. 영원히 상승하는 주식시장은 없듯이 영원히 하락하는 주식시장도 없다. 따라서 주식시장에는 이익을 얻을 수 있는 기회가 가득하다. 하지만 주식투자는 고위험 고수익형 투자방식에 속하기 때문에 주식시장에 들어설 때는 반드시 신중해야 한다.

2. 고정 수익형 투자

여기서 말하는 고정 수익형 투자방식은 화폐채권, 정부나 일부 기업이 발행한 채권, 은행 예금 등을 말한다. 이 투자방식은 위험률이 낮고 안전하다. 하지만 수익이 상대적으로 낮다는 단점이 있다.

3. 수익성 투자

수익성 투자는 금융신탁과 주식형 펀드를 포함한다. 위험률이 주식시장보다 낮고, 수익은 고정 수익형 투자보다 높다는 장점이 있다.

4. 자산 투자

자산투자는 공장, 기업, 토지, 설비 등 자산에 투자하는 것을 말한다. 하지만 이 유형은 대부분 돈 있는 오너들의 창업특허로, 일반 근로자들에게는 문턱이 비교적 높고 적합하지 않다. 하지만 일정한 자금과 경험을 축적하고 조건이 충족된다면 충분히 접근할 수 있는 유형이다.

하버드 자산관리 전문가들은 다음과 같이 '투자의 세 가지 기본 원칙'을 제시하고 있다.

1. 자본 원칙

새로운 재원의 창출만 중요하게 여기고 경비 절감의 중요성은 간과한다. 얼마만큼의 자본을 모을 수 있느냐 하는 것은 얼마를 버느냐가 아닌 얼마를 쓰느냐에 의해 대부분 결정된다. 사람들은 늘 쓸 돈이 부족하다고 느끼기 때문에 돈을 벌면 지출도 따라서 늘린다. 결국 영원히 투자 자본을 모으지 못하게 되는 것이다.

2. 복리 원칙

복리의 위력은 대단하다. 예를 들어 당신이 1만 달러를 투자에 운용했다고 생각해보자. 매해 투자수익이 25%일 때, 단리로 계산하면 3년 뒤에 당신은 총 7천5백 달러를 벌 수 있다. 하지만 당신이 매해 번 돈을 다시 투자했다면 3년 후에는 총 9,531달러를 받게 된다. 이렇게 추가로 번 2천 달러가 3년 동안 당신의 돈이 낳은 돈이다.

3. 시간 원칙

위의 예로 계속 이야기해보자. 3년이라는 시간으로 보면 복리와 단리의 차이가 그렇게 크진 않다. 하지만 시간이 길어지면 그 차이는 실로 엄청나다. 30년 후, 복리로 계산하면 당신이 처음 투자한 1만 달러는 8백만 달러가 넘는 돈이 되어 있을 것이다. 하지만 단리로 계산하면 고작 8만 달러가 조금 넘는 돈밖에는 되지 않는다.

위의 수치를 봤을 때, 세 가지 원칙이 함께 효과를 발휘하면 그 위력이 무궁하다는 것을 알 수 있다. 이 기본 원칙들을 확실히 마스터하자. 자신에 맞는 자산관리 방식을 선택한다면 직업에 종사하면서 돈으로 돈을 벌 수 있다.

하버드 자산관리 비법

자산관리는 새로운 재원을 창출하는 것이 우선이다. "사람에게는 두 개의 다리가 있고, 돈에는 네 개의 다리가 있다."라는 옛말이 있다. 이는 사람이 돈을 따르는 것보다 돈이 돈을 따르게 하는 것이 빠르다는 의미다. 자신의 재산을 지키는 유일한 방법은 바로 돈이 자산이 되게 하는 것이다. 그러면 그 자산을 가지고 더 많은 돈을 벌 수 있다.

04

돈을 관리하고 이익을 즐겨라

일반적으로 자산관리는 전문지식이 있어야 하는 어려운 일로 여긴다. 하지만 정확한 개념과 평화로운 마음만 가지고 있으면 누구라도 손쉽게 할 수 있다. 일상생활 속에서 돈을 벌고, 관리하고, 쓰는 것에 관심을 기울이면 되는 것이다.

이제 막 학교를 졸업했거나 가정을 꾸린 젊은이들에게 경제적인 어려움이 있는 것은 당연하다. 조급한 마음이 들겠지만, 성급하게 집이나 차를 사려고 서두르지 말아야 한다. 스스로에게 너무 무거운 짐을 지우게 되기 때문이다.

하버드 자산관리 전문가들은 취직을 하면 우선 돈을 모으는 것부터 시작해야 한다고 말한다. 수입은 강물, 재산은 저수지, 지출은 흘려보내는 물과 같이하면 된다. 흘려보내고 남아 있는 것만이 당신의 재산이 된다. 만약 당신이 '푸어족'이라면 관리할 자산이 뭐가 있겠는가?

자산관리에서 중요하게 생각해야 하는 것은 마음의 평화와 가늘지만 긴 흐름이다. 자신의 자산상황이 남보다 못 하다고 생각하고 늘 커 보이는 남의 떡만 바라봐서는 안 된다. 일확천금을 기대하는 것도 자산관리에 대한 잘못된 인식이다. 자산관리 과정에서 폭리란 없다. 그저 합리적인 수익이 있을 뿐이다. 따라서 절대 손 안 대고 코 풀 생각은 하지 말아야 한다.

자산관리는 부자가 되기 위해서가 아니다. 소를 잃기 전에 외양간을 고쳐 상황을 더욱 안정시키기 위해서 하는 것이다. 따라서 자신을 믿어야 한다. 자산관리의 성과는 하루아침에 나타나지 않는다.

자산관리에 있어서는 절대 다른 사람의 말이나 대세를 따라서는 안 된다. 예를 들어 어떤 사람이 펀드로 20%의 수익을 냈다고 가정해보자. 당신도 곧장 그 펀드를 살 것이다. 그러나 그때는 이미 수익을 낼 수 없는 시점일지 모른다. 자산관리에 있어서는 절대 군중심리에 휘둘려 맹목적으로 투자를 감행하는 상황을 만들어서는 안 된다. 자기 주도적으로 해야 자기 자산의 주인이 될 수 있다.

자산관리를 시작할 때는 먼저 위험률을 생각해야 한다. 위험을 피해가야만 수익을 얻을 수 있기 때문이다. 또한 합리적인 기대를 가져야 한다. 예를 들어 작년에 펀드로 두 배의 수익을 얻었다면, 절대 올해에도 두 배의 수익을 얻을 수 있을 것이라고 기대해선 안 된다. 냉정하고 철저한 분석으로 기대치를 조정해야 하는 것이다.

다음으로 자산관리는 절대 충동적으로 해서는 안 된다. 자신의 기분을 극복하고 정서를 잘 관리해야 한다. 투자의 과정도 사실은 정서관리의 과정이다. 손해를 보는 이유는 거의 충동적으로 행동했기 때문이다.

투자나 자산관리의 본래의 의미는 자산에 대해 합리적인 계획을 세우고, 자산의 가치를 높여 생활의 질을 향상시키는 것이다. 그러기 때문에 투자나 자산관리는 비상식적일 만큼 진지해야 한다. 어떤 자산관리 상품이나 도구를 통해 벼락부자가 되겠다는 생각은 투자나 자산관리 본연의 개념과 맞지 않을 뿐만 아니라 현실과 부합하지도 않는다.

투자나 자산관리의 참뜻을 알면 시장의 격렬한 파동과 변덕을 맞닥뜨렸을 때, 고인 물처럼 평온한 마음을 유지할 수 있다. 시장상황이 좋아지면 벌떼처럼 몰려들었다가 시장상황이 나빠지면 두려움에 어쩔 줄 몰라 하는 사람들과 다르게 대처할 수 있다. 또한 시장변동에 대해 특수한 면역력이 생기고, 확고하고 냉정한 입장을 고수할 수 있게 된다.

이처럼 각자의 상황을 근거로 합리적인 자산계획을 세우고 실천한다면 아름답고 풍족한 삶은 알아서 따라올 것이다.

하버드 자산관리 비법

자산관리는 언제 시작해도 이르지도 늦지도 않다. 대신 자산관리를 위해 긍정적, 낙관적, 미래지향적 생활 태도와 사고방식을 확립해야 한다. 투자나 자산관리의 참뜻을 이해해야 그 속에 숨겨진 무한한 즐거움을 맛볼 수 있다. 설령 실패를 경험한다고 하더라도 그 실패는 우리를 더욱더 성숙하게 만들고 자신을 뛰어넘을 수 있게 해준다.

05

자산관리사는 부자의 지원병이다

'타산지석他山之石 가이공옥可以攻玉'이라는 고사성어가 있다. "다른 산의 쓸모없는 돌이라도 이곳의 옥을 다듬는 데 쓸 수 있다."라는 말이다.

사람들의 수입이 늘어나고 자산관리에 대한 개념이 바뀜에 따라 전문가가 개인과 가정의 자산관리 계획을 세우는 일이 대세로 자리 잡았다. 전문적인 자격과 기술이 있는 자산관리사들이 당신이 가진 돌을 황금으로 바꿔주는 꿈을 실현시켜줄지 모른다.

자산관리사의 일은 우리의 생활과 밀접한 관련이 있다. 가정의 자산 상황에 대해 자문을 구하고 장기, 중기, 단기적 자산관리의 목표를 제시받는다. 자신의 실제 상황에 맞춰 실현 가능하면서도 효율적인 자산관리 팁을 얻을 수 있는 것이다.

당신에게 일정한 자금이 마련되어 있으나 자산관리에 대한 지식이 부족하다면 전문 자산관리사를 고용하는 것이 좋다. 적은 금액으로 엄청난 시간과 노력을 아낄 수 있는 길이다.

대부분의 사람들은 자산관리사를 만나자마자 "제 돈을 가지고 얼마만큼의 연수익을 낼 수 있습니까?"라고 묻는다. 이런 질문은 눈앞의 성공과 이익에만 급급한 사람으로 보이게 한다. 자산관리는 투기가 아니라 온건성과 가치 증가의 원칙을 따라 합리적으로 수입에 대한 종합적인 배치를 진행하는 것이다.

자산관리에는 연수익이 얼마인가가 아니라 가치 증가, 보험, 자녀교육, 노후 등 다양한 내용에 대한 종합적인 계획을 세우는 것이다. 따라서 자산관리사를 만나면 자신의 자산상태와 장기적인 자산관리의 필요성을 설명하는 것에 중점을 두어야 한다. 그래야만 자산관리사도 뚜렷한 목표를 가지고 설계를 진행할 수 있다. 하버드 자산관리 전문가들은 자산관리사를 선택할 때 아래 원칙을 주의하라고 말한다.

1. 잘 알려진 '명품' 자산관리사를 선택하라

자산관리사의 수준은 약력, 지식수준, 영업 철학 등에 영향을 받을 수 있다. 따라서 당신은 최대한 잘 알려져 있고 일정한 영향력을 가진 자산관리 회사를 선택해야 한다. 이런 곳들에는 일반적으로 은행 출신의 엘리트 자산관리사들이 모여 있다. 그들은 설계 상품을 판매하는 동시에 자산계획을 최대한 고려해 고객이 정확한 투자 개념을 가질 수 있도록 지도해준다. 그로 인해 고객이 최종적으로 안정적이고 가치가 증가하는 투자 목표를 달성하게 한다.

2. 수준의 '상하' 원칙

자산관리사를 선택할 때는 수준의 '상하' 원칙을 알아야 한다. 일반적으로 투자증권 자산관리사의 수준이 일반 은행 자산관리사보다 높다. 높은 연봉은 엘리트 자산관리사들을 붙잡아두는 중요한 조건이기 때문이다.

3. 독립 자산관리사를 선택하라

독립 자산관리사는 하나의 금융기관에 속해 있지 않다. 독립 자산관리사는 고객과 입장을 바꿔보고, 고객의 편에서 고객의 자산 가치를 증가시키기 위해 노력한다. 자산관리 방법도 펀드, 보험, 채권, 신탁, 세무 등 다양한 내용을 포함한다는 장점이 있다.

이런 자산관리사를 찾으려면 소정의 자문 비용을 지불해야 하고, 일정 조건이 충족되어야 한다. 만약 독립 자산관리사가 제시한 방법이 우수하다면 당신의 자산 가치는 빠르게 증가할 것이고 당신이 쓴 자문 비용의 가성비는 높아질 것이다. 저축이 많고 가치 증가에 대한 소망이 강렬한 고객이라면 독립 자산관리사 선택이 적합하다.

4. 언론에서 소개된 자산관리사가 설계한 방법을 참고하라

자산관리와 관련된 내용은 언제나 화젯거리가 된다. 신문에도 자산관리에 대한 칼럼이 실리고, 포털 사이트에도 자산관리 코너가 있으며, 자산관리 관련 잡지도 끊임없이 발행된다. 이런 매체에서는 전국의 유명 자산관리사를 초빙해 독자의 요구에 따라 정기적으로 자산관리 방법을 설계한다.

이들은 보편적이고 통계적인 보장을 고려하여 설계된다. 비록 나만을 위한 맞춤제작 방법은 아니지만 그 방법에 자신을 맞춰볼 수도 있고 자신의 자산 상황과 흡사하다면 그 방법을 참고할 수 있다. 이렇게 하면 돈을 쓰지 않고도 유명한 자산관리사들의 서비스를 받는 효과를 누릴 수 있다.

하버드 자산관리 비법

자산관리사를 신뢰해야 하지만 맹신해서는 안 된다. 자산설계는 가정의 자산관리를 위해 참고해야 하는 것이다. 결정은 본인이 자산관리사의 팁을 적절하게 조정해낼 수 있어야 한다. 가장 과학적인 자산관리 방식은 자신이 자산관리 지식을 마스터하고 자신의 자산관리사가 되는 것이다.

06

자산관리에 사다리, 망치, 벽돌을 이용하라

이 챕터의 제목을 봤을 때 "사다리, 망치, 벽돌과 같은 것들은 공사에 쓰이는 공구들이 아닌가? 대체 이것들이 자산관리와 무슨 상관이 있다는 말인가?"라는 의문을 품었을 것이다. 그렇다면 이 공구들의 모양을 떠올려보자. 자산관리의 복합적 구성이 이 공구들의 모양과 놀라운 유사성을 가지고 있다.

사다리, 망치, 벽돌형 자산관리 방법은 세 가지의 전형적인 자산관리 방법이다. 각자의 가정에는 서로 다른 공구가 적합하기 때문에, 이 중에서 자신에게 제일 잘 맞는 방법을 찾아 사용하면 된다.

1. 사다리형 자산관리

그 이름에서 유추해볼 수 있듯이 자산관리 방법의 조합이 마치 사다리의 모양을 닮아 있다. 사다리는 하나의 규칙적인 등변 사다리꼴 모양으로 차근차근 착실하게 돈을 버는 방식이다.

켈리는 올해 28살로 그녀와 남편은 한 민간 기업에서 함께 일하고 있다. 그들의 월수입은 3천 달러이다. 그들은 몇 년 동안 알뜰살뜰히 돈을 모아 8만 달러를 저축했다. 하지만 앞으로 집을 사고, 자녀교육비를 내고, 부모님을 부양하는 등 가계 지출에 대한 압박이 커지자 그들은 절대적으로 온건하지만 상대적으로 수익은 높은 투자방식을 찾길 원했다.

이에 그녀는 자산관리사의 조언에 따라 보험 10%, 은행 자산관리 상품 20%, 국채 30%, 저축 40%로 구성된 종합 투자를 선택했다. 이 조합은 구성상으로 봤을 때 사다리꼴, 즉 사다리 모양을 하고 있다.

켈리의 가정은 안정 추구형 자산관리를 하는 가정이다. 수입이 많지 않아서 리스크를 감당할 수 있는 능력이 상대적으로 적기 때문이다. 그 결과 온건성을 추구하는 저축에 비중을 많이 두어 재산을 안전하게 지키면서 증가시킬 수 있는 선택을 했다. 이것이 '사다리'의 기초가 된다. 그 뒤 국채와 은행 자산관리 상품은 중간에 위치한다. 수익이 비교적 높으면서도 안정적이기 때문에 사다리에 힘을 실어준다. 보험의 비율은 비록 10%에 불과하지만 이에 수반되는 보장 효과는 절대 작지 않다.

수입이 적은 가정은 상대적으로 리스크를 감당하는 능력이 떨어지기 때문에 혹시라도 예상치 못한 일이 발생했을 때, 사다리 상단에 있는 10%의 보험이 발휘하는 효과는 상당히 거대할 것이다. 그래서 이를 통해 눈앞에 닥친 난관을 헤쳐 나갈 수 있게 된다.

2. 망치형 자산관리

투자 조합에서 저축이 비교적 큰 비율을 차지하고 다른 투자방식의 비율은 동일하게 설정하여 구조 형상이 망치 모양을 띄는 것을 일컫는다. 이런 자산관리 방법은 적은 리스크로 큰 수익을 얻을 수 있다.

존은 34살로 꽤 큰 회사의 인사관리자로 일하고 있다. 월수입은 6천 달러 내외다. 그의 아내는 대학 교수이며 아이는 초등학교 1학년이다. 이 가정의 한 달 총 수입은 1만 달러이고 2십만 달러의 저축을 보유하고 있다.

존 부부의 목표는 열심히 돈을 벌어서 아이가 양질의 교육을 받을 수 있게 하는 것이다. 따라서 그들은 적당한 리스크를 감수하더라도 가정의 재산을 최대치로 증가시키기를 원한다. 존은 저축 40%, 채권 20%, 화폐 상품 20%, 펀드와 주식 20%로 투자상품을 조합했다. 이런 망치형 자산관리 구조는 존의 가정과 같이 중간 정도의 수입이 있고, 부부의 일자리가 비교적 안정적이며, 직장의 복지와 대우가 좋아서 일정한 리스크를 감당할 수 있는 가정에 적합하다.

3. 벽돌형 자산관리

벽돌과 같은 직육면체의 모양을 하고 있는 자산관리법이다. 이 조합은 최후의 한 방과 같은 느낌을 줄 수는 있지만 "리스크와 수익은 영원히 정비례한다."라는 말처럼 위험한 투자를 비교적 타당하게 진행한다면 상당한 수익을 얻을 수 있다.

캐서린은 38살로 판매업에 종사한다. 그녀의 남편은 회사의 임원으로 가정의 월수입은 4만 달러에 달한다. 집과 차를 소유하고 있고, 저축은 1백5십만 달러를 보유하고 있다. 아들은 중학생이며, 가정에 아직까지는 큰 부담이 없다. 캐서린 가정은 고수입 가정에 속하고 리스크를 감당할 능력도 강한 편이다. 게다가 부부 모두 경영과 관련된 일을 하기 때문에 융통성이 있는 사고방식을 지녔고 일정한 투자 경험 또한 갖고 있다. 그들은 현재 보유한 저축의 가치를 최대한으로 늘리길 원했기 때문에, 개방형 펀드 50%와 부동산 50%의 벽돌형 투자 조합을 선택했다.

고수입 가정은 투자자금이 많고, 고리스크 고수익의 투자방식을 대담하게 시도한다. 재산 증가의 속도도 앞서 말한 사다리, 망치형 자산관리 가정보다 월등히 빠르다는 강점이 있다. 하지만 이런 벽돌형 자산관리는 리스크가 큰 투자상품을 포함하기 때문에 모든 고수익 가정에게 다 맞는 방법은 아니다. 투자자의 자산관리 개념과 수준, 리스크를 감당할 수 있는 능력을 중점적으로 봐야 하고, 신중하게 선택해야 한다.

하버드 자산관리 비법

자산관리 방식에서 가장 좋은 것은 없다. 자신에게 잘 맞는 것이 있을 뿐이다. 어떤 방식의 자산관리를 선택하든지 합리적인 계획을 세워야 하고, 투자를 결정하기 이전에 일정한 전문지식을 습득하고 각각의 장단점을 자세하게 이해해야 한다. 그 외에도 투자에는 타이밍이 중요하다. '낮을 때 들어가고, 높을 때 나와야' 비로소 가장 큰 수익을 얻을 수 있다. 주의해야 할 점은 수익과 투자는 정비례한다는 것이다. 적은 돈으로 하룻밤에 벼락부자가 되는 일은 거의 일어나지 않는다.

07

가계부는 지출의 보안장치다

사람의 욕망은 끝이 없다. 반면에 가용할 수 있는 자원은 한정적이다. 자기의 자산관리를 잘하고 싶지만 어떤 것을 취해야 하는지 난감하다. 바로 이 문제를 해결하기 위한 방법이 가계부를 쓰는 것이다. 가계부를 쓰는 것은 자산관리의 첫걸음을 떼는 일이다.

가계부를 쓰는 습관으로 내 재산에 안전장치를 걸면 '모호한 인생'을 '뚜렷한 인생'으로 만들 수 있다. 가계부를 쓰는 것만으로도 지출을 컨트롤하고 지혜로운 소비로 이끌어갈 수 있는 것이다. 지출을 통제하고 잔고를 늘림으로써 투자하는 데 충분한 자금을 제공받게 된다. 그렇다면 가정에서 가계부는 어떻게 써야 할까?

1단계 : 증빙서류, 영수증 모으기

영수증을 받아 모아보자. 가계부를 쓸 때마다 영수증을 꺼내보면 시간, 금액, 품명 등을 명확하게 확인할 수 있다. 이런 작업들이 처음에는 귀찮은 것 같아도 습관을 들이고 나면 당신의 삶과 소비가 오히려 질서정연해진다. 구매 증빙이나 영수증, 은행 원천징수 영수증, 대차 영수증, 카드 영수증 및 계좌 출납 영수증 등을 고정 장소에 보관하면 가계부를 쓸 때 용이하다.

2단계 : 월별 소비와 지출을 세분화하기

처음 가계부를 쓰기 시작한 사람들 중에는 어떤 내용을 기록해야 하는지 알지 못한다. 그들은 내용을 분류하지 않고 아무렇게나 한 뭉텅이로 기록해버려서 가계부를 단순한 '출납부'로 만들어버린다. 이렇게 되면 가계부를 쓰는 의미가 없어진다. 가정의 수입과 지출을 일목요연하게 정리하고 분석하기 쉽게 하려면 항목별로 분류하면서 기록해야 한다.

1. 가계부 수입 분류법

급여 가족 구성원 모두의 기본 급여, 각종 추가 수당 등 일반적으로 고정적인 수입을 말함

보너스 변동성이 비교적 큼

이자 및 투자 소득 가정의 만기 저축통장의 이자, 주식 배당금, 펀드 배당금, 주식 매매 소득 등

기타 원고료나 상금 등과 같이 금액이 크지 않거나 우연히 발생한 수입

2. 가계부 지출 분류법

생활비 가정 생필품, 월세, 관리비, 공과금, 전화비 등의 일상 비용

의류비 가정에서 구입하는 의류, 액세서리의 비용

저축 지출 후 남은 돈에서 저금을 하거나 펀드, 주식 구매를 위해서 사용되는 부분

기타 가정생활에서 반드시 필요하거나 항상 필요한 것은 아닌 것에 대한 소비 등

이외에도 자신의 '가정환경'에 맞게 항목들을 조정할 수 있다. 예를 들어 의료비, 부모님 부양비, 지식 투자비 등을 추가할 수 있다.

3단계 : 매월 수입과 지출에 대해 분석하고, 다음 달 지출에 대한 예산 설정하기

지출에 대한 예산은 조정이 가능한 예산과 조정이 불가능한 예산으로 나뉜다. 월세, 공과금, 주택대출 이자 등은 조정이 불가능한 예산에 속한다. 매월 생활비, 교제비, 교통비 등은 조정이 가능한 예산에 속한다. 조정이 가능한 지출에 대해 계획을 잘 세우는 것이 지출을 통제하는 일의 핵심이다.

예산 설정을 통해 여윳돈의 규모도 미리 파악할 수 있다. 이에 따라 주식, 펀드, 국채를 구매하여 투자를 진행할 때 구매총액이 쉽게 결정된다. 그로 인해 투자에 쓰이는 자금이 갑자기 생활 지출에 사용될 필요가 없어 수익률에도 손해가 나지 않는다.

지속적인 가계부 작성을 위해 가정 자산관리 소프트웨어를 사용하는 것도 유용한 방법이다. 가정 자산관리 소프트웨어를 사용하면 항목별 수입과 지출에 대한 통계나 계좌 잔고 추세, 매월의 수입과 지출 비교, 수입과 지출에 대한 차액, 예산과 실제 지출에 대한 대비 등과 같은 통계, 분석이 실시간으로 가능하다. 이 같은 데이터들이 생겨나면 가계부를 쓰는 일이 귀찮거나 지루하지 않을 것이다.

매월 말에는 소프트웨어를 통해 자동으로 통계와 분석이 진행되니 가계지출에 대한 분석도 쉽다. 또한 소프트웨어의 자산관리 목표, 자산 경고 계획, 수입과 지출 예산 등의 기능들을 활용하면 스스로가 예산을 초과하는 지출에 대해 경각심을 유지할 수 있게 된다. 더욱 영리한 소비로 인해 설정한 자산관리 계획을 더 순조롭게 실행할 수 있게 되는 것이다.

하버드 자산관리 비법

자산관리는 장기적인 작업으로 한 사람의 일생을 관통한다. 따라서 자산관리에는 반드시 인내심이 필요하다. 경솔해선 안 된다. 자산관리를 시작하면 곧장 효과가 나타날 것이라고 생각하는 것은 잘못된 판단이다. 반드시 천천히 진행해야 한다. 가계부를 쓰는 일처럼 먼저 습관을 기르고 지식을 쌓은 후에 장기적인 이익을 추구해야 한다.

잠자는 동안에도 돈이 들어오는 방법을 찾아내지 못한다면
당신은 죽을 때까지 일을 해야 할 것이다.

워렌 버핏

PART 2

세상에 눈먼 돈은 없다

H A R V A R D

R I C H

C L A S S

H A R V A R D

R I C H

C L A S S

사회발전에 따라 우리의 소비 개념에도 변화가 생기기 시작했다. 수입에 따른 지출의 소비관이 서서히 과소비로 전향되고 있는 것이다. 대출을 받아 집이나 차를 사는 일은 더 이상 새로운 일이 아니다. 신용카드로 소비하는 것 역시 사람들의 일상이다. 심지어 대출을 해서라도 거액을 소비하거나 임시적으로 자금 전환 문제를 해결하고 있다. 하지만 이 세상 어디에도 공짜는 없으며 빚진 돈은 언젠가 갚아야 한다.

"내일의 돈으로 오늘의 꿈을 이루자."라는 것이 경제관인가? 그로 인해 상당한 압박을 받고 있지 않는가? 빚을 갚기 위해 동분서주하면서 심신이 지쳐가고 있지 않는가?

08

수시로 분석해서 이상 징후를 포착하라

자산상황은 건강에 비유할 수 있다. 우리가 신체건강에 신경 쓰는 것처럼 자산 건강에도 관심을 가져야 한다. 건강을 잃으면 정상생활을 할 수 없듯이 자산건강이 활성화되지 않으면 생활리듬이 걷잡을 수 없이 흐트러지기 때문이다. 자산상황은 겉보기에는 마치 고요한 바다 같지만 사실상 그 속에서는 이미 이상 징조가 나타나고 있을지 모른다. 그렇다면 자산의 이상 징조에는 어떤 것들이 있을까?

(1) 자신의 업무능력을 향상시키기 위한 계획을 세우지 않았다. 자산상황에 대해 평가하기를 원하지 않거나 한 번도 이 문제에 대해 생각해본 적이 없다.

(2) 월 지출이 월수입의 3분의 2 이상을 차지한다.

(3) 현금, 일반예금, 개방식 펀드 등 유동성 자산이 월 평균지출의 3

배가 되지 않는다.

⑷ 보유한 자산 중 부동산 비율이 80%가 넘는다.

⑸ 매월 납입하는 주택대출 상환금이 수입의 50% 이상이다. 과거 3년 동안 주택대출 상환 연체 횟수가 4회를 넘는다.

⑹ 할부를 자주 이용하고, 이와 같은 선 구입 후 지불 방식을 사용하여 매월 할부 대금으로 납부해야 하는 금액이 월수입의 20%가 넘는다.

⑺ 가족구성원이 사용하는 모든 신용카드의 총 한도가 가정 총 월수입의 3배가 넘는다. 신용카드의 한도가 초과된 뒤, 무이자기간 안에 전액 상환이 불가능했던 횟수가 3회 이상이다.

⑻ 가입한 보장성 보험이 전혀 없거나 가입한 보험의 보장금액이 연수익 총합의 5배가 넘는다.

⑼ 공과금 납부를 잊어버려서 독촉 받은 적이 3번이 넘는다.

⑽ 리스크가 큰 투자상품을 좋아한다. 높은 수익을 위해 대부분의 자금이 주식이나 주식형 펀드에 집중되어 있다.

위의 10가지 내용 중 하나라도 당신이 경험했다면, 당신의 가정 자산은 '거짓 건강' 상태일 가능성이 높다. 건강한 것 같지만 실질적으로는 건강이 위험한 상태라는 것이다.

거짓 건강의 자산상태는 당장은 엄청난 영향을 끼치지 않는다. 하지만 잠복기를 가지는 질병처럼 한 알 한 알의 시한폭탄이 되어 자산상황과 조건이 변할 때마다 가정생활에 충격을 발생시킬 것이다. 따라서 자산의 거짓 건강은 절대 쉽게 봐선 안 되는 부분이다.

비교적 발병률이 높은 자산의 거짓 건강 증상은 특히 조심해야 한다. 하버드 자산관리 전문가는 이를 대비하려면 자산상황에 대해 자주 분석하는 습관을 들이라고 권고한다. 매 분기 말에는 짬을 내어 주식시장의 큰 흐름을 종합해보라는 것이다. 현재 자신의 자산배치 현황이 합리적인지, 조정이 필요한지 알 수 있기 때문이다. 그중에서 자산의 유동성을 고루 살펴야 할 뿐만 아니라 인플레이션으로 인한 자산수축도 고려해야 한다. 자신이 감당할 수 있는 리스크의 정도에 따라 최대한 합리적으로 분배하여 현재와 미래의 자금수요를 확실하게 보장해야 하는 것이다.

하버드 자산관리 비법

가정 자산에 거짓 건강 상태가 나타나는 것은 위험신호다. 이를 방치하여 악화시키면 유동자산이 감소될 뿐만 아니라, 고정자산의 수축까지 초래할 수 있다. 따라서 자신의 자산상황에 따라 목적성 있는 치료법을 시행해야 한다. 자산이 거짓 건강 상태에서 벗어날수록 당신의 '부'는 더욱 적극적이고 온건한 방향으로 발전할 것이다.

09

신용카드가 당신의 목을 조를 수 있다

신용카드는 소비생활에서 떼려야 뗄 수 없는 물건이 되었다. 우리의 지갑 속에는 신용카드가 있고, 물건을 구입할 때 가볍게 긁기만 하면 무엇이든 구입이 가능하다. 하지만 이와 동시에 '카드푸어'들 역시 빠르게 늘어나고 있다. 카드푸어는 말 그대로 카드빚을 갚을 능력이 없어 신용카드의 노예가 된 사람들을 일컫는다.

우리는 종종 구매욕구를 억누르지 못한다. 카드를 긁으면 당장은 돈을 지불하는 느낌이 들지 않기 때문에 과도한 소비, 심지어 한도 초과에 이르는 소비를 감행하게 된다. 카드 대금을 아주 거뜬히 지불할 수 있는 사람이라면 충분히 신용카드를 사용할 수 있다.

하지만 매번 납입금액을 내지 못해 지속적으로 고액의 이자를 누적해간다면 상황이 악순환으로 치닫는다. 왜냐하면 당신이 신용카드를 굴리는 게 아니라, 신용카드가 당신을 굴리게 될 것이기 때문이다.

몇 년 동안, 은행은 끊임없이 신용카드 발급 문턱을 낮춰왔다. 신분증 사본과 신청서 한 장이면 은행에서 신용카드를 쉽게 신청할 수 있다. 또한 카드 개설 첫 해에 연회비를 면제해주는 등의 '카드 개설 혜택들'이 당신을 기다리고 있다. 이렇게 유혹하니 사람들은 흔들릴 수밖에 없고, 결국 지갑은 신용카드로 두꺼워진다.

이로 인해 소비를 편리하게 할 수 있지만 사용자에게는 부담이 될 가능성이 크다. 따라서 신용카드의 유용한 관리법을 필수적으로 알아둬야 한다.

1. 소지하는 카드 개수를 줄여라

불필요한 카드를 줄여야 무분별한 소비의 기회를 낮출 수 있다. 또한 자신의 자산관리, 가계부 쓰기의 효율을 높일 수 있게 된다. 소비를 한 장의 신용카드에 집중하면 지출을 집중 관리할 수 있고, 지출 상황도 일목요연하게 파악할 수 있다. 그 밖에도 신용카드 소비를 줄이면 연이자 지출을 줄일 수 있다. 카드를 한 번 덜 긁으면 투자할 수 있는 기회가 한 번 늘어나고, 투자할 수 있는 금액도 계속 늘어나게 된다.

2. 카드영수증을 수시로 대조하라

신용카드로 결제한 그 달의 영수증을 잘 정리해두어야 한다. 가계부와 대조할 때 근거가 될 수 있고, 자신이 얼마만큼의 빚을 졌는지 명확하게 할 수 있다. 만약 돈이 부족하다고 해서 신용카드를 현금인출기처럼 생각했다가는 부채의 소용돌이 속에 빠져들게 되는 것이다.

3. 명세서를 통해 소비형태를 분석하라

매월 날아오는 명세서는 반드시 남겨두었다가 정리해야 한다. 명세서에는 소비내역이 모두 들어 있기 때문에, 이를 통해 자신의 소비형태를 분석하고 낭비가 있었는지 확인할 수 있다. 만약 카드 값 전액을 납부할 수 없다면, 당신에게 소비절제가 기필코 필요하다.

하버드 자산관리 비법

계획적인 소비가 이루어지면 '푸어족'에서 벗어날 수 있다. 그로 인해 미래를 위해 집을 산다거나 투자를 한다거나 결혼준비 계획도 세울 수 있게 된다. 신용카드를 잘 이용하는 방법을 이해하고 있다면 카드에 목 졸리는 일은 발생하지 않는다. 오히려 카드가 당신의 자산관리를 편하게 만들어주고, 많은 혜택을 누리게 해 줄 것이다

10

빌리면 갚아야 한다는 진리를 잊지 마라

개인소비의 확대에 따라 많은 사람들이 고부채족이 되어가고 있다. "내일의 돈으로 오늘의 꿈을 이루자."라는 소비방식이 적지 않은 사람들에게 공감을 얻었기 때문이다. '부채'라는 단어를 언급하면 싸늘한 반응을 보이지만, 신용대출 소비는 이미 보편적인 현상이다. 그 결과 과소비로 많은 사람들이 과도한 부채를 떠안게 되었다.

부채를 갚기 위해 또 신용대출에 발을 들이고 있다. 수입보다 늘어난 지출 때문에 삶이 곤경에 빠진 것이다. 무엇이 우리에게 불량채무를 지웠을까? 이런 채무는 어디로부터 온 것일까? 부채의 원인에 대해 연구해보고 다시 그 구렁텅이로 빠지지 않기 위해 근원을 파헤쳐보자.

하버드 자산관리 전문가는 채무를 두 가지 종류로 나눴다. 바로 양성채무와 불량채무다. 양성채무는 우리가 컨트롤할 수 있는 채무를 말한다. 예를 들면 생활비, 교육비 등이다. 또한 개인이 은행에서 대출을 받아 집을 구매했을 때 월 대출상환액이 월수입의 30%를 넘지 않으면 이는 양성채무에 속한다. 좀 더 솔직하게 말하면, 이 채무는 멀리 봤을 때 오히려 이득이 되는 채무다.

불량채무의 종류는 이보다 많은데 정리하면 다음과 같다.

1. 과도한 신용카드 소비

신용카드 소비는 은행에서 돈을 빌려 상품을 구매하는 것이다. 그러나 제때 카드 대금을 납부하지 못하면 이는 곧바로 고금리 대출이 된다. 연체금액에 대해 은행은 매일 1만 분의 5 금리를 적용해 이자를 받을 것이다. 그렇게 되면 연이율 18%로 다른 상업대출 이율보다 훨씬 높다. 이는 사용자를 압박하며 자산위기에 빠지게 만든다.

2. 차량 구매 대출

차량 구매대출은 재정 상태가 좋지 않은 사람에게는 불량채무다. 자동차는 사실상 지속적으로 자금을 소비하는 소비품이다. 차를 구매하고 나면 매월 일정한 지출이 필요하다. 기름 값, 주차비, 톨게이트 비, 유지보수비, 교통법규위반범칙금 등이 발생한다. 거기에 정비하는 비용과 보험료까지 더하면 차에 들어가는 비용이 만만치 않다.

차량감가상각도 매우 빨리 진행된다. 신차를 구입하고 10분 후에 다시 팔려고 하면 가격은 이미 원가의 85%로 떨어진다. 만약 3~4년 정도 차를 몰다가 팔려고 하면 원가의 50% 내외의 금액밖에는 받지 못한다.

3. 주택 구매 대출

주택자금대출 시, 매월 대출상환액은 매월 총 수익의 최대 50%를 넘지 않는 것이 좋다. 만약 이 한도를 초과하면 너무 무거운 재정적 부담을 지게 되고, 거대한 재정적 압박을 받게 된다. '하우스푸어'가 바로 이렇게 탄생하는 것이다.

적당한 '부채 소비'는 생활의 질을 높일 수 있다. 하지만 과도한 '부채 소비'는 부담이 된다. 따라서 소비는 자신의 능력에 따라 진행해야 하고, 자신의 채무가 불량채무가 되어 스스로를 괴롭히지 않도록 해야 한다.

하버드 자산관리 비법

불량채무는 생활의 질을 떨어뜨린다. 개인의 신용에 지대한 영향을 미치며 급기야 파산에 이르러 인생 자체가 무너질 수도 있다. 물론 불량채무가 생기는 것 자체를 두려워할 필요는 없다. 제때 해결할 수만 있다면, 양성채무로 전환시켜 부담을 줄일 수 있기 때문이다. 하지만 양성채무라 할지라도 이에 대한 경계를 늦춰서는 안 된다. 본인의 잘못으로 양성채무가 불량채무로 전환되는 상황이 발생할 수도 있다.

11

당신 어깨에 빚을 짊어지지 마라

"내일의 돈으로 오늘의 꿈을 이루자."라는 말을 듣는다면, 부채가 우리로부터 앗아가는 것은 무엇일까를 반문해야 한다. 돈, 자유, 시간, 신용, 건강, 돈을 벌 수 있는 기회, 창업의 용기를 날려버리는 일일 수도 있기 때문이다. 다시 말하지만 부채의 대가는 매우 가혹하다.

오늘날의 소비는 대부분 부채소비다. 집을 사거나 차를 살 때 은행에 대출을 신청할 수 있고, 쇼핑을 할 때는 신용카드를 사용한다. 인터넷 쇼핑에서조차도 할부결제를 즐긴다. 하지만 '내일의 돈'을 그렇게 쉽게 사용하면 안 된다. 빚진 돈은 결국 갚아야 하고, 부채는 우리의 삶에 수많은 문제를 일으킨다.

하버드 경영대학원의 조사 결과 중국 대도시 가정의 전체 부채비율은 서양 가정보다 높다는 통계가 나왔다. 서양 일부 국가에서는 젊은 사람들이 집이나 차를 살 때 대출을 이용한다. 그리고 수입에 맞는 지출을 선택하고 “가진 돈에 맞춰 집의 크기와 차의 가격을 정한다.”라는 원칙을 가지고 소비한다. 따라서 사람들이 집은 월세, 차는 중고를 선호한다. 그렇게 하면 너무 무거운 채무를 지지 않아도 되기 때문이다. 이와 반대로 중국의 젊은이들은 집이나 차를 살 때는 크고 좋은 것을 좋아한다. 그로 인해 부채로부터 오는 압박이 상대적으로 더 커질 수밖에 없다는 자료 분석이다.

이 세상 어디에도 공짜는 없다. 집을 사는 일이든 차를 사는 일이든, 은행에서 돈을 빌렸다면 모두 이자를 지불해야 한다. 대출을 받아 집을 사는 경우, 원금과 더불어 상환해야 하는 이자 역시 상당히 큰돈이다. 만약 상환기간 중에 이율이 상향되면 갚아야 할 이자도 늘어난다. 심지어 지불한 이자의 총액이 대출한 원금보다 많아지는 상황이 발생할 수도 있다. 그래서 대출상환 시에는 반드시 만기에 맞춰 상환하고, 연체하지 않아야 한다. 그렇지 않으면 대출을 실행한 본인이 너무나도 큰 손해를 입는다.

부채는 우리의 자유와 생활의 질에도 영향을 끼친다. 대출을 받아 집을 산 친구는 매일 아침 일어날 때마다 마음속에서 형체 없는 압박을 느꼈다고 한다. 그 압박이 너무 심해 숨도 못 쉴 지경이었다. 매월 월급이 나오면 제일 먼저 하는 일이 대출금을 갚는 것이었다. 예전에 그는 친구들과 술을 마시거나 밥을 먹기도 했고, 여자 친구와 길거리 쇼핑을 하다가 작은 선물을 사주기도 했다. 그때는 그런 나날들을 자유롭게 영위할 수 있었다.

하지만 현재는 대출금을 갚기 위해 한 푼도 허투루 쓸 수 없게 되었다. 그는 여가활동을 자제했다. 계약금과 중도금 일부를 내느라 이미 저축한 돈도 모두 털어 썼다. 대출을 빠른 시일 내에 모두 갚기 위해 매일 적게 먹고 적게 쓸 수밖에 없었고, 친구들과 밥 약속 한 번을 잡을 수가 없었다. 친구들에게는 야근을 핑계 삼으면서 말이다. 그리고 그는 회사에서도 매우 조심스러워졌다. 까딱 잘못하다간 직장을 잃고 밥그릇을 뺏겨 대출금을 갚지 못할까 봐 걱정이 되었기 때문이다. 대출은 이런 식으로 그의 일과 생활에 영향을 끼쳤다.

이렇게 살면 정말 고통스럽지 않을까? 분명 자신이 산 집이 정말 좋은 집이라고 해도 마음 한구석엔 스트레스가 쌓일 것이다. 어느 회사 사장은 "말을 잘 듣지 않고 말썽을 피우는 직원들이 말을 듣게 하는 가장 좋은 방법은 그들에게 집을 사도록 부추기는 것이다. 일단 하우스 푸어가 되고 나면 그 직원은 더 이상 말썽을 피우지 못한다. 또한 당신이 시키는 일을 군말 없이 할 것이다. 대출이 그 직원을 조종하고 있기 때문이다."라고 말했다.

이와 같이 누구든지 빚이 생기고 나면 모든 면에서 자유롭지 못하다. 빚을 진 사람은 집을 이용하는 대가로 자신의 자유를 지불했다고 봐야 한다. 빚을 갚기 전까지 그의 시간은 '저당'잡힌 것이다. 과도한 채무는 소중한 힘과 시간을 낭비하게 하고, 더 의미 있는 일에 사용해야 하는 시간을 빼앗는다는 사실을 새겨야 한다.

부채경영이든 부채소비는 거대한 압박을 주고 근심과 불안을 불러온다. 더불어 긴 시간 동안 해소되지 않으면서 고통을 동반한다. 매달 날아오는 명세서 뭉치를 마주할 때마다 마음의 병이 생기는 것이다. 이런 상태가 오래 지속되면 심신에 지대한 영향을 끼치게 된다.

우리에게 언제나 100% 만족이란 없다. 늘 자신의 집은 다른 사람의 집보다 작고, 자신의 차는 다른 사람의 차보다 안 좋고, 자신의 월급은 다른 사람보다 적다고 생각한다. 그러나 행복은 감정이다. 돈이 많아야 얻을 수 있는 것이 아니다. 따라서 적당한 때에 자신의 마음에 방학을 주어야 한다. 그러지 않으면 당신은 빚을 짊어지고 앞만 보고 달리느라 삶의 아름다움을 보지 못한다.

12

과도한 채무는 당신을 돈의 노예로 만든다

부채는 아주 무거운 짐이다. 주택대출의 월 상환액이 과도하게 많은 하우스푸어, 절제 없이 신용카드를 사용한 카드푸어 등을 보면 알 수 있듯이, 채무는 우리의 영혼과 건강을 파괴하는 독약으로 변해 간다. 사소한 지출에도 주의를 기울여 부채의 노예가 되지 않게 해야 한다.

우리가 '부채 위기'에서 빠져나오지 못하면, 모든 꿈과 소망은 물거품이 되고 만다. 편안하고 만족스러운 생활은 사라지고 거친 숨만 내뱉을 수밖에 없다. 이렇게 되면 영향을 받는 것은 비단 생활의 질뿐만이 아니다. 가정의 정상적인 생활까지 타격을 받는다. 따라서 위기가 나타나기 전에 채무를 박살내야 한다. 채무를 계획적으로 회피하는 법을 알아보자.

1. 지출에도 법칙이 있어야 한다

매월 합리적인 지출계획이 있어야 한다. 수시로 사용한 돈을 체크하고, 그중 얼마만큼이 불필요한 소비였는지 인지해야 한다. 그 숫자를 확실히 기억하고 있다가 돈을 쓰고 싶은 순간에 이를 떠올리면 된다.

물건을 살 때는 사고 싶은 물건이 아닌 필요한 물건을 사야 한다. 좋아하는 물건을 보면 사고 싶은 충동이 들지만, 당장 집어 들지 말고 10초를 기다려라. 먼저 냉정해져야 한다. 그것이 과연 필요한지, 아니면 갖고 싶은지 생각해보자. 이렇게 하면 그것을 꼭 사야 할지 말아야 할지 알게 된다. 이를 실천할 수 있다면 불필요한 지출을 반드시 막을 수 있다.

2. 신용카드와 너무 친해지지 마라

카드푸어는 신용카드만 탓할 수 없다. 카드를 쓰는 사람의 소비가 무계획적이었기 때문이다. 신용카드는 하나의 자산도구다. 수입에 맞는 지출을 해야 하고 자신의 자산상황을 인지하고 있어야 한다. 동시에 소비에 작은 규칙을 세워두어야 한다. 매월 정해진 날짜에 꼬박꼬박 카드대금을 납부하면 좋은 신용기록을 남길 수 있다. 이로 인해 다른 대출 시 혜택을 받을 수도 있다. 카드빚을 태산으로 만들지 않으면 가능하다.

3. 사치스러운 생활을 탐내지 마라

사람들의 생활수준이 높아졌다. 소비관도 예전과 달라졌다. 생활의 질을 더욱 높이기 위해 "내일의 돈으로 오늘의 꿈을 이루자."라는 말을 즐기게 되었다. 하지만 지금보다 안락한 생활을 꿈꿀 때 이성적인 사고를 유지해야 한다. 소비를 자신의 재력보다 적게 하는 것이다.

하바드 자산관리 전문가는 자신의 수입과 사업이 안정적일 때, 너무 일찍 채무의 족쇄를 채우지 말라고 조언한다. 이는 그들이 곤경에 빠지는 것을 막기 위해서다.

집이나 차를 사는 중대한 재정적 지출이 있을 때는 앞으로의 상황을 예측해야 한다. 자신이 몇 달 동안 얼마를 갚아야 하는지 계산해보고 갚을 여력이 충분한지 따져보아야 한다. 생활의 필요를 충족시킨 후 남는 돈 정도면 좋다. 고급 소비품을 사느라 밥을 굶고 생활수준을 떨어뜨리는 일이 있어선 안 된다.

4. 돌발 상황을 대비해야 한다

채무위기는 대출이나 소비 때문에 발생하는 것만이 아니다. 살다 보면 여러 변수와 예상치 못한 시련이 자산을 위기로 몰아넣을 수 있다. 현금이 부족하거나 현금의 순환이 원활하지 못하면 문제는 심각해진다. 어느 정도의 저축이 있다고 해도, 계속 놀고먹으면 돈은 언젠가 반드시 없어지게 마련이다.

그러므로 자신의 미래에 대한 정확한 예측이 있어야 하고, 최소 월수입 총액의 30%~60%로 '위기 대처비용'을 만들어놔야 한다. 그러면 실업이나 결혼, 이혼 등 가정구성에 변화가 생겼을 때 정상적인 생활에 영향을 끼치지 않으면서 위기상황을 컨트롤할 수 있다.

대출소비를 할 때는 자신의 미래 수입에 대한 현실적인 예측이 있어야 한다. 미래의 수입이 줄어들면 현재의 양성채무가 불량채무로 바뀔 가능성이 높다. 이에 따라 자신과 가족의 생활이 곤경에 처할 수도 있다. 만약 자신의 수입에 대한 예측이 좋지 않다면 최대한 빨리 자금을 비축해두어야 한다.

13

적당한 빚은 당신을 뛰게 한다

어민들이 바다에 나가 장어를 잡았다. 그런데 어업을 마치고 돌아올 때쯤이면 장어가 거의 다 죽어 있었다. 하지만 한 어부의 장어는 항상 싱싱하게 살아 있었다. 그래서 그가 잡은 물고기들은 팔리는 가격도 다른 사람에 비해 몇 배나 높았다. 몇 년이 지나지 않아 그는 큰 부자가 되었다. 이후 그가 위중한 병에 걸려 더 이상 바다로 나갈 수 없게 되자, 그는 자신의 비밀을 자신의 아들에게 알려주었다. 비밀은 장어를 보관하는 선실에 메기를 몇 마리 풀어두는 것이었다.

장어와 메기는 천성이 서로 물어뜯고 싸우는 것을 좋아하기 때문에, 메기의 공격에 맞서려면 장어 역시 전력을 다해 반격할 수밖에 없다. 이와 같은 전투 상황 속에서 장어는 살고자 하는 본능이 분출되었고, 그 때문에 살아남을 수 있었던 것이다. 이는 바로 자연생태계의 신비다. 장어는 천적을 만나면서 경계심이 배로 늘어나 살고자 하는 욕구가 일었다. 운송과정 중에 메기의 위협과 침입에 전력으로 대항하면서 생명력이 강해져 살아남을 확률이 높아졌던 것이다.

그 부자가 잡은 장어는 생존에 대한 압박을 느껴 대항하는 힘으로 살아남았다. 하지만 다른 어부들의 장어는 생존에 대한 압박이 없었기 때문에 생존에 대한 본능을 잃고 죽어갔던 것이다. 이것이 바로 압박의 효과다.

부자는 왜 다른 물고기가 아닌 메기를 풀었을까? 상어를 풀었다면 더욱더 장어의 생존 본능을 자극할 수 있지 않았을까? 아니다. 모든 것에는 감당할 수 있는 압박의 한계라는 것이 존재한다. 만약 그 한계를 넘어가면 삶을 포기해버린다. 상어 앞의 장어는 살아남을 가능성이 없다. 그저 잡아먹혀 죽는 일만 기다린다. 즉 압박이 너무 크면 살아남기가 어려워지는 것이다.

이 이야기의 교훈은 우리에게도 똑같이 적용된다. 아무런 압박도 없는 사람은 죽을 만큼 애쓰지 않기 때문에 큰일을 이룰 수 없다. 자산관리 역시 같은 원리다. 어떤 사람에게 적당한 부채가 없다면, 그는 열심히 노력해서 부를 쌓으려고 하지 않을 것이다. 하지만 부채가 너무 과도하게 많으면 숨을 쉬기도 버거운 만큼 완전 정반대의 삶을 살 것이다. 따라서 젊은 사람들은 일정한 부채를 지되 너무 과중한 부채를 지지는 않아야 한다.

하버드대학 조사기관에서는 신용대출 소비에 대해 1,500명의 대학생을 대상으로 설문 조사를 실시했다. 그중 30%의 사람들은 졸업 후 5년 이내로 집을 살 것이라고 말했고, 20%의 사람들은 졸업 후 5년 이내로 차를 살 것이라고 말했다. 대부분이 은행대출방식을 이용할 것이라고 했다. 이로써 미래에는 신용대출 소비를 하는 사람들이 점점 더 많아질 것이라는 예측이 가능하다.

신용대출 소비는 과도한 부채 때문에 곤경에 빠지는 지름길이다. 따라서 자신의 부채현황을 명확하게 인식해야 한다. 체계적이고 심도 있는 분석을 통해 부채도 계획을 세워 접근하는 것이 좋다. 만약 본인이 거주할 주택을 구매하기 위해 은행으로부터 대출을 받는다면 월 납부금이 월 수입의 30%가 넘지 않아야 한다. 이런 부채는 양성채무에 속한다. 만약 월 납입금이 월 수입의 50%에 달하는데 자신의 자산에 탄력이 없다면, 수입이 줄어들었을 때 재정난에 빠지기 쉽다.

현대사회는 수많은 하우스푸어들이 나타나고 있다. 그들이 매달 갚아야 하는 금액이 실제적인 지불능력을 심각하게 초과하는 것이다. 월 납부금을 철저하게 관리하여 월수입의 30% 이내로 만들 수 있다면, 재정적으로도 안전한 상태라고 할 수 있다. 그런데 만약 30~50% 사이에서 납부를 부담해야 한다면 충분한 재정탄력을 남겨 두어야 한다. 수입의 변화에 따라 무거운 채무 부담을 지지 않을 수 있도록 대비해야 하는 것이다.

하버드 자산관리 비법

부채는 기본적으로 좋지 않다. 그래서 많은 사람들이 빚을 지는 것을 두려워한다. 하지만 압박이 없으면 동력이 없기 때문에 빚이 전혀 없는 것도 좋기만 한 것은 아니다. 부채는 양성채무와 불량채무가 있다. 양성채무는 당신의 수입, 현금의 흐름, 순자산을 증가시킨다. 대출로 주택이나 점포를 사고 나서 이를 다시 세를 놓아 매달 월세를 받을 수 있다. 그 금액과 당신이 은행에 납부해야 할 원리금 사이에 합리적인 안전공간이 생긴다면 그것이야말로 양성채무다.

14

빚을 쌓아올리지 마라

적은 돈이라도 채무가 있다면 최대한 빨리 해결해야 한다. 그래야만 도움을 필요로 할 때 구원의 손길이 다가올 것이다. 또한 정신적으로 평안해지고 진정으로 즐거운 생활을 영위할 수 있게 된다. 사실 부채가 많은 사람들의 삶은 쉽지 않다. 경제적, 정신적 이중 압박을 받기 때문에 고초를 겪는 것이다.

하바드 자산관리 전문가는 "부자는 돈을 쓸 줄도 돈을 굴릴 줄도 알기 때문에 재산을 점점 불려가고 부에 부를 더한다. 하지만 가난한 사람들은 빚이 빚을 낳고 채무를 점점 더 키우기 때문에 가난에 가난을 더한다."라고 말했다. 따라서 채무를 보유했을 때는 우선적으로 채무를 정리하고 다른 투자나 소비를 계획하는 것이 좋다.

최대한 빨리 채무를 해결할 수 있는 정확한 처방을 내려야 한다. 자신의 상황에 따라 정확한 처방을 내려 채무에서 벗어나 더욱 온건한 방향으로 발전시켜야 한다.

채무를 정리하는 순서는 신용카드나 현금서비스와 같이 금리가 높은 채무부터 시작하고, 주택이나 차에 대한 대출을 정리하는 순이어야 한다. 확실하게 부채를 정리하고 싶다면, 모아둔 적금을 깨고, 주식을 팔고, 모든 계좌의 잔고를 다 털어야 할 수도 있다. 다시 말해, 모든 걸 다 털어서 빚을 갚아야 할 수도 있다는 뜻이다. 비록 이런 방법이 다소 극단적이라는 느낌을 줄 수 있지만 우리가 명확하게 인식해야 할 것은 채무가 있다면 돈을 저축하기 힘들다는 것이다.

지출을 수입의 80% 이내로 제한하고 남은 20%로 빚을 갚아야 한다. 이렇게만 유지할 수 있다면 채무는 점점 줄어들 것이고 결국 전부 상환하게 될 것이다.

채무가 과도한 사람은 합리적인 자금 계획을 통해 불필요한 소비 지출을 막아야 한다. 다른 한쪽으로는 타이트하게 동여 맨 끈을 최대한 풀어야 한다. 예를 들면 우회상환, 대출기한 연기 등의 특징이 있는 대출상품 등을 활용해 일정한 긴급 자금을 모은다. 그 다음에 재정적인 후방을 견고하게 다져서 불시의 수요를 대비해야 한다. 만약 일시적인 충동으로 큰 집을 사서 부채를 형성했다면 집을 세놓아 경제적 압박을 전이시키는 것도 고려해볼 수 있다.

채무로부터 압박을 받을 때 가장 중요한 것은 용감하게 맞서 적극적인 해결 방법을 탐색하는 것이다. 소극적으로 피하기만 하면 채무는 없어지지 않을 뿐만 아니라 더 많이 쌓일 수도 있다.

당신이 아직 신용에 대한 실질적 의미에 대해 깨닫지 못했다면, 당장 오늘부터라도 상환습관을 길러보자. 최선을 다해 채무를 해결하고 돈을 쓰는 지혜를 배우게 돼 이전의 잘못된 소비습관을 개선할 수 있다. 그리고 다시는 그 전철을 밟아 빚더미에 깔리는 일이 없도록 해야 한다.

하버드 자산관리 비법

'사전소비' 의식은 일종의 발전이지만 과도한 사전소비는 자신의 미래에서 가불하는 것과 같다. 수입과 지출의 비율에 있어서는 옛날 방식으로 해도 무방하다. 소비할 때는 수입을 보고 지출하고, 돈을 모을 때는 적절한 시기에 시작하는 것이다. 전통적인 편지봉투 소비 방식이든 정기에 정액을 투자하는 강제 저축방식이든, 이 모두가 '무적금'이라는 난제를 해결할 수 있다.

PART 3

저축은 견고한 방어선이다

H A R V A R D

R I C H

C L A S S

H A R V A R D

R I C H

C L A S S

저축은 전통적인 구닥다리 자산관리 방식이 아니다. 부는 통장 속에서 줄지 않고 계속 늘어나는 숫자로 보여야 비로소 부가 보인다. 저축은 소비를 리드할 수 있고, 계획적인 삶을 운영하는 데 도움이 된다. 근검절약하는 사회적 풍조를 기를 수 있을 뿐만 아니라 우리의 인생에 또 하나의 보장이 될 수 있다.

15

수입이 있으면
저축할 돈부터 떼라

하버드대학 경제학 첫 수업에서 교수는 학생들에게 딱 두 가지 개념을 가르친다. 첫째는 돈을 쓸 때 투자행위와 소비행위를 구분해야 한다는 것이고, 둘째는 매달 월급의 30%를 저축한 뒤 남은 돈으로 소비를 진행해야 한다는 것이다. 하지만 젊은 사람들은 대부분 전통적인 저축보다 그때 그때 유행하는 투자방식을 선호한다. 제시카의 경험을 살펴보면 한눈에 알 수 있다.

제시카는 대학교를 졸업하고 나서 운이 좋게 한 소프트웨어 회사에 입사했다. 이 회사에서의 대우는 아주 훌륭했다. 이후 그녀는 직종을 바꿔 한 대형 유학 중개회사에 들어갔다. 그곳의 급여 방식은 일정한 기본급에 성과급을 추가 지불하는 방식이었다. 그녀의 수입은 그 도시의 평균 정도를 유지했다.

그녀가 사회생활을 한 지 3년째, 계산해보니 적지 않은 월급을 받으면서도 그녀는 돈을 모으지 못했다. 아무리 생각해봐도 대체 돈을 다 어디에 썼는지 알 수 없었다. 결국 그녀에게 남아 있는 건 텅 빈 두 손뿐이었다.

이런 상황을 지켜본 지인들은 몇 번이나 그녀에게 말해주었다. 매달 고정적으로 월급의 일부를 저축하거나 투자해야 돈을 모을 수 있다고 했다. 혹시라도 급히 돈이 필요하거나 자신의 발전을 위해 투자해야 할 때가 왔을 때, 상황에 대한 주도권을 장악하기가 쉽다고 일러주었다. 하지만 그럴 때마다 그녀는 "나도 알아, 하지만 왠지 모르게 매번 돈이 모아지지가 않아. 월급은 항상 쓰기에 부족해. 매달 월세, 식비, 책과 음반 구입비, 교통비, 전화비, 의류비, 친구들이랑 모일 때 쓰는 돈 등등 필요한 데 돈이 다 나가는데 어떻게 돈을 아끼겠어? 난 지금 '월급푸어'는 말할 것도 없고, 빚내서 살지 않는 것만으로도 감사할 지경이야."라고 말했다.

게다가 제시카는 매달 얼마씩 모으는 게 별 소용이 없다고 생각했다. 그럴 바에야 차라리 계속 노력해서 더 좋은 직장을 찾아 수입을 늘리는 것이 생활의 질을 높일 수 있는 길이라고 생각했다. 그렇지 않으면 아무리 돈을 아껴도 소용이 없다고 생각한 것이다.

하지만 얼마 지나지 않아 주변상황에 변화가 생기면서 제시카는 저축의 중요성을 아주 깊이 체감하게 되었다. 회사 경영에 문제가 생기면서 제시카는 어쩔 수 없이 사표를 내고 다른 일을 찾아야 했다.

예전 같으면 그녀가 새로운 직장을 찾는 것은 분명 식은 죽 먹기였다. 하지만 전반적으로 경기가 좋지 않다 보니 그녀는 적당한 일자리를 찾지 못했다. 한 달이 지나자 아무런 저축도 하지 않았던 제시카는 밥도 굶을 지경에 이르렀다. 그러자 그녀는 매달 돈을 모으지 않은 것을 후회했다. 그 결과 지금 그녀는 기본적인 생활조차 의지할 데가 없어졌다. 만약 제시카가 저축하는 습관을 유지해왔다면 지금처럼 난감한 지경에는 이르지 않았을 것이다.

하버드의 경제개념을 지속적으로 계승해 나간다면 미래의 우리 삶은 부유할 것이다. 어떤 사람은 그들이 명문대를 나오고 수입이 많기 때문이라고 생각하지만 사실은 그렇지 않다. 진짜 이유는 그들이 매달 수입의 30%를 저축하고 남는 돈으로 소비한다는 철칙을 지켜왔기 때문이다. 그들은 매달 저축하는 것을 가장 중요한 자산관리의 목표로 삼고 저축액을 증액은 해도 절대 감액은 하지 않았다. 이는 일반 사람들이 먼저 돈을 쓰고 난 뒤 남은 돈을 저축하려는 방식과는 완전히 상반된 생활습관이다. 그로 인해 개인의 자산상황에도 하늘과 땅만큼의 차이가 나타나게 된 것이다.

만약 안정적인 직업을 가지고 있다면 최소한 수입의 10%는 저축할 수 있다. 이를 계속 유지한다면 해가 갈수록 더욱더 부유해진다. 만약 당신이 현재 충분한 저축이 없다면, 불필요한 소비를 줄이고 실질적으로 보유하는 저금통장의 수를 늘려야 한다.

어느 유명한 부자는 "아무리 돈이 없다고 하더라도 절대 저축을 건드려서는 안 된다."라고 말했다. 경제적인 압박이 클수록 스스로 자산관리 습관을 길러 돈을 벌 수 있는 기회를 찾으라는 뜻이다.

수입이 적다는 변명으로 저축을 회피하지 마라. 당신의 현재 수입이 매월 4천 달러이고, 그중 30%를 은행에 저금한다고 하자. 혹시 이 예시가 당신의 삶을 너무 곤궁하게 만든다고 느껴진다면, 약간의 융통성을 발휘해서 수치를 10%로 낮춰도 된다. 이렇게 저축하면 1년이면 4

천8백 달러의 돈이 쌓인다. 당신이 이 4천8백 달러를 무시할 수도 있겠지만, 이 4천8백 달러를 가지고 있는 것과 한 푼도 없는 것에는 아주 큰 차이가 있다.

저축을 해야겠다고 결심했다면 일단 자리에 앉아 목표액을 적어보자. 그리고 자신이 왜 돈을 모으는지 스스로가 분명하게 알아야 한다. 돈을 모으는 목적이 집을 큰 집으로 바꾸거나 외제차를 사려는 것인가? 아니면 아이를 위해 쓰는 것 혹은 공부나 투자를 위해 쓰려는 것인가? 그 무엇이든 자신의 목표를 적은 뒤 눈에 자주 띄는 곳에 두어 항상 자신의 목표를 스스로 떠올릴 수 있게 해야 한다. 목표는 돈을 모으는 동력이 되어줄 것이다. 자신과 가족이 더 나은, 더 즐거운 삶을 살 수 있도록 만들어주는 기회가 된다.

작은 목표부터 실행하며 목표에 적응하는 과정으로 삼으면 좋다. 정해진 날짜에 당신의 월급 통장에서 1백 달러, 2백 달러 혹은 5백 달리, 액수가 줄어드는 생활에 적응하도록 하는 것이다. 2~3개월이 지나면 매달 월급에서 떼는 금액을 늘려나가면 된다. 이렇게 몇 달이 지나고 저금통장에 찍힌 액수를 본다면 꽤나 감동적이지 않을까?

진실하게 돈을 모으는 것이 당신이 부유해질 수 있는 가장 믿을 만한 방법이라는 것을 깨달아야 한다. 그렇다면 돈을 모으고 돈을 벌 동력이 완비된 것이다.

하버드 자산관리 비법

돈을 쓰는 것은 즐거움이고, 저축은 고통스러운 형벌과 같다. 그래서 저축은 시작하기가 아주 어렵다. 이것 때문에 실제 적금통장 수가 실제 저축할 수 있는 것보다 적다. 하지만 지금 써버리는 돈과 나중에 써야 할 돈은 본질적으로 차이가 있다. 부자들의 재산 구성을 살펴보면 저축이 총 수입의 절반 이쪽저쪽이다. 심지어 그 이상인 경우도 있다. 진정으로 경제적인 여유가 있는 사람이 되고 싶다면 저축이 첫 걸음이라는 것을 알아야 한다.

16

저축,
아는 만큼 벌 수 있다

저축은 자산관리 방식 중 중요한 위치를 차지하고 있다. 하지만 많은 사람이 어떤 저축상품으로 더 큰 수익을 얻을 수 있는지 모른다. 은행 저축상품들의 이율 규정을 충분히 알지 못하기 때문이다. 저축 종류와 저축 시기를 잘 계획해야 이익을 최대화할 수 있다. 저축을 시작하기 전에 현재의 저축 종류를 살펴보자.

1. 일반예금

1원부터 시작해 최대로 넣을 수 있는 금액의 제약이 없고, 매 분기마다 한 번씩 이자를 지급한다. 이자는 원금과 병합되어 다시 이자가 붙고, 저축기간이나 금액에 제한이 없다. 이 예금의 특징은 언제든지 수시로 입출금할 수 있어서 유연성이 좋다는 점이다. 하지만 이율이 가장 낮다는 단점도 있다. 그래서 일반예금에는 일상생활에 필요한 금액만 넣는 것이 좋다.

2. 정기예금

1백만 원부터 넣을 수 있고 최대로 넣을 수 있는 금액의 제약이 없다. 정해진 날짜에 한 번만 넣을 수 있고 기한을 약정하고 가입한다. 만기가 되면 통장에 근거하여 원금과 이자를 받는다. 보통 3개월, 6개월, 1년, 2년, 3년 등 5가지 종류의 기한이 있다. 기한을 정할 때는 단기 정기예금을 선택해야 한다. 금리가 오르면 장기 저축은 높아진 금리를 누릴 수 없어 그로 인한 손실이 발생하기 때문이다.

3. 저축예금

가계저축 증대를 도모하기 위하여 수시 입출금이 가능하면서도 비교적 높은 금리가 지급되는 가계우대예금의 하나이다. 저축예금의 가입대상은 실명의 개인으로서 1인 1계좌에 한하며, 예치한도는 3천만 원이다.

4. 적립식 저축예금

적립식 저축예금은 매월 일정금액을 정하는 것과, 금액을 정하지 않고 자유롭게 적립할 수 있는 자유적립식 적금이 있다. 기한은 자유예금자가 정하는 대로 1년, 3년, 5년으로 설정할 수 있다. 예금자는 매달 저축한 금액에 대한 이자를 만기에 한 번에 받는다.

예금의 종류와 이자는 은행별로 차이가 있다. 자신의 상황에서 알맞은 예금 기한과 유형을 선택하면 된다. 예금 이자를 최대치로 늘리려면 더 심사숙고해서 순서대로 조합하고 합리적으로 배치해야 한다. 그러면 생각지도 못한 이자를 보너스처럼 받을 수 있다. 구체적으로는 아래 방법들을 참고해볼 수 있다.

1. 매달 저금통장 만들기

이 방법은 '12개의 통장 만들기'라고도 불린다. 매달 일정 금액의 저금통장을 새로 만들고, 기한을 똑같이 설정하면 만기는 각각 한 달씩 차이가 나게 된다. 자금을 잘 모을 수 있는 방법일 뿐만 아니라 최대치로 적금의 탄력성을 발휘하게 하는 방법이다. 설령 급하게 쓸 돈이 필요한 경우가 생기더라도 너무 큰 이율 손실이 발생하지 않을 수 있다.

저축하는 과정에서 이율이 올라갈 때는 예금 기한이 짧으면 짧을수록 좋고, 이율이 낮아질 때는 예금 기한이 길면 길수록 좋다는 것을 알아두자.

2. 계단형 저축

'12개의 통장 만들기'와 함께 개설해서 사용하면 더 좋다. 특히 연말 상여금이나 개별적인 목돈이 들어왔을 때 적합하다. 저축해놓은 자금을 몇 부분으로 나눠서 서로 다른 계좌에 혹은 하나의 계좌에 넣은 후, 서로 다른 기한을 설정하되 매년 기한을 더 길게 설정하는 것이다. 계단형 저축은 중장기적인 저축방식으로 이율 조정에 따라잡을 수 있는 아주 괜찮은 방법이다.

3. 복리 효과 저축

매월 이자를 받는 정기저축예금의 이자 효과를 최대한 좋게 만들려면 적립식 저축과 종합적으로 사용하는 것이 좋다. 그렇게 되면 복리 효과가 발생한다. 이것이 바로 복리 저축법이다. 이 방법은 매달 이자를 받는 저축과 적립식 저축이 유기적으로 결합한 저축 방식이다.

고정자본으로 매달 이자를 받는 정기예금에 저축한 뒤 매월 이자를 적립식으로 저축하여 두 번의 이자를 발생시키는 방법이다. 이자를 최대화하는 비결은 아주 간단하다. 저축을 오래하면 이자는 당연히 올라간다. 따라서 다른 영향이 없다고 전제했을 때, 저축 기한을 최대한으로 늘리면 그만큼 수익은 자연스럽게 많아진다.

하버드 자산관리 비법

저축은 훌륭한 자산관리 습관이다. 저축을 개념과 종류를 마스터하고 장기적으로 지속해 나가면, 몇 년만 지나도 적지 않은 수익을 거두게 된다. 자신에게 적합한 한 가지 혹은 몇 가지 저축 상품을 잘 선택하면 괜찮은 수익을 얻을 수 있다. 가정생활도 이와 상응한 실질적 혜택을 누리게 될 것이다.

17

통장에 든 돈을 돌려라

저축은 생각만큼 간단하지 않다. 일반예금도 기술을 터득하면 이익을 얻는다. 같은 정기저축이라도 어떤 기술을 활용하느냐에 따라 더 많은 수익을 창출할 수 있기 때문에 자금 운용을 탄력적으로 할 수 있다.

일반적으로 생각할 때 우리는 월급을 두 부분으로 나눠야 한다고 생각한다. 일부는 일반예금에 넣어 일상생활 지출에 사용하고, 나머지는 저축을 하는 것이다. 저축을 할 때는 일정 금액으로 1년 혹은 2년의 기한을 설정해야 한다고 믿는다. 하지만 이런 단순한 자산관리 방식으로 얻을 수 있는 이자수익은 그렇게 높지 않다.

대신 '매달 저금통장을 만드는 방법'을 이용하여 1년 동안 정기예금을 든다면, 다음 해에는 매달 만기통장이 생길 것이다. 그리하면 자금을 활용할 수 있을 뿐만 아니라 꽤 높은 정기저축이자를 얻을 수 있다. 당연히 우리는 꼭 월납저축을 하지 않아도 된다. 분기별 혹은 자금량에 따라 수시로 저축할 수도 있다.

정기저축은 광범위하게 활용하고 있는 자산관리 상품이다. 저축기간이 길고 이자수익이 비교적 높은 특징이 있지만, 정기저축의 비법을 마스터하기만 하면 저축의 안전성은 보장되면서도 이자수익은 늘어난다. 정기저축의 기본적인 돈 '묶기'에 대한 지식을 알아보자.

1. 정기저축통장에 비밀번호를 설정하라

은행에는 저축통장에서 만기 전 출금을 하는 경우 신분증을 확인하는 규정이 있다. 이 때문에 사람들은 정기저축이 만기가 되지 않은 상황에는 매우 안전하다고 생각한다. 정기저축통장에 비밀번호를 설정하는 것이 불필요하다고 생각하는 이유다. 하지만 아직 만기가 되지 않은 저축통장이라 할지라도 그것이 절대적으로 안전하다고 할 수 없다. 만약 통장과 신분증을 함께 분실한 경우 이를 소지하고 있는 사람이 은행에서 사전에 출금을 할 수 있기 때문이다.

이때 정기저축통장에 비밀번호를 설정해두었다면 그 효과가 발휘된다. 은행의 규정에 따라 비밀번호를 모르면 통장분실과 동일하게 간주되기 때문이다. 통장분실 수속은 규정에 따라 7일 이후에나 돈을 찾을 수 있다. 본인이 통장분실을 인지하고 은행에 정식으로 분실수속을 진행할 수 있는 기회가 최대한으로 부여되는 것이다. 정기저축통장에 비밀번호를 설정하는 것은 곧 저축에 또 다른 '안전장치'를 거는 것과 같다.

2. 만기가 되면 즉시 계좌를 옮겨라

현재까지의 저축 조례규정상 저축예금이 만기가 되면 일반예금 이자율로 전환된다. 따라서 정기저축을 가지고 있다면 절대 돈을 은행에 넣어 시간을 보내지 마라. 만기기한을 잘 기억해두었다가 즉시 계좌를 옮겨야 한다. 그것이 올바른 방법이다.

3. 최대한 사전 출금을 삼가라

현행하는 저축 조례규정상 정기저축은 기한이 길든 짧든 아직 만기가 되지 않은 통장에서 사전 출금이 이루어지면 일반예금 이율이 적용된다. 정기저축 이율은 일반예금보다 보통 두 배 이상 차이나기 때문에 사전출금을 진행하면 반드시 큰 이자손실을 보게 된다. 따라서 우리는 최대한 정기저축의 사전출금을 삼가야 한다. 반드시 출금해야 하는 상황이라면 일부만 출금하는 게 유리하다. 아니면 예금을 담보로 소액담보대출을 이용해서 최대한으로 이자손실을 막는 방법도 있다.

4. 계좌 전환 업무처리하기

은행에서 정기저축을 시작할 때 '만기 후 자동 이체' 서비스를 선택하면 만기 후 출금이 늦어져 발생하는 이자 손실을 효과적으로 방지할 수 있다. 이렇게 하는 것은 정기적금에 잠금장치를 해두는 것과 같다. 혹여나 만기 출금을 잊어버리더라도 저금해둔 돈은 원래 설정에 따라 자동이체가 되어 있을 것이고, 당신은 그만큼 복잡한 업무처리를 덜하면서 손실도 막을 수 있다.

순환식 정기저축에 대한 세팅을 잘 해두면 일정기간 후에는 항상 정기저축 만기 통장이 생긴다. 개인적인 필요에 의해 꺼내 쓰거나 따로 사용할 일이 없으면 다시 1년 정기예금을 시작하여 일반예금과 정기예금 모두를 얻을 수 있다. 이런 순환식 정기저축 방식을 저축에 활용하면, 장기적으로 봤을 때 당신은 자신의 돈이 크게 불어나게 된다는 것을 알 수 있다.

다만 주의해야 할 것은 맹목적으로 장기간 저금을 해서도 안 되지만, 쉽게 꺼내 쓰기 위해 임의로 돈을 일반예금이나 단기 저축 등에 넣어두는 것도 옳지 않다는 점이다. 그렇게 하면 사용하기에는 편하겠지만 수많은 이자 손실이 발생한다.

우리는 필요에 따라 6개월에서 1년 주기 내에서 은행의 단기 자산관리 상품을 구매할 수 있다. 자신의 자산을 배치할 때 이런 것들과 중기 정기저축의 비율은 각각 50%씩을 추천한다.

하버드 자산관리 비법

은행저축은 단지 돈을 넣어뒀다가 찾는 것이 전부인 것 같지만 여기에는 수많은 학문이 존재한다. 자신의 상황에 따라 세밀한 계산과 저축기간에 대한 합리적인 선택만이 그 저축의 가치를 보장하고 증가시킬 수 있다. 기본 이익을 보장함과 동시에 순환식 정기저축을 제대로 배워 탄력적으로 활용한다면 우리는 분명 최대치의 수익을 얻을 수 있다.

18

수수료는 무조건 내야 하는 것이 아니다

시중은행들은 자신들이 발행한 카드에 대해 수많은 항목의 수수료를 받는다. 예를 들어 타행 인출수수료, 타행 이체수수료, 체크카드 연회비, 소액계좌 유지수수료, 중도상환수수료, 카드제작비, 무카드 저금수수료, 신용카드 연회비, 타 지역 인출수수료 등이 있다. 일부는 그렇게 금액이 크지 않지만 은행에 납부하는 항목이 빠르게 많아지고 있어 이를 더욱 주시하지 않을 수 없다.

그렇다면 은행의 고객인 우리는 어떻게 해야 이 수수료 전쟁에서 승리를 거둘 수 있을까?

1. 계좌 합치기

금융상품이 날이 갈수록 풍부해지고 있다. 따라서 소비자 수중의 통장, 체크카드, 신용카드, 직불카드 등 관리해야 할 계좌도 증가했다.

어떤 통장은 분실했거나 비밀번호를 잊어버려 짐이 되기도 한다. 불필요한 지출을 줄이거나 없애기 위해 다수의 카드나 통장을 가지고 있다면 사용하지 않거나 자주 쓰지 않는 것들을 정리하고 합치는 작업이 필요하다.

과학적이고 센스 있게 은행계좌를 합쳐야 한다. 통장잔고가 일정금액을 넘지 않는다면, 은행의 계좌유지수수료를 피하기 위해서라도 반드시 예금통장을 하나로 합치는 것이 좋다. 단 하나의 일반예금통장만 남겨서 기본적인 이체, 결산, 저축, 출금이 하나의 계좌에서 모두 이루어지게 해야 한다. 이렇게 하는 것의 가장 좋은 점은 바로 소액계좌유지수수료를 지불하지 않아도 된다는 것이다. 통장을 해지하거나 하나로 합칠 때는 반드시 은행의 면제정책을 잘 활용하여 합리적인 병합과 해지를 진행해야 한다.

2. 일반예금통장의 기능을 늘려서 수수료면제통장으로 만들어라

은행들이 소액계좌에 대해서는 유지수수료를 면제해준다. 여기에는 기초생활수급자, 사회보험지급 대행계좌, 급여지급 대행계좌, 학자금 자동이체계좌, 공과금 자동이체계좌, 보험금 자동이체계좌, 증권카드 계약계좌, 증권자금 은행보관업무 계약계좌, 은행과 증권사 간 연결계좌, 증권매매 연결계좌, 개인대출금 납부계좌, 신용카드대금 납부계좌 등이 포함된다.

많은 계좌를 가지고 있다면 실질적 수요에 따라 은행 홈페이지에서 소유한 일반예금통장에 증권사계좌를 연결한다거나 공과금자동이체 등을 신청할 수 있다. 이렇게 하면 은행수수료를 면제받을 뿐만 아니라 일반예금의 기능을 늘릴 수 있어 일석이조라 할 수 있다.

3. 보유 현금을 적당히 늘려라

은행이 소액계좌에 수수료를 받기 때문에 소비자들은 현금보유량을 적당히 늘려 돈이 새는 것을 막을 수 있다. 당연히 현금보유량은 적정해야 한다. 너무 많으면 자신에게 이자손실이 발생할 수도 있고 보관하는 데 위험이 따른다.

4. 유형대로 분류하라

계좌를 분류하여 사용하면 정해진 곳에 정해진 돈을 쓸 수 있기 때문에 지출을 줄일 수 있다. 우리는 은행계좌를 수입 및 지출계좌, 투자계좌, 소비계좌 세 가지로 분류할 수 있다.

수입 및 지출계좌 개인과 가정의 주요 수입과 지출을 관리하는 계좌이다. 이 계좌에는 매달 급여를 입금하고, 이체나 결산을 처리하고, 매달 생활비 지출을 설정할 수 있다. 예를 들어 공과금이나 통신료, 보험료, 할부금 등이 있다.

투자계좌 국채, 펀드, 주식 및 기타 자산관리 상품을 구입할 때 사용한다.

소비계좌 물건을 사고 식사를 하는 등의 카드 소비에 사용된다.

5. 전자은행

인터넷과 통신 기술이 발전하면서 인터넷뱅킹과 모바일뱅킹은 은행의 집중 업무 대상이 되었다. 우리는 이를 전자은행이라 통칭할 수 있다. 전자은행의 장점은 빠르고 간편하다는 점이다. 또한 비용적인 측면에서도 일정한 우대혜택이 있다. 이는 전자은행 업무가 상대적으로 자본금이 적게 들기 때문에 수수료에서도 혜택이 많다. 인터넷이 익숙지 않은 중년이나 노인들은 전화로 문제를 해결할 수 있다. 전화를 걸고 안내 음성에 따라 번호만 누르면 해당서비스에 접속할 수 있고, 자신의 계좌번호만 알고 있으면 잔액조회 등의 업무를 진행할 수 있어 편리하다.

우리가 각 은행들의 금융상품 간의 차이점을 알고 자신의 실제상황에 적합한 자산관리 방법을 찾는다면 불필요한 은행 수수료를 융통성 있게 피할 수 있다.

하버드 자산관리 비법

은행은 각종 서비스에 대한 수수료를 받는다. 이는 시장경제발전이 일정 단계까지 발전하면서 필연적으로 생겨난 것이다. 우리는 이런 수수료에 대해 적극적으로 대응해야 한다. 은행의 각종 금융상품 간의 차이점과 자신의 선택기술을 교묘하고 센스 있게 이용하여 은행수수료를 융통성 있게 피해야 한다.

19

일반예금의 활용법은 따로 있다

일반예금은 입출금 날짜에 대한 약속도, 금액에 대한 제한도 없는 예금이다. 보통 하나 혹은 여러 개의 일반예금계좌를 가지고 있는 예금이기도 하다.

하지만 대다수의 사람들은 급여를 받거나 저금하고 남은 돈을 보관하는 데 사용할 뿐 은행이 고객들을 위해 만든 새로운 제도들을 이해하지 못하고 있다. 지금부터 일반예금통장을 활용할 수 있는 기능들에는 무엇이 있는지 알아보자.

1. 전자금융결제

돈을 이체하고 싶을 때 전자금융결제시스템을 이용해 송금할 수 있다. 은행이 달라도, 거리에 관계없이 이체가 가능하다.

2. 옵션 기능을 충분히 이용하라

직불카드를 만들어 사용할 수 있다. 이 카드를 가지고 있으면 은행과 제휴를 맺은 매장에서 물건을 사고 소비할 수 있으며, ATM기에서 문의, 출금, 이체 등 업무를 처리할 수 있다. 돈을 사용해야 할 때 굳이 통장을 들고 이리저리 은행을 찾으러 다니거나 긴 줄을 기다려 출금할 필요가 없어 시간을 많이 절약할 수 있다.

그 외에도 일반예금 통장이나 직불카드를 가지고 있으면 은행에 모바일 뱅킹이나 인터넷 뱅킹 등의 서비스를 신청할 수 있다. 이를 통해 집 밖으로 나가지 않고서도 자금을 관리하고 옮기는 것에 대한 필요를 충족할 수 있다.

3. 각종 비용 대납

은행은 대부분의 통신비, 가스비, 수도세, 전기세, 보험료 대납 업무를 대리한다. 이런 업무를 처리할 때 당신은 더 이상 현금을 들고 갈 필요 없이 카드만 가지고 은행의 자동 납부기에서 이체 업무를 처리하거나 인터넷으로 은행 업무를 볼 수 있다.

4. 타 지역 출금

타 지역에서도 동일 은행의 지점을 통해 손쉽게 출금 업무를 볼 수 있다. 현금 휴대의 불편함은 물론 여정의 안전까지 보장된다.

5. 증권 자금 이체

은행에서도 증권사 계좌로 이체가 가능하다. 또한 계좌끼리 연동할 수 있는 상품도 있다.

하버드 자산관리 비법

일반예금 활용법은 무궁무진하다. 기능들을 적극적으로 이용하여 일반예금 통장을 활용할 수 있다면, 당신의 생활은 크게 편리해질 것이다. 이런 기능을 하루 빨리 자신의 생활에 응용하라!

20

외화정기저축으로 돈을 벌 수 있다

예금 이자만으로 부를 쌓으려면 분명 오랜 시간이 필요하다. 은행 사정이 좋던 시기에는 외환 투자의 연수익율이 20%에 달하기도 했다. 따라서 많은 사람들이 외환 투자로 시선을 돌리고 있다. 하지만 외환에 대한 이해도가 아직 부족한 사람은 서두르지 말고 외화정기저축부터 시작해보자.

환율 시장에는 변수가 아주 많아서 모든 사람이 고액의 이득을 볼 수 있는 것은 아니다. 특별히 2008년 금융위기 이후 시장에는 달러라는 최대 변동 요소가 존재하기 때문에 2008년 이전처럼 안정적인 이율이 존재하기는 힘들다. 하지만 다른 투자방식과 비교했을 때 외화정기저축은 여전히 아주 안전한 투자방식이고 특히 막 입문한 투자자들에게 적합하다.

외화정기저축의 수익은 주로 두 가지 부분에서 온다. 바로 납입할 때와 출금할 때 서로 다른 환율로 인해 발생되는 환차익과, 저축 본연의 이자 수익이다. 따라서 우리가 선택한 화폐의 가치가 떨어져 환 차액에서 손실이 생기지 않도록 화폐 종류와 저축 기간을 정하는 것이 관건이다. 구체적인 투자 방법은 다음과 같다.

1. 화폐 종류를 다원화하라

국제금융시장은 늘 파도 위에 있기 때문에 환율 역시 자연스럽게 잦은 파동이 발생한다. 외화저축에서 화폐를 잘 고르는 것은 그 가치를 지키고 증가시키는 데 전제 조건이 된다.

첫째, 금처럼 화폐와 언제든지 바꿀 수 있는 경화硬貨를 선택해야 한다. 화폐의 경도는 그 국가의 경제, 정치, 외환 저축량, 이율 차이 등을 보고 결정할 수 있다. 통상적으로 화폐 경도의 파동은 그렇게 빈번하지 않고 그 폭도 작다. 설사 경도가 낮아진다고 해도 서서히 진행되기 때문에 저축하는 사람들이 컨트롤할 수 있는 시간이 충분히 있다. 외화 발행국이 풍부한 경제력을 가지고 있다면 다시 재기하는 것은 크게 어려운 일이 아니다. 저축한 사람이 소폭의 변동이 있을 때 일단은 화폐를 보유한 상태로 관망하면서 불필요한 손실을 줄일 수 있다.

둘째, 많은 양의 외화가 있다면 리스크를 분산시키기 위해 모두 같은 종류의 화폐를 가지고 있기보다는 종류를 다양화하는 것이 좋다. 그렇게 해야 비교적 높은 이자 수익을 얻으면서도 환율 변화로 인한 리스크를 줄일 수 있다. 만약 자금이 적다면 이율이 가장 높고 환율 파동이 가장 적은 호주 달러나, 유로를 선택해야 한다. 당연히 미국 달러의 약세를 틈타 낮을 때부터 달러를 조금 보유하는 것도 안 될 것은 없다.

2. 현명한 선택과 알맞은 기간

일반적으로 저축은 기간이 길수록 이율이 높고 이득을 많이 볼 수 있다. 그래서 외화정기저축도 최대한 비교적 긴 저축 기간을 설정해야 할 것 같지만 사실은 그렇지 않다.

외화저축 이율은 보통 국제금융시장의 영향을 받기 때문에 안정성이 매우 낮고, 이율 변동이 잦으며 등락도 많다. 따라서 저축 화폐 종류의 이율 위치에 따라 저축 기간을 잡아야 한다. 이율은 상대적으로 안정적이지만 높은 편일 때는 6개월이나 1년 정도의 중기 저축이 좋다. 이율 파동이 심하고 낮은 경우에는 1개월, 3개월 혹은 일반예금 등의 단기 저축이 상대적으로 안정적이며 그렇게 해야 관망의 여지를 남겨둘 수 있다.

이외에도 환율 변화 상황을 종합해 저축 기간을 결정해야 하고 환율 변동이 잦은 화폐는 최대한 짧은 저축 기간을 설정해야 한다.

3. 환율을 비교할 줄 알아야 한다

어떤 은행은 외화정기저축 이율을 최고치로 설정하고 또 다른 은행들은 그보다 조금 낮게 설정한다. 미국 달러, 호주 달러, 엔화, 홍콩 달러 등 외화의 2년 미만 소액 외화저축 이율은 더 그렇다. 왜냐하면 각각의 이율이 다르기 때문이다. 그래서 저축한 사람은 외화저축 시 반드시 환율을 비교해봐야 한다. 그렇지 않으면 손해를 보거나 받을 수 있는 이자 수익이 줄어든다.

4. 최대한 환전 횟수를 줄여야 한다

이율이 오르거나 환율에 변동이 생기면 반드시 예금 전환 후 얻을 수 있는 차익과 환율 차익이 본래의 저축 기간의 이차익보다 높은지 계산해봐야 한다. 그 후 예금을 전환할 것인지 결정해야 한다. 최대한 환전 피해를 줄일 수 있는 방법이다.

이는 은행이 외화와 본국 화폐, 외화와 외화의 환전수수료를 받고, 환전 시에는 '팔 때' 기준이 아닌 '살 때'의 기준으로 매입하기 때문이다. 후자가 전자보다 낮기 때문에 저축하는 사람은 일정 금액의 손실을 보게 된다. 그래서 최대한 환전 횟수를 줄여야 한다.

이외에도 일반적인 경우에 외화를 본국 화폐로 바꾸는 건 쉽지만 그 반대는 어렵다. 장기적으로 외화를 저축할 생각이라면 함부로 외화를 본국 화폐로 바꿔서는 안 된다.

5. 현금과 환 계좌를 합리적으로 사용한다

외화저축계좌는 그 성질에 따라 '현금 계좌'와 '즉시 환전 가능 외환 계좌'로 분류할 수 있다. 어떤 사람들은 외환 저축 시 계좌를 구분하지 않아서 비용은 늘어나고 수익에는 손실을 입는다.

우리가 해외에서 받은 외화를 가지고 있다면 이는 외환형 계좌에 직접 넣는 것이 좋다. 현금형은 해외에서 출금하든 본국 화폐로 환전하든 일정 금액의 수수료가 발생된다. 하지만 외환형 계좌는 수수료를 받지 않거나 받더라도 현금형보다 적은 금액을 받는다. 따라서 외환형 계좌에 있는 돈을 함부로 현금형 계좌로 옮기지 말아야 한다. 오히려 최대한 외환형 계좌 속 외화를 유지하다가 현금이 필요한 경우가 생기면 필요한 만큼만 찾아서 불필요한 리스크와 손실을 피해야 한다.

하버드 자산관리 비법

최대한 많은 이윤을 보려면 외화정기저축에도 세밀한 관리가 필요하다. 만약 우리의 운용 방식이 적절하면 외화저축을 통한 자산관리로 적지 않은 수익을 얻을 수 있다. 뿐만 아니라 다른 투자방식을 잘 모르는 사람은 외화정기저축을 통해 자신을 위한 자산관리에 새로운 장을 열 수 있다.

21

마이너스 금리의 칼날은 방패로 막아라

우리에게는 '저축 콤플렉스'가 있다. 은행저축이 가장 안전하고 온건한 투자도구라고 여기는 것이다. 저축수익은 다른 투자방식의 수익보다 낮은 편이지만 리스크가 거의 없기 때문에 대다수의 사람들을 흡수할 수 있었다. 그런데 마이너스 금리의 시대가 매정하게 도래하면서 이런 아름다운 청사진은 망가져버렸다. 사람들은 원하진 않았지만 어쩔 수 없이 저축하는 돈이 많을수록 손해 보는 돈이 많아진다는 사실을 받아들일 수밖에 없다. 이제는 적극적이고 효과적인 자산관리 방식으로 마이너스 금리에 대항해야 한다.

마이너스 금리는 부의 천적인 통화팽창에서부터 시작됐다. 당신이 돈을 은행에 저축했을 때, 미래의 이자수익이 통화팽창의 침식을 견디지 못하면 손해를 보게 되는 상황이 발생하는 것이다. 예를 들어 은행에 1년 정기저축 이율이 1.5%일 때, 3%의 통화팽창율을 제하면 1

년 정기저축 이율을 사실상 -1.5%로, 당신이 만 원을 저축하면, 일 년 후에는 금액이 조금은 늘어날지 몰라도 사실상 실제 가치는 1만 -(1만 X1.5%)=9,850원으로 떨어진다. 전체 금액에서 150원이 증발한 것이다. 이는 저축한 돈에 대해 마이너스 금리가 발생했고, 그 정도가 꽤 크다는 의미다.

물가가 상승하면서 화폐의 가치는 떨어지고 있다. 1년 정기저축이율이 통화팽창율보다 낮을 때, 화폐는 서서히 가치가 깎이고 은행에 저축된 돈 역시 서서히 줄어든다. 그래서 사람들 수중에 있는 돈을 은행에 넣지 못한다. 물가 지수와 비교해봤을 때 은행의 마이너스 금리 때문에 돈의 가치가 떨어질 것이 뻔하기 때문이다.

돈 있는 사람들은 본능적으로 부동산을 떠올린다. 그렇다면 부동산 가격 상승을 살펴보자. 보는 것만으로도 직장인들은 뒷걸음질 칠 정도이다. 5년 전엔 방 3개짜리 집을 살 수 있었던 돈으로, 2년 후에는 방 2개짜리 집밖에 살 수 없게 되었고 당신이 머뭇거리는 사이 지금은 방 한 칸짜리 집밖에 살 수 없게 되었다.

통화팽창의 압박이 커질 미래를 예측해본다면, 돈을 은행에 넣어두는 것은 시의적절치 못하다. 각종 금융상품과 투자방식이 잇달아 나타났지만 개개인의 상황에 적합하지는 않았다. "모든 계란을 한 소쿠리에 담을 수는 없다."라는 속담이 있다. 이런 시점에서는 스스로 자산관리 사고방식을 넓히고 자신에게 가장 적합한 자산관리 계획을 선택해서 '돈이 돈을 낳게' 해야 한다.

통화팽창은 사람들의 자산관리에 중대한 영향을 끼친다. 현금이나 은행 저축, 채권 등 화폐 형식의 실제 가치는 떨어질 것이다. 부동산이나 귀금속, 보석, 예술품, 주식 등 실물 형식으로 존재하는 부는 통화 팽창에 의해 가치의 쾌속 상승이 이루어질 것이다. 따라서 은밀히 찾아오는 마이너스 금리 시대에 대응하기 위해서는 최대한 빨리 자산관리 사고방식을 바꿔야 한다. 최대한 수중의 부의 유실을 막고, 적극적인 투자전략을 짜서 더 많은 부를 얻을 수 있게 해야 한다. 마이너스 금리의 시대는 종말의 시대가 아니다. 적극적으로 자산관리에 임하자. 투자 의식이 강한 사람들에게는 돈을 버는 시기가 도래한 것이다.

현명한 투자자에게 시간은 금보다 소중하다. 적은 투자라도 시간이 복리를 통해 서서히 증가시키기 때문이다. 따라서 투자 개념을 빨리 바꾼 사람일수록 더 쉽게 돈을 벌 수 있다. 많은 사람들은 경제적 기초도 튼튼하지 않고 매월 수입도 그렇게 많지 않다. 하물며 은행에 저축한 돈마저 줄어들 상황에 처한다면 다른 투자방식을 알아보는 것이 유익하다.

수많은 펀드가 정기 정액 투자 계획을 제공하고 있다. 투자자는 이에 따라 매월 정해진 시기에 고정 금액을 투자한다. 그들의 적은 돈은 시간의 흐름에 따라 늘어나고 그 가치는 끊임없이 상승한다.

젊은 투자자는 비교적 급진적인 투자전략을 실행해볼 수도 있다. 그들의 투자 기간은 비교적 길기 때문에, 충분히 긴 시간 속에서 시장의 단기 파동을 잠잠하게 만들 수 있다. 투자조합은 서로 다른 유형의 자산으로 분산시키는 것이 좋다. 일정 리스크를 감수하는 전제하에 최대한의 수익을 얻는 데 도움이 되기 때문이다.

마이너스 금리의 시대에 저축은 자신의 재산을 줄어들게 하지만 투자에도 위험은 존재한다. 하버드 경제학자는 모든 투자자가 자신의 특징에 따라 자산관리 계획을 세워야 한다고 말한다. 위험을 이겨내는 능력이 강한 투자자는 경제 상황에 따라 주식에 투자할 수 있다. 또한 소극적이고 위기 대처능력이 부족한 사람은 위험을 분산하기 위해 자금을 서로 다른 리스크를 가진 주식에 분산투자할 수 있다. 가치형 주식과 성장형 주식의 비율을 균형 있게 유지하는 것이다. 다소 보수적인 투자자는 자산을 채권에 분산시킬 수 있다. 투자자가 잘 버티고 중간에 포기하지만 않는다면 반드시 만족스러운 수익을 얻을 수 있을 것이다.

하버드 자산관리 비법

투자의 대가 워렌 버핏은 "나쁜 소식은 투자자에게 가장 좋은 친구가 됩니다. 그로 인해 당신은 전례 없는 헐값에 미래를 살 수 있기 때문입니다."라고 말했다. 따라서 각종 투자자들은 반드시 자산관리 사고방식을 적극적으로 바꾸고 효과적인 투자방식으로 마이너스 금리에 대항해야 한다. 마이너스 금리 자체가 두려운 것이 아니라 이에 대해 무감각한 것을 두려워해야 한다.

비관론자는 모든 기회 속에서 어려움을 찾아내고,
낙관론자는 모든 어려움 속에서 기회를 찾아낸다.

윈스턴 처칠

PART 4

잘 쓸 줄 알면 잘 버는 법도 안다

HARVARD

RICH

CLASS

H A R V A R D

R I C H

C L A S S

우리는 매일 소비 활동에 참여한다. 하지만 돈을 쓴다는 것과 소비할 줄 아는 것과는 다르다. 시장에 대해 이해하는 사람들, 언제 어떤 상품이 할인하는지 꿰뚫고 있는 사람들도 종종 돈을 어떻게 소비해야 안 쓰거나 적게 쓸 수 있는지 알지 못한다.

소비는 간단해보이지만 실제 실행하는 방법은 간단하지 않다. 제값 하는 물건을 사고 싶다면, 헛돈을 쓰고 싶지 않다면, 판매자에게 속고 싶지 않다면, 다른 사람에게 농락당하는 호구 고객이 되고 싶지 않다면 반드시 합리적인 소비를 배워야 한다.

22

할인가의 유혹에 넘어가지 마라

우리는 물건을 살 때 그 물건이 주는 효과와 가격 중 어떤 것이 더 높은지 저울질한다. 이것이 흔히 말하는 가성비다. 그런데 실질적으로 구매로 이어지는 부분은 실용적으로 만족감을 주는 것보다 더 고급상품을 선택하는 경우가 많다. 거래효용이 작용하기 때문이다. 거래효용이란 소비자가 물건의 실제 가격과 마음속 가격의 차이에 따라 느끼는 효용을 말한다. 소비자가 생각한 기준보다 물건의 가격이 낮을수록 그 효용은 커진다. 이 때문에 우리는 결과적으로 이성이 결핍된 구매 결정을 하게 된다.

예를 들어 고가의 술집 메뉴를 보자. 메뉴가 당신이 생각한 실제 가격과 동일할 때 기꺼이 금액을 지불한다. 만약 친구가 당신에게 맥주를 사주면서 그 가격이 1만 원이라고 한다면 당신은 매우 기쁠 것이다. 당신이 맛 좋은 맥주를 마셨을 뿐만 아니라 아주 큰 거래효용, 즉 만족감을 얻었기 때문이다. 하지만 이 맥주가 편의점에서 파는 일반맥주와 같다고 한다면 당신은 1만 원이나 내고 손해를 봤다고 생각할 것이다. 맥주를 마시긴 했지만 마음이 썩 기쁘지 않다. 이것이 바로 거래효용의 작용 즉, 사람들이 서로 다른 소비 감정을 느끼는 이유다.

신혼부부인 스노우와 세라는 새롭게 인테리어를 마친 집에 정수기를 들여놓기로 했다. 사전 조사를 통해 그들은 세 가지 정수기가 비교적 자신들에게 적합하다고 생각했다. 하나는 3중 필터정수기, 하나는 5중 필터정수기, 나머지 하나는 역삼투압 필터정수기였다. 가격적인 이유로 그들은 5중 필터정수기를 사기로 결정했다.

두 사람이 전자제품 매장에 도착해보니 정수기는 할인행사 중이었다. 세 가지 제품 할인가는 각각 590달러, 890달러, 1,100달러였다. 직원에게 문의해보니 세 제품의 원가는 각각 850달러, 1,090달러, 1,650달러였다. 세 제품 모두 할인을 하고 있었지만, 할인율을 계산해보니 5중 필터정수기의 할인율은 크지 않았다. 그래서 두 사람은 더 고급 사양이고 할인율이 가장 높은 역삼투압 필터정수기를 구매하기로 결정했다. 원가에 비해 550달러나 싸게 샀으니 큰 이득을 봤다는 생각이 들었다.

하지만 정수기를 설치하고 얼마 지나지 않아 두 사람은 역삼투압 필터정수기에서 폐수가 많이 나와 낭비가 심하다는 것을 알게 되었다. 그 외에도 두 사람은 뜨거운 물을 마시는 걸 좋아하기 때문에 찬물이 나오는 역삼투압 필터정수기의 고급 기능이 그들에게는 별로 필요하지 않은 기능이라는 것을 알게 되었다. 결국 그들은 그 당시의 선택을 매우 후회하게 되었다.

우리의 소비 결정은 기준가와 무관한 것들에 영향을 받는다. 현재의 가격과 원래의 가격을 비교하면서, 그 가격의 차액으로부터 만족감을 얻어 거래효용을 느끼면 구매를 결정한다. 큰 할인폭의 유혹을 감당하지 못하고 자신이 원하지 않은 제품을 사게 되는 경우다. 옷장을 열어보면 할인행사의 유혹을 못 이겨 산 뒤 한 번도 입지 않은 옷들을 발견할 수 있다. 이것이 바로 거래효용 작용의 결과물이다.

거래효용이 무엇인지 알았다면 당신을 자극해 구매로 이어지게 한 것은 그 물건이 아니라 그 '할인'이라는 것을 알아야 한다. 할인을 좋아하는 심리가 당신의 행위를 조종한 것이다. 거래효용의 존재는 할인행사가 소비를 자극하는 행위를 잘 설명해주고 있다. 지금도 어느 매장에 들어가든 각양각색의 할인광고를 볼 수 있다. 기준가와 실제 가격의 차이는 거래효용의 원천이고 실제가격이 기준가보다 낮으면 낮을수록 당신은 이 거래에서 수지맞았다고 믿는다. 이성이 결핍된 소비 결정을 하게 되는 것이다. 따라서 당신이 거래효용 원리를 깨닫는다면, 소비의 이성을 되찾아 할인의 유혹에 넘어가지 않게 된다.

하버드 자산관리 비법

하버드 자산관리 전문가는 소비에서 주목해야 할 단 한 가지는 상품이 가져올 효과와 그에 상응해 지불해야 할 자본이라고 했다. 할인을 좇아 필요하지 않은 물건을 사지 않아야 함은 물론 비싸다고 해서 정말 필요한 물건을 포기하지도 말아야 한다는 것이다. 물건을 구매할 때는 더욱 이성적으로 결정해야 후회하지 않을 수 있다.

23

간사하게 다가오는 소비자 잉여를 조심하라

"남자는 사고 여자는 쇼핑한다."라는 연구보고서가 있다. 미국 펜실베이아대 와튼스쿨Wharton School이 캐나다 컨설팅 업체 베르데그룹Verde Group과 공동발표한 연구보고서다. 이 보고서에 따르면 판매직원과의 개인적 상호작용에 대한 반응이 여자들이 남자들보다 훨씬 강력하다고 밝히고 있다. 남자들은 구매경험의 실리적 측면을 우선순위에 둔다고 했다. 예를 들면 주차할 공간이 있는지, 자신이 사고 싶은 물건의 재고가 있는지, 계산대 줄이 얼마나 긴지 등에 더 반응을 보인다는 것이다. 미국 모 프랜차이즈 약국의 수석 영업사원과 와튼스쿨 고문위원회 회원인 로버트 프라이스는 "여자들은 물건을 살 때 다양한 측면에 몰입하는 데 반해, 남자들은 '시어스(미국의 종합유통업체)에 가서 특정 공구를 사겠다.'라고 생각한다."라고 말했다.

30대 초반의 어느 여성구매자는 "저는 쇼핑을 좋아해요. 이 사실은 죽을 때까지 바뀌지 않을 거예요. 저는 쇼핑을 좋아하니까요."라고 말했다. 하지만 같은 연령대의 남자구매자는 매장에 가서 물건을 사고 나면 곧장 나간다고 했다. 더 이상 볼 일이 없다는 것이다. 프라이스는 여성이 부담하는 직업책임은 늘어났지만 그들은 여전히 돌보는 사람의 역할을 하고 있다고 말했다.

돌보는 사람의 책임이 여성으로 하여금 더욱 강렬한 구매의식과 더 높은 기대치를 가지게 한다. 또 다른 측면에서 몇 대에 걸친 사람들이 효과적인 구매책임 수행자로 여성에게 의존하면서 남성들의 구매흥미가 감소했을 수 있다고도 본다. 와튼스쿨의 시장 경영학 교수 스티븐은 "여성은 인간관계의 각도에서 쇼핑을 대하지만, 남자는 쇼핑을 일종의 수단, 반드시 완수해야 하는 하나의 미션으로 생각한다."라고 했다.

이런 사례를 통해 우리는 남녀쇼핑의 차이를 알 수 있다. 실제로 여자들이 쇼핑을 할 때 예상외의 물건을 사는 모습을 볼 수 있다. 심지어 아무런 쓸모가 없는 물건을 사기도 한다. 이는 여성에게 쇼핑욕구 외에도 할인하는 물건을 사며 '소비자잉여消費者剩餘'의 이득을 얻는다는 판단 때문이다.

소비자잉여란 소비자가 어떤 물건을 살 때 지불하고자 하는 가격과 실제 지불하는 가격 사이의 차액을 말한다. 이 개념은 마셜이 그의 책 《경제학 원리》에서 제시한 것이다 그는 "한 사람이 한 물건에 대해 지불하는 가격은 절대 초과하는 경우도 없고, 그렇다고 그 사람이 기꺼이 지불할 금액에 도달하는 경우도 거의 없다."고 했다. 다만, 자신이 기대하는 가격으로 살 수 있기를 희망한다는 것이다.

우리가 소비할 때 실질적으로 쓰는 돈이 예상했던 돈보다 적다면 사람들은 쇼핑의 즐거움을 느끼게 된다. 예상치 못한 부를 얻은 느낌이기 때문이다. 하지만 이와 반대로 가격이 자신의 기대가격보다 높으면 구매행위 자체를 포기한다. 상품구매에 실제로 지출한 금액이 예상 금액보다 낮을 때 만족하고, 상품가격이 자신의 예상보다 높을 때 구매하지 않는 것이다. 사람들은 구매포기를 통해서도 만족을 얻는다. 비록 자신이 그 상품을 사지는 못했지만 내 돈을 잃지도 않았으니 돈을 아낀 셈이라고 생각하는 것이다. 하지만 여기서 분명한 것은 생각했던 가격보다 물건을 싸게 살 때 만족도가 크다는 사실이다. 이것이 마셜의 소비자잉여의 해석이다.

때로 사람들은 어떤 물건을 예상보다 적은 돈으로 샀을 때 아낀 돈으로 다른 물건을 구입한다. 또한 어떤 물건이 저렴하면 자신에게 전혀 쓸모가 없더라도 구입한다. 이는 자신의 소비자잉여 심리를 만족시키려는 행위이다. 그래서 사실상 소비자잉여는 고객에게 실질적 수익을 가져다주지는 않는다.

가끔 우리는 아주 이상한 현상을 발견하게 된다. 고급 명품 매장에서 20~30% 세일을 해도 1천 달러를 넘게 줘야 살 수 있는 물건이 다른 일반매장에서는 200~300달러로 팔리고, 심지어 물건이 동일한 경우도 있다. 하지만 고객은 이미 할인수법에 유혹되었기 때문에 과도한 소비자잉여, 즉 심리적 만족만 얻은 채 큰돈을 지출한다.

예를 들어 당신이 과일가게에서 아주 멋진 리즈Leeds를 보게 되었다. 신선하고 알찬 리즈를 본 당신은 강한 구매욕구가 솟아났다. 이 욕구는 겉으로도 표시가 났다. 과일장수는 당신이 리즈를 마음에 들어 한다는 것을 알고 비싼 가격으로 팔아야겠다고 생각한다. 당신이 리즈에게 가지고 있는 강한 구매욕구는 더 비싼 금액을 지불할 의향이 있다는 뜻이다. 이로 인해 더 높은 소비자잉여가 생겨나는 것이다.

따라서 당신이 가격을 물어보면 과일장수는 일부러 비싸게 부른다. 소비자잉여가 높다는 걸 알기 때문이다. 아무리 가격이 비싸더라도 당신이 만족하고 망설임 없이 리즈를 구매할 거라고 생각하기 때문이다. 결과적으로 당신의 소비자잉여는 과일장수의 이윤이 된다.

이 예시는 물건을 구매할 때 우리가 이익을 보호할 수 있는 노하우를 알려준다. 만약 우리가 어떤 상품을 사고 싶다는 생각이 든다면, 그 물건만 뚫어져라 쳐다보지 말고 그게 아니어도 상관없다는 태도를 보이자. 심지어는 그 상품이 '불만족스럽다'고 표현하는 것도 좋다. 그렇게 하면 판매자는 당신이 그다지 구매하고 싶은 마음이 없다고 생각하고 함부로 가격을 올리지 못한다.

당신이 시장의 옷 가게에서 옷을 사려고 하는데 셔츠 가격이 380달러라고 쓰여 있는 것을 보게 되었다. 하지만 실제로는 80달러면 살 수 있는 옷이었다. 그렇다면 왜 가격을 저렇게 높게 붙인 것일까? 이는 판매자가 당신의 소비자잉여로 이윤을 얻기 위해서다. 어떤 사람이 그 옷을 특별히 좋아해서 80달러보다 조금 높은 금액으로 심지어는 훨씬 더 많은 돈을 주고도 살 의향이 있다고 생각하기 때문이다. 바로 여기에 소비자잉여가 존재하는 것이다. 따라서 당신이 마음에 드는 옷을 봤을 때는 최대한 만족스러운 반응을 보이지 않아야 한다. 그렇지 않으면 당신은 비교적 많은 돈을 주고 그 옷을 사야 한다. 구매경험이 없는 고객들은 자신이 꽤 높은 가격으로 그 옷을 사면서도 자신이 이득을 봤다고 생각한다. 하지만 자신이 기쁜 마음으로 옷을 사갈 때, 판매자는 더 기쁘게 한몫 챙겼다는 사실은 생각지 못한다. 판매자는 돈을 벌었고 고객은 손해를 본 것이다.

판매자가 온갖 방법을 동원하여 소비자잉여를 이윤으로 바꾸려는 예시는 일상생활에서도 비일비재하다. 대형매장이 대대적인 할인행사를 감행하는 이유도 여기에 있다. 당신이 소비자잉여로 만족감을 얻는 동안, 그들은 돈을 벌어들이는 것이다. 소비자잉여는 심리적인 만족감이지 당신이 금전적으로 얻는 추가적인 부의 잉여가 아님을 명심하라.

하버드 자산관리 비법

경제학자 마셜은 "모든 수요를 최종적으로 조절하는 것은 소비자의 수요다. 우리는 물건을 구매할 때 반드시 어떤 물건이 우리에게 필요한 것이고, 이 물건이 얼마만큼의 가치가 있는지를 알아야 한다."라고 말했다. 이 점만 기억한다면 자신의 소비자잉여 심리에 속아 돈을 허투로 소비해 진짜로 가치 있는 물건을 사지 못하는 일은 일어나지 않을 것이다.

24

물건을 살 때는 구매 기준을 분명히 정하라

고아원의 어떤 아이는 항상 비관적으로 원장에게 물었다. “저처럼 아무도 원하지 않는 사람이 사는 게 무슨 의미가 있을까요?” 원장은 미소를 지을 뿐 아무런 대답도 하지 않았다. 어느 날 원장은 아이에게 돌멩이 하나를 쥐어주면서 말했다. “내일 아침에 이 돌멩이를 가지고 시장에 가서 팔아보렴. 하지만 진짜로 팔아선 안 된단다. 기억하렴. 누가 얼마의 돈을 내든 절대 팔면 안 된다.” 다음 날, 아이는 돌멩이를 가지고 시장 한쪽 구석에 쪼그리고 앉았다. 예상 외로 꽤 많은 사람들이 아이의 돌멩이에 관심을 가졌고, 부르는 가격은 점점 더 높아졌다. 고아원으로 돌아온 아이는 흥분하며 원장에게 이 사실을 알렸다. 원장은 웃으며 내일은 금 시장에 가져가서 팔아보라고 아이에게 말했다. 다음 날, 금 시장에서 어떤 사람은 전날보다 10배가 넘는 금액으로 이 돌멩이를 사려고 했다. 3일째 되는 날, 원장은 아이에게 돌멩이를 가지고 보석 시장으로 가라고 했다. 돌멩이의 가격은 또 10배가 올랐다. 게다가 어떻게 해도 아이가 절대로 이를 팔지 않자 이 돌멩이는 '희귀 보석'이라는 소문까지 돌았다.

이 돌멩이는 사실 그저 평범한 돌멩이였다. 그런데 왜 서로 다른 시장에서 서로 다른 가격을 제시하고, 시장의 규모가 커질수록 돌멩이의 가격이 높아졌을까?

시카고 대학의 살르 교수는 어떤 그룹의 사람들에게 물었다. "무더운 여름, 당신은 모래사장 위에 누워있습니다. 당신이 지금 가장 하고 싶은 일은 시원한 맥주 한 잔을 마시는 것입니다. 마침 당신의 일행 중 한 명이 공중전화로 통화할 일이 있어서 당신 대신 근처 편의점에서 맥주를 파는지 살펴봐 줄 수 있다고 합니다. 그는 당신에게 당신이 지불하고자 하는 최대 금액을 달라고 했습니다. 그러면서 만약 맥주 가격이 당신이 낸 금액보다 싸면 시오고, 그 금액을 초과하면 사지 않겠다고 말했습니다. 그렇다면 당신은 편의점에서 맥주를 사는 데 얼마나 낼 수 있습니까?"

이때 사람들이 지불하고자 하는 맥주 가격 평균은 1.5달러였다. 그는 질문 속 '근처 편의점'을 '근처 고급 리조트'로 바꾼 뒤 다른 그룹의 사람들에게 똑같이 물었다. 이 작은 변화가 결과에 어떤 변화를 주었을 것 같은가? 수정된 질문에 대한 대답을 가지고 통계를 낸 결과, 그들이 지불하고자 하는 금액의 평균은 2.65달러였다.

모래사장에서 시원한 맥주를 마신다는 사실이 동일하고, 리조트에서 사오든 편의점에서 사오든 맥주의 퀄리티는 별반 차이가 없다. 리조트에서 산 맥주를 리조트 내의 우아하고 안락한 환경에서 즐기는 것도 아닌데 왜 리조트에서 사온 맥주에 대해 사람들은 더 높은 가격을 기꺼이 지불하는 것일까?

“100원에 대해서는 100원짜리 물건이다.”라는 속담처럼, 보통의 경우 비쌀수록 물건의 품질이 더 좋다. 하지만 돈을 더 많이 지불한다고 해서 꼭 더 나은 가치의 소비품을 얻는 것은 아니다. 그럼에도 불구하고 더 많은 돈을 지불하는 것은 도대체 무슨 이유일까?

경제학적인 측면에서 보면, 이런 현상이 발생되는 것은 거래효용이론 때문이다. 우리의 소비결정은 상품과 무관하게 기준가의 영향을 받는다. 맥주를 살 때 사람들이 고려하는 것은 리조트와 편의점의 급이 다르다는 점이고, 돌멩이를 살 때 고려하는 것은 각 시장의 급이 다르다는 점이다. 이것이 우리가 물건을 살 때 상품가치 자체와 큰 관련 없는 기준의 영향을 받는다는 사실을 증명한다.

어떤 부부가 집을 이사하면서 TV를 새로 바꾸기로 했다. 그들은 전자제품 매장에 가서 쇼핑을 하다가 똑같은 45인치 TV인데 가격 차이가 크다는 것을 알게 되었다. 하나는 4천 달러가 넘고, 다른 하나는 2천 달러가 조금 넘었다. 하지만 가격이 더 높은 브랜드 상품의 구매율이 훨씬 높았다. 그들은 당혹스러움에 가전제품 전문가 친구에게 조언을 구했다. 그에 따르면 브랜드 제품 중에서도 특히 TV에 사용되는 액정 화면은 동일하고, 품질도 거의 차이가 나지 않는다고 했다. 그렇다면 사람들은 왜 가격이 높은 것을 선택한 것일까? 이는 사람들이 브랜드에 영향을 받았기 때문이었다. 브랜드 제품이 사람들에게 신뢰감을 준 것이다.

만약 상품의 품질이 브랜드 제품보다 못 하다면 이런 선택에 비난의 여지가 없다. 하지만 실질적으로 제품의 품질은 같은데 이런 선택을 한 것이라면 소비에 문제가 있어 보인다. 사실 사람들의 TV 품질에 대한 인식은 실전 경험에서 온 것이 아니라 브랜드 제품 광고의 영향을 받은 것이다. TV는 보통 오랜 기간 사용하기 때문에 사람들의 경험을 축적하기 힘들다. 사람들의 구매행위는 신문에 어떤 TV의 판매량이 제일 많고, 어떤 TV가 품질 평가에서 1등을 했고, 어떤 TV의 수명이 제일 길다 등의 비교자료나 조사결과에 영향을 받는다.

이런 상황은 다른 제품의 구매 현상과 영역에서도 확인할 수 있다. 거래효용이론은 우리에게 상품을 구매할 때 상품 본연의 가치와는 무관한 기준가의 영향을 받는다는 것을 알려준다. 결과적으로 같은 물건을 사는 데도 더 많은 돈을 소비하게 된다. 그리고 자신이 쓴 돈이 매우 가치 있다고 생각하는 것이다.

젊은 사람들은 유독 브랜드를 중요하게 생각한다. 물건을 살 때 툭하면 브랜드를 기준으로 둔다. 사실상 브랜드의 유무와 품질이나 실용성의 차이는 그다지 상관이 없다. 실용성 측면에서 얘기하면, 물건을 살 때는 브랜드나 상품을 둘러싼 배경(판매처나 포장)을 보지 말고 상품 자체가 지니고 있는 가치를 살펴봐야 한다.

하버드 자산관리 비법

하버드경영대학원 교수는 이성적인 구매결정자는 표면적인 합산거래나 상품 자재와 무관한 기준가에 미혹되지 않는다고 했다. 제품의 실질적인 효용을 고려하며, 이 효용과 이 제품에 지불해야 할 자금을 비교하여 구매를 결정한다는 것이다.

25

남들이 다 한다면
당신은 하지 마라

한 석유 거부가 천국의 회의실에 들어갔다. 그러나 이미 동종업자들이 자리를 차지하고 있어 그가 앉을 자리는 없었다. 그는 꾀를 내 "지옥에서 석유가 발견됐다!"라고 외쳤다. 그 소리에 천국에 있던 석유 거부들은 모두 지옥으로 달려갔다. 비로소 천국에는 그 혼자만 남게 되었다. 이때 그는 '사람들이 전부 다 뛰어가는 것을 보니 지옥에서 정말 석유가 발견된 건 아닐까?'라고 생각했다. 마음이 급해진 그 역시 다급히 지옥으로 달려갔다. 이 같은 현상을 '양무리효과'라고 부른다.

어떤 양떼 앞에 나무울타리가 놓여 있다고 하자. 첫 번째 양이 이를 뛰어넘어 가면 두 번째, 세 번째 양도 울타리를 뛰어넘는다. 얼마 뒤, 울타리를 치워도 양들은 여전히 울타리가 있던 곳에 도달하면 앞의 양들처럼 공중을 뛰어넘는다. 길을 막았던 울타리가 이미 사라졌는데도 말이다. 이것이 바로 '양무리효과'이자 '군중심리'이다.

2007년 7월 26일, 일본 니가타현과 미야기현에서 생산된 1등급 쌀을 베이징 태평양 백화점에서 판매를 시작했다. 두 지역의 쌀은 각각 2kg씩 포장되어 있었고, 소비자가는 각각 198위안과 188위안에 달했다. 이 가격은 중국 내 일반 쌀 가격의 20배가 넘는 금액이었다. 하지만 소비자의 열렬한 성원을 얻었고, 20일도 채 되지 않아 12톤의 고가의 쌀은 백화점에서 완판되었다.

일반적으로 상품의 가격이 낮을수록 환영받게 마련인데 이 고가의 쌀은 예외였다. 상품의 가격이 높아서 더 잘 팔렸던 것이다.

이렇게 사람들의 과시욕이나 허영심을 채우기 위한 물품은 값이 오르면 오를수록 그 수요가 증가한다. 명품이나 값비싼 귀금속, 고가의 가전제품, 고급 자동차의 판매도 마찬가지다. 주위를 의식하면서 자기를 나타내기 위한 소비는 경제상황이 악화되어도 감소하지 않는다. 꼭 필요해서 구입하는 경우도 있지만, 단지 자신의 부를 과시하거나 허영심을 채우기 위해 구입하는 사람들이 많은 이유다. 경제학자들은 이 현상을 '베블렌 효과'라고 한다. 허영심에 의해 수요가 발생하는 것으로 상품가격을 높게 책정할수록 소비자의 사랑을 받게 되는 기이한 경제현상이라는 것이다.

케이트는 동료인 린다와 함께 출장을 갔다. 두 사람은 출장 기간 중에 틈을 내어 현지에서 쇼핑을 했다. 그런데 거침없이 쇼핑을 하는 린다의 모습을 본 케이트는 적지 않은 자극을 받았다. 평소 쇼핑을 할 때 케이트는 중간 가격대의 제품을 사는 것을 선호했다. 일반적인 옷의 가격은 보통 몇십 달러대로 3자리 수 가격대는 거의 없었다. 화장품을 살 때도 가격이 실속 있고 품질이 괜찮은 2급 브랜드를 고르는 편이었다. 하지만 자신과 수입이 비슷한 린다와 비교해보니 스스로가 부끄러워지며 너무 소심했다는 생각까지 들었다. 린다는 아주 사치스러운 소비를 했다. 7백~8백 달러의 화장품, 천 달러가 넘는 셔츠, 4천~5천 달러의 가방 등 그녀는 이런 것들을 사면서 눈 하나 깜짝이지 않았다. 심지어 그녀는 그곳 매장이 다른 지역 매장보다 저렴하다는 말을 되풀이하며 케이트의 경쟁심을 자극했다. 케이트는 이곳의 할인된 제품들이 다른 지역보다 싸다고 해도 자신의 소비 능력을 훨씬 초과한다는 것을 알고 있었다. 그런데 동료 린다가 구입하는 모습을 보니 자신도 사야겠다는 생각이 들었다. 구매 욕구를 자제하지 못한 케이트도 자신 월급의 반이나 되는 돈을 들여 명품 가방을 구입하고 말았다.

케이트는 가방을 사자마자 후회가 밀려왔다. 작년에 결혼한 그녀는 매달 남편과 적지 않은 집 대출금을 갚고 있었다. 그런데 가방 하나를 사려고 신용카드로 자신 월급의 반을 써버려서, 다음 달 청구될 청구서 생각에 걱정이 앞선 것이다.

베블렌은 일정한 범위 안에서 우리의 소비는 타인을 모방한다고 한다. 그렇게 해야 다른 사람과의 격차로 인해 난감해지지 않을 수 있기 때문이다. 이를 증명하듯 광고 산업은 우리의 소비습관을 바꿔놓았다. 소비를 모방하도록 만드는 것이다. 동료나 이웃이 어떤 상품으로 부러움을 사면 당신도 이 상품을 사게 될 확률이 높다. 당신의 낭비성 소비심리가 자극되는 것이다. 상품을 구매함으로써 물질적 만족을 얻고 누리는 것보다 심리적 만족을 채우려는 것이다. 이렇게 모방과 경쟁이 유발시킨 소비행위를 '전시효과'라고도 부른다. 최초의 전시효과는 인류의 행위에 대한 심리학 연구결론이었지만, 지금은 경제학에서 소비 행위를 연구하는 데 사용되고 있다.

이를테면 소비자는 수입과 소비를 인식하고 처리할 때 다른 소비자와 비교하는 것이다. 어떤 사람이 다른 사람이 입은 입은 옷이 예쁘다는 생각이 들면 자신이 입었을 때 예쁠지 여부와 상관없이 어떤 방법을 써서라도 그 옷을 사고 만다. 또한 다른 사람이 고급 소비품을 사는 것을 보면 자신의 수입에 변화가 없는 데도 이를 모방해 자신의 소비를 늘린다. 심지어는 수입이 줄어들어도 지출을 줄일 수 없다고 생각한다. 그 결과 시장의 공급과 수요에도 영향을 주고, 시장은 이를 반영하여 소비의 전시효과는 더욱더 선명해지는 것이다.

모든 사람이 이성적 판단과 행동을 할 수 없다. 특히 양무리효과, 베블렌효과, 전시효과의 영향으로 소비에서는 다른 사람의 선택을 참고하는 경향이 두드러진다. 그러나 소비하기 이전에 먼저 고려되어야 할 것이 있다. 바로 자신의 경제상황과 자산관리 계획이다.

하버드 자산관리 비법

하버드 경제학자 게리 베커는 모든 경제행위는 이성적이라고 말했다. 다만 "이것이 이성적인가?"에 대한 판단은 개인의 생활방식으로 결정된다고 한다.

서로 다른 소비관을 가진 사람들 속에서 전시효과는 일정한 영향력을 발휘한다. 따라서 우리는 다른 사람의 소비관을 모방하기 전에 먼저 자신의 생활방식과 실제로 처한 상황에 부합하는지 생각해봐야 한다.

26

감당할 수 있는 물고기를 잡아라

어떤 어부가 강가에서 낚시를 하고 있었다. 하지만 아주 희한하게도 그는 매번 대어를 낚을 때마다 이를 다시 풀어주고 작은 물고기들만 물통에 넣었다. 옆에서 그의 낚시를 오래 지켜보던 사람이 "왜 대어는 놓아주고 작은 물고기만 잡습니까?"라고 물었다. 그러자 어부는 "제 솥이 작아서 대어를 넣을 수가 없습니다. 그리고 작은 물고기가 더 맛이 있습니다."라고 답했다.

대다수의 사람들은 당연히 대어가 작은 물고기보다 좋다고 생각한다. 하지만 이 어부는 자신의 솥이 작아 작은 물고기밖에 넣을 수 없으니 대어는 놓아주고 작은 물고기만 잡는다는 것이다. 경제학적으로 봤을 때, 이 어부의 행동은 '유효수요'다. 유효수요는 상품의 총 공급가격과 총 수요가격이 같을 때 상품에 대한 사회의 총 수요를 말한다. 여기서 총수요는 총 소비수요와 총 투자수요로 구성된다.

경제학자 케인스는 세 가지 심리법칙을 제시했다. 심리적인 소비경향(한계소비성향법칙), 자산의 미래 수익에 대한 심리적 기대(자본의 한계효율법칙), 유동성에 대한 심리적 선호이다.

개인적인 소비에서 수입에 따른 지출, 즉 수입수준에 근거한 소비수준, 소비총액이 수입액의 일정 비율을 차지할 때, 이 비율을 '소비성향'이라고 한다. 소비수준은 자신의 수입보다 낮아야 하며 일정한도를 초과해서는 안 된다. 하지만 실제 개인의 소비행위는 자신의 미래에 대한 예측으로 결정된다. 그러나 예측이 반드시 정확한 것은 아니기 때문에 매월 말이면 빚이나 신용카드에 의존해 버티는 모습을 볼 수 있다.

미래에 대한 예측은 다른 사람에게 영향을 주고, 본인도 다른 사람의 영향을 받는다. 전시효과의 영향을 주고받는 것이다. 그런데 문제는 개인이 예측한 소비정보는 항상 분산되어 있고, 단편적이며 심지어 틀린 것이 많다. 적지 않은 사람들이 예측을 할 때 '소문'을 더 많이 듣는다. 이런 소문에는 정확한 정보는 물론 가짜 정보도 포함되어 있고, 설사 정확한 정보라 할지라도 변형되어 있는 경우가 많다.

가격예측의 경우 소비자가 미래에 가격이 오를 가능성이 있다고 생각하면 현재의 구매에 영향을 끼친다. 현재의 가격 상승을 미래의 가격 재상승의 신호로 여겨 당장 구매를 늘린다. 이때 구매행위에 영향을 주는 것은 현재의 높은 가격이 아니라 미래의 더 높은 가격이다.

"시세가 오르기 시작할 때에는 사더라도 내리기 시작할 때는 사지 마라."라는 수요의 이치에 맞아 떨어지는 소비행위다. 반대로 소비자가 현재의 가격 하락을 미래의 가격 재하락의 신호라고 생각하여 가격 하락을 예측하면 지금 구매를 줄인다. 이때, 구매행위에 영향을 주는 것 역시 현재의 낮은 가격이 아니라 미래의 더 낮은 가격에 대한 예측이 되는 것이다.

수입예측은 소비자의 중요한 예측 중 하나다. 소비자는 자신의 생활이 안정적이기를 희망하기 때문에 일시적인 수입이 아닌 평생의 수입을 예측해 소비를 결정한다. 평생의 수입은 미래의 수입에 대한 예측으로 결정된다. 수입예측에 대한 영향 역시 개개인마다 다르다. 보통 젊고 문화수준이 높으며 기술력이 좋은 사람은 미래 수익에 대한 예측이 낙관적이다. 자신은 돈 버는 능력이 강하기 때문에 미래 수입도 늘어날 것이라고 믿는다. 따라서 그들의 소비형태는 수입에 비해 지출이 크고, 신용대출 소비방식을 선호한다. 먼저 돈을 빌려서 사용하고 나중에 다시 갚는 방식을 택하는 것이다. 이런 낙관적인 수입예측은 소비를 부추긴다.

사람들은 수입이 증가할 때 소비도 증가시킨다. 하지만 소비가 증가하는 비율은 수입이 증가하는 비율보다 크지 않다. 반면에 수입이 감소하면 소비도 그에 따라 감소한다. 하지만 수입의 감소만큼 소비가 감소하지는 않는다. 소비자는 대부분 장기적인 수입전망을 근거로 자신의 소비수준을 선택하기 때문이다.

하버드 자산관리 비법

사람의 욕망은 끝이 없고 이 욕망은 더 열심히 돈을 벌게 만드는 자극제 역할을 한다. 하지만 돈을 버는 목적만 새긴다면, 인생의 중요한 것들을 간과하게 되고 마음도 공허해진다. 보다 더 즐겁게 살고 싶다면 돈의 노예로 전락할 것이 아니라 반드시 자신의 소비욕망을 잘 컨트롤해야 한다. 절대로 욕망이 자신을 지배하게 해서는 안 된다.

27

판매자는 칭찬이라는 함정을 판다

에밀리는 늘 고개를 숙이고 다니는 아이였다. 자신이 못생겼다고 생각하는 것이 원인이었다. 어느 날, 그녀는 액세서리 가게에 가서 초록색 리본 핀을 샀다. 가게 사장님은 그녀가 리본 핀을 하니 너무 예쁘다며 입이 마르도록 칭찬했다. 에밀리는 그 말을 100% 믿지 않았지만 기분이 매우 좋았다. 그래서 자신의 모습이 사람들에게 보이도록 고개를 들었다. 가게를 나설 때 어떤 사람과 부딪혔지만 그녀는 아무런 신경도 쓰지 않았다.

애밀리가 교실에 들어갔을 때 그녀는 선생님과 마주쳤다. 선생님은 "에밀리, 고개를 들고 다니니까 더 예쁘구나!"라고 말했다.

그 날 그녀는 많은 사람들에게 칭찬을 받았다. 그게 다 리본 핀 덕분이라고 생각했다. 하지만 집에 돌아와 거울을 본 그녀는 리본 핀이 머리에 없다는 사실을 알았다. 가게를 나서다가 어떤 사람과 부딪혔을 때 핀은 이미 떨어졌기 때문이다.

때로는 가볍게 던진 말 한마디가 듣는 사람의 행동을 바꾸거나 인생의 태도를 변화시킨다. 손님을 칭찬하는 가게가 다른 곳보다 장사가 잘 되는 이유이기도 하다. 이런 가게는 원래 고객이 사려고 했던 물건 외에 다른 상품들도 더 팔 수 있다. 칭찬으로 고객을 아주 만족스럽게 만들기 때문이다.

하버드의 유명 경제학자 그레고리 멘큐는 "격려는 사람이 어떤 행위를 하게 만든다. 이성적인 사람은 자본과 이익을 비교하고 결정을 내리기 때문에, 격려를 자신의 이익으로 받아들여 그에 대해 반응하게 된다. 그러므로 격려가 경제학 연구에서 중심적인 역할을 한다."라고 했다. 모든 경제학의 내용은 격려에 대한 사람들의 반응으로 간단하게 요약할 수 있으며, 그 외 내용은 이에 대한 해석이라는 것이다.

일본의 신혼부부에게 백금 액세서리는 1등 예물로 꼽혀왔다. 하지만 결혼을 간소화하는 분위기가 많아지면서 사람들이 결혼반지를 사는 것에 대한 흥미가 점차 감소했다. 그러자 급락하는 백금의 수요를 증대시키기 위해 국제백금협회 일본사무소는 독특한 판촉 활동을 벌였다. 2006년 8월부터 12월까지 백금결혼반지를 구매한 부부가 참여하는 '사랑의 맹세를 우주로'라는 행사를 주최한 것이다. 신혼부부들이 홈페이지에 가입하여 자신들의 사랑의 맹세를 남기면, 이 맹세와 사진은 한 장의 DVD에 기록되어 2007년 3월 러시아 소유즈 로켓에 실려 우주로 보내는 이벤트였다. 이 소식이 전해지자 많은 신혼부부들이 백금결혼반지를 사러 왔고, 백금시장은 다시 빠르게 활성화되었다.

이 이벤트는 얼마나 로맨틱한 일인가! 게다가 기회도 많지 않으니 이 유혹을 당해낼 사람은 많지 않았을 것이다. 따라서 수많은 잠재소비자의 구매욕구를 부추기기에 충분했다. 국제 백금협회 일본사무소는 격려원칙을 이용하여 자신들의 목적을 달성한 것이다. 격려의 효과는 이처럼 거대하다.

어느 날 아침, 당신이 좋아하는 과일인 수박이 갑자기 9달러에서 2달러로 떨어졌다는 놀라운 소식을 들었다면 당신은 어떻게 반응할까? 경제인으로서 당신은 다음과 같은 두 가지 선택의 기로에 놓일 것이다.

첫째, 너무 잘 됐다. 수박이 저렴해졌으니 내가 가진 돈의 가치가 더 높아졌다. 나는 수박을 더 많이 살 수 있고, 아이스크림도 더 많이 살 수 있다.

둘째, 수박이 저렴해졌는데 아이스크림을 왜 사야지? 아이스크림을 하나 덜 사고 수박을 더 많이 사겠다. 지금은 수박에 비해 아이스크림이 더 비싸니까 아이스크림을 덜 사고 수박을 더 사겠다.

이것은 판매자가 가격을 내려 소비자에게 발생된 격려효과이다. 하지만 때로는 판매자의 격려가 다른 행위로 완성되기도 한다.

러시아 유명신문은 신문가격을 올리기 전에 이런 광고를 실었다. "존경하는 독자 여러분, 본지는 경제적인 이유로 수일 내에 신문가격을 60루블로 올리게 됩니다. 여러분은 여러 가지 선택을 하실 수 있습니다. 매일 60루블을 아껴 캔디를 사먹을 수도 있고, 60루블씩 일주일을 모아 햄버거를 사먹을 수도 있고, 1년을 모아 2kg의 소고기를 사먹을 수도 있습니다. 이런 예시를 다 나열하자면 아주 긴 종이 한 장을 채울 수 있을 것입니다. 하지만 본지에 대한 여러분의 선택은 단 두 가지뿐입니다. 신문을 보느냐 혹은 안 보느냐. 여러분의 구매 여부가 본지의 존폐에 직접적인 영향을 줄 것입니다."

이치대로라면 가격이 오른 물건이 자신에게 꼭 필요한 가치가 없거나, 그것 말고 다른 대안이 있을 때 사람들은 가격이 오른 물건을 사지 않는다. 하지만 이 광고가 나가고 나서 이 신문의 판매량은 오히려 이전보다 늘어났다. 경제학적으로 보면 이는 격려효과다. 이 신문은 스스로를 불쌍하게 묘사해서 자신의 운명을 독자들의 선택에 맡겼다. 그로 인해 많은 독자들의 동정심을 얻었고, 가격을 올리고도 계속해서 판매가 되는 효과를 누렸다. 이는 격려라는 경제학 원리를 아주 잘 활용한 예라고 볼 수 있다.

하버드 자산관리 비법

사람들은 늘 격려에 대해 쉽게 반응한다. 일부 판매자들은 이런 심리를 캐치해서 방법을 바꿔가며 판매를 진행한다. 소비자의 구매욕구를 격려하여 소비자가 스스로 필요하지 않은 상품을 사게 만드는 것이다.

소비자는 판매자의 격려에 속기 쉽다. 이로 인해 자신이 사고 싶지 않은 물건을 사고 나서 후회하는 경우가 많다. 그러나 경제학적 격려의 이치를 알고 나면 판매자의 화려한 언변에도 그 계략을 꿰뚫어볼 수 있게 된다. 때문에 과소비라는 해적선에 탑승하지 않을 수 있다.

28

미래 전망은 당신이 설계하라

한 실험실에서는 희귀질병이 퍼지는 것을 예방하기 위한 노력이 한창이다. 총 6백 명의 사상자를 낼 것으로 예측되는 이 질병에 대해, 현재로서는 두 가지 방안이 있다. A방안을 쓰면 2백 명을 구할 수 있고, B방안을 쓰면 3분의 1의 가능성으로 6백 명을 모두 구하거나 3분의 2의 가능성으로 아무도 못 구할 수도 있다. 분명 사람들은 위험을 감수하려고 하지 않고 A방안을 더 선호한다.

이번에는 이를 다른 식으로 표현해보자. 두 가지 방안이 있다. A방안은 4백 명이 죽는 방법이고, B방안은 3분의 1의 가능성으로 아무도 죽지 않거나 3분의 2의 가능성으로 모두 죽을 수도 있다. 이에 대해서 사람들은 위험을 감수하려는 경향이 많아져 B방안을 선택한다.

사실상 두 경우의 결과는 완전히 동일하다. 2백 명을 살리는 것이 곧 4백 명이 죽는 것이고, 3분의 1의 가능성으로 6백 명을 살리는 것이 같은 가능성으로 아무도 죽지 않는 것이다. 하지만 그럼에도 사람들의 선택이 달랐던 이유는 표현방식이 달랐기 때문이다. 즉 "어떻게 말하느냐가 무엇을 말하느냐보다 더 중요하다."라는 것이다.

심리학자 카너먼과 트버스키가 공동으로 제시한 '전망이론'은 위와 같은 황당한 결과에 대해 합리적인 해석을 제시했다. 전망이론은 사람들이 부의 측면이 아닌 경쟁의 측면에서 문제를 바라보고, 수익과 손실의 정도에 관심을 둔다는 것이다. 그래서 낮은 확률에는 민감하게 반응하고 높은 확률에는 둔감한 반응을 보인다고 한다. 이는 확률에 대한 정확한 인식이 없기 때문에 나타나는 현상으로 "만에 하나 진짜 이런 일이 일어나면 어떡하나."라는 걱정 때문에 생긴다. 그래서 사람들이 수익 또는 손실을 맞닥뜨렸을 때 위험을 대하는 태도가 다르게 나타나는 것이다.

여기에 두 컵의 아이스크림이 있다. 한 쪽은 7온스의 아이스크림이 5온스 컵에 담겨 있어 당장이라도 넘칠 것처럼 보이고, 다른 쪽은 8온스의 아이스크림이 10온스의 컵에 담겨 있어 보기에는 덜 담긴 것처럼 보인다. 당신은 어떤 아이스크림에 더 많은 돈을 지불할 것인가? 8온스의 아이스크림이 7온스보다 많고, 10온스의 컵이 5온스의 컵보다 크다. 하지만 이를 개별적으로 보고 판단하는 상황에서 사람들은 7온스의 아이스크림에 더 많은 돈을 지불한다는 실험 결과가 나왔다. 평균적으로 7온스 아이스크림에 2.26달러를 지불하고, 8온스 아이스크림에 1.66달러를 지불하기를 원했던 것이다. 10온스의 비어 있는 2온스 분량의 아이스크림을 손실, 5온스에 넘치게 담긴 2온스는 수익으로 판단한 결과다.

이 실험으로 사람의 이성에는 한계가 있다는 사실을 알 수 있다. 사람들은 결정을 내릴 때 어떤 물건의 진정한 가치를 계산하는 것이 아니라 그것이 정확해보이지 않더라도 평가하기 쉬운 단서를 통해 판단한다. 아이스크림 실험에서 사람들은 사실 아이스크림의 양이 얼마나 되는지가 아니라 컵에 가득 찼는지 차지 않았는지로 각각의 아이스크림에 지불할 돈을 결정한 것이다.

하버드 심리학자 카너만은 사람이 수익을 앞뒀을 때는 위험을 회피하고 싶어 하고, 손실을 앞뒀을 때는 오히려 위험을 감수한다고 했다. 그 결과는 전망에 대한 예측이 정확했는가에 따라 성공여부가 결정된다고 한다.

경제학의 전통이론에서 사람들이 위험을 회피한다고 생각했던 것과는 다르게 수익보다 손실에 더 민감하다고 말한다. 반면 전망이론은 개인의 투자가 주관적인 투자기준점의 영향을 받는다는 점을 강조한다. 자산의 가격이 기준점보다 낮으면(주관적으로 손해의 입장일 때), 투자자는 위험선호자로 변한다. 바꿔 말하면 사람들은 수익 앞에서는 매우 신중하고 조심스러워 위험을 감수하지 않지만, 손실에 있어서는 모두 모험가로 변신한다는 것이다.

주식의 매매에서도 이 같은 현상이 일어난다. 많은 투자자들이 “제가 가지고 있는 주식은 00원일 때 산 것입니다. 지금 팔아야 할까요, 아니면 가지고 있어야 할까요?”라고 묻는다. 사실 주식을 계속 보유할지의 여부를 판단하는 것은 시장상황에 따라서 결정해야 하는 것이지,

이 주식을 샀던 자본과는 아무런 상관이 없다. 하지만 절대 다수의 주식투자자들은 이 주식이 매입 가격보다 오르면 주머니에 안전히 모셔두다가 떨어지면 미련 없이 버리는 경향이 있다. 이런 모순적인 결정은 사람들이 수익보다 손실에 더 민감하기 때문이다.

하버드 자산관리 비법

판매자는 상품을 판매할 때 아름다운 전망을 들어 소비자를 속이고 구매하게 한다. 사회경험이 많지 않은 사람들은 쉽게 타인의 영향을 받는다. 일부 판매자들은 전망이론에 대해 이해하지 못하고 상품의 품질에 대해 이해하지 못하는 바로 그 점을 간파한다. 제품에 대해 번지르르한 말을 늘어놓아 고객의 지갑을 몰래 털어가는 것이다.

PART 5

수입과 지출의 평행을 맞춰라

H A R V A R D

R I C H

C L A S S

H A R V A R D

R I C H

C L A S S

돈이 만능은 아니지만, 돈이 없으면 아무것도 안 된다. 푸어족의 지출이 비록 겉으로는 멋있어 보일지 몰라도 그 뒤에는 말 못 할 고통이 존재한다. 그들은 수입에 맞는 지출, 간단한 자산관리 경제학에 관심을 가져야 한다. 자신의 경제상태가 컨트롤될 수 있을 뿐만 아니라 미래의 인생에도 훨씬 더 유리하기 때문이다. 자신의 자산상황을 확실하게 파악하는 것, 자신의 재정수입을 정확하게 처리하는 것은 이제 사람들에게 필수가 되었다. 자산관리를 배워야 유한한 돈이 가장 필요한 곳에 쓰이고 인생에 즐거움을 더해준다.

29

수입에 맞는 지출이 답이다

수입에 맞는 지출은 경제 관리의 기본이다. 나라를 다스리는 데도 적용되고 기업이나 개인의 자산관리에도 응용할 수 있다. 우리는 수입이 생기고 경제적으로 주도권을 가지지만, 아직 수입에 맞는 지출에 대한 개념이 없다.

예를 들어 23살의 프랭크는 직장에 다닌 지 3개월 차 신입사원이다. 그의 월 급여는 2천 달러로 대부분의 수입이 월세, 외식비, 술값으로 쓰인다. 멋지게 사는 것 같지만 그의 경제 상태는 낙관적이지 않다. 아직 저축도 없고 월말만 되면 지갑은 늘 비어 있다. 미래에 집도 사야 하고, 차도 사야 하고, 결혼해서 가정도 꾸려야 한다는 것을 생각하면 고민이 이만저만 아니다. 더 난감한 것은 자신이 어떻게 해야 할지 모른다는 것이다.

사실 프랭크와 같은 20대는 인생단계가 바로 미래를 위해 돈을 모으는 단계다. 그러나 대부분 이 시기에는 수입이 비교적 낮고 소비는 크다. 프랭크의 현재 수입은 많지 않지만 수입의 전망은 좋다. 그렇기 때문에 먼저 돈을 모으고 나중에 그 돈의 가치를 증가시킨 뒤 집을 사는 순으로 자산관리를 조정해야 한다. 먼저 수입에 맞는 지출법을 배우고 자신의 경제 상황을 컨트롤하여 자기재산을 지배하는 것이다.

일반적으로 개인자산은 고정자산과 유동자산으로 나뉜다. 고정자산은 현금으로 바꾸기 어려운 자산을 말한다. 부동산이 대표적이다. 유동자산은 1년 이내에 현금으로 바꿀 수 있는 자산으로 급여, 은행 저축, 채권, 펀드 등을 말한다.

누구라도 자산관리는 자신의 경제상황을 통제하는 것부터 시작해야 한다. 보편적으로 20대가 고정자산을 가지고 있을 가능성은 매우 적다. 따라서 자신의 경제상황을 통제할 때는 급여와 저축을 통제하고 수입에 따라 소비계획을 짜야 한다. 예를 들어 월세가 어느 정도인 방을 구하고, 얼마 정도의 식사를 하고, 어떤 등급의 옷을 입고, 어떤 브랜드의 핸드폰을 사용하고, 한 달에 얼마만큼의 전화비나 인터넷 비용을 사용해야 하는지 정하는 것이다. 자신의 수입범위 안에서 매월 지출하는 금액을 배분하고 계획적으로 저축을 해야 한다. 그게 단 2백 달러라도 그렇다. 만약 매달 2백 달러를 덜 쓸 수 있다면, 1년이면 2천4백 달러를 아끼는 셈이다. 이렇게 모은 2천4백 달러로 리스크가 적은 투자를 진행하면, 1년 동안 벌 수 있는 돈은 2천4백 달러에 그치지 않는다. 시간의 흐름에 따라 돈이 계속 돈을 낳을 것이기 때문이다.

수입에 맞는 지출 습관을 기르고 나면 명확하게 자신의 자산현황을 알 수 있다. 이로 인해 합리적인 소비와 투자를 진행할 수 있으며 미래의 재산을 준비할 수 있게 된다. 자신의 돈을 통제할 때는 지출을 줄이는 것뿐만 아니라 자산의 몇 가지 부분에도 더 주의를 기울여야 한다. 투자를 진행할 때는 반드시 신중하게 행동하여 다른 사람이 파놓은 함정에 빠지지 말아야 한다. 젊은 사람들은 경험이 적기 때문에 투자나 자산관리에 대한 이해가 더 부족하다. 그래서 음흉하고 속을 알 수 없는 사람들에게 빈틈을 공략당할 수 있으므로 반드시 아래 몇 가지를 조심해야 한다.

1. 높은 이윤에 대한 망상

사람의 본성은 탐욕적이라서 일확천금을 획득하는 상상을 한다. 다른 꿍꿍이가 있는 이들은 사람들의 이런 약점을 이용해 작은 일을 위해 큰 대가를 치르도록 유혹하고 속인다. 우리는 반드시 이 세상에 공짜는 없고, 하늘에서 감이 떨어지는 일은 없다는 것을 기억해야 한다. 무조건 높은 이윤만 얻으려다가 본전도 못 건질 수 있다. 목돈을 마련하고 싶다면 한 걸음씩 나아가는 것이 가장 실속 있는 방법이다.

2. 융통성의 부재

사회의 경제환경은 끊임없이 변한다. 예전의 생활방식은 더 이상 현재의 경제상황과 맞지 않을지 모른다. 만약 융통성 없이 가진 돈을 은행에 넣기만 하면, 통화팽창이 심화되었을 때 금방 길거리에 나앉는 신세가 될 것이다.

3. 아는 것이 힘이다

어떤 자산관리 도구를 다루든지 그에 맞는 전문지식과 강력한 판단 능력이 필요하다. 서투른 투자자는 자산관리의 기본적인 상황과 운영 법률에 대해 아무것도 모른 채 뛰어든다. 다른 사람이 돈을 버는 것만 보고 맹목적으로 시장에 접근하는 것이다. 이는 몇 년 동안 모은 저축을 밑 빠진 독에 모조리 부어버리는 결과가 된다.

4. 계획 없는 가불

살다 보면 각종 유혹이 존재한다. 충동적으로 물건을 사거나 홈쇼핑, 할부 쇼핑을 하게 된다. 이는 계획에 없던 가불이다. 매일 대출 빚을 갚기 위해 일하는 노비로 자신을 전락시키는 길이다.

5. 신용카드 남용

신용카드는 편리하다. 이 장점을 때문에 여러 장의 카드를 소지하며 현금을 인출해 사용하고 소비를 한다. 하지만 갚을 때는 그 액수를 감당하지 못해 극도의 불안상태에 빠지곤 한다. 우리가 꼭 기억해야 할 것은 신용카드를 사용하는 것 자체는 유용하지만, 남용하면 백해무익하고 자신을 사지로 몰고 간다는 점이다.

하버드 자산관리 비법

어떤 사람은 월수입이 몇천 달러여도 집을 사고 차도 사지만, 어떤 사람은 월수입이 몇만 달러여도 늘 빚을 지고 산다. 이런 생활의 차이는 돈을 지배하는 능력과 밀접한 관계가 있다. 젊은이들은 사회경험이 많지 않고, 경제능력도 상대적으로 약한 데다가 미래를 위한 준비도 해야 한다. 그러기에 더욱더 수입에 맞는 지출을 해야 한다. 만약 자신의 재산이 급여나 저축 등 유동자산 위주로 구성되어 있다면 더욱더 자신의 경제상황을 통제하고, 돈을 지배하는 법을 배워야 한다. 아름다운 삶을 살기 위한 준비가 필요한 때다.

30

매력적인 구두쇠가 되라

컴퓨터를 전공한 토마스는 올해 27살로 졸업한 지 3년이 되었다. 현재 월수입은 약 8천 달러이고 연말 상여금은 5만 달러가 넘는다. 그는 올해 연말 상여금을 받고 나서 대출을 받아 대형 세단을 구입했다. 계약금은 연말 상여금에 한 달 치 월급을 더해 납부했지만, 세금이나 보험료 등의 비용을 모두 지불하기엔 가진 게 턱없이 부족해 부모님께 3만 달러를 빌렸다. 매달 8천 달러의 수입에서 5천 달러의 할부금을 빼면 3천 달러가 남고, 거기에서 차량 유지비 1천 달러와 늘어난 여행비, 핸드폰 사용료를 제외하니 토마스의 월수입은 1천 달러도 채 남지 않았다. 평소 큰 씀씀이가 몸에 배인 토마스는 차를 사자마자 자신이 푸어족이 될 줄은 꿈에도 몰랐다.

토마스뿐만 아니라 우리 역시 매달 버는 돈이 적지 않은데도 월말이 되면 남는 것이 없다. 버는 만큼 쓰거나 쓰기에 부족하게 버는 것이다.

그래서 빚을 지며 살기도 한다.

경제학은 사회의 부족자원을 관리하는 학문이다. 사회의 자원은 한정적이기 때문에 사람들이 소유하고자 하는 모든 물건이나 서비스를 다 생산할 수 없다. 개인적인 측면에서 보면 자원(자금)이 한정적이고 부족하기 때문에 자신이 원하는 모든 것을 얻을 수는 없다. 개인의 자금상황에서 지불할 수 있는 돈에는 한계가 있다. 그래서 소비가 과도해지면 자연스럽게 푸어족이 되고 만다. 푸어족 생활을 벗어나는 가장 핵심적이고 직접적인 방식은 절약이다. 인색함을 수련하면 자연스럽게 푸어족이라는 곤경에서 벗어날 수 있다.

하버드 자산관리 전문가는 수입보다 많은 지출의 곤경에서 벗어나려면 재원개발보다 절약이 더 중요하다고 말한다. 물 유입량이 많아도 수도꼭지 입구가 너무 크면 수원을 모을 수 없는 이치와 같다. 특히 실업률이 매우 높은 시기에 대학을 졸업한 직장인들은 재원을 개발해 수입을 늘리는 것이 쉽지 않다. 관련 자료에 따르면 일반 민영기업의 생명주기 평균은 6~7년이다. 이 시기에는 사장들도 자기 코가 석자라 회사 하나 지키기도 어렵다고 한다. 하물며 일반 직장인들은 어떻겠는가? 그래서 우리는 안정적인 직업과 고정수입을 원한다.

또한 수입에 맞춰 소비를 줄이고 지출을 통제해서 현금 유동량을 컨트롤해야 한다. 옛말에 "큰 부는 하늘에 달렸지만, 작은 부는 절약에 달렸다."라고 했다. 오늘의 자산관리 성적이 미래생활의 질을 결정한다.

그렇지만 현대 사람들은 사회구조상 무거운 짐을 지고 살 수밖에 없다. 월세, 차 할부금, 교육비, 의료비, 부모 부양비 등 많은 지출요소들이 쌓여 있다. 애초에 사치는 꿈도 못 꾸고, 기본적인 생활비용의 지출만으로도 직장인들은 압박을 받다 못 해 고개조차 들지 못하는 지경에 이르렀다. 따라서 하루라도 일찍 부유해지고 싶다면 어떤 작은 사소한 일도 무시하지 말고, 작은 푼돈도 무시하지 말아야 한다. 물방울들이 모여 바다를 이룰 수 있는 것이다.

자동차 왕 헨리 포드는 어느 날 초대를 받고 파티에 참석했다. 그는 주머니에서 물건을 꺼내다가 동전 하나가 떨어지자 다급히 무릎을 꿇고 카펫을 살펴보기 시작했다. 주위 사람들은 이를 매우 놀랍게 여겼다. 그가 왜 작은 동전 하나에 연연하는지 이해할 수 없었다. 헨리는 얼굴에 미소를 띠고 "이 하나의 동전이 모여 제가 지금의 부를 누리게 된 것입니다."라고 답했다. 헨리 같은 사람도 이렇게 절약하는데 왜 우리는 낭비를 일삼는 것일까?

수입에서 저축할 돈을 빼는 것은 돈이 눈앞에서 사라진다는 의미에서 지출과 같다. 월급에서 매달 저축액을 제하고 난 뒤 남는 금액이 얼마든 간에 그 돈이 이번 달 쓸 수 있는 돈이다. 예산을 끈기 있게 통제하고 가계부를 쓰는 습관을 장기간 지속하면 재산은 자기도 모르게 쌓인다. 인색한 지출의 구체적인 방법은 아래 두 가지가 있다.

1. 지출을 통제할 줄 알아야 한다

지출항목에는 고정지출과 비 고정지출이 있다. 고정지출은 주로 월세나 주택대출금, 생명보험, 자동차보험, 주택보험, 세금 등이다. 일상생활을 유지하기 위해 피하거나 줄일 수 없는 것들이다. 이런 지출은 필수적인 것이기 때문에 이를 위해 충분한 자금은 준비해두어야 한다.

비 고정지출에는 의상비, 수도·전기·가스비, 전화비, 인터넷비, 교통비 등이다. 이 지출은 동일한 항목에 의해 대체될 수 있다. 예를 들어 교통비에서는 택시비와 대중교통비의 소비금액이 다르다. 적은 금액의 지출로 전환이 가능한 지출을 최대한 줄여야 한다.

이외에도 탄력적 지출이 있다. 사교활동이나 오락 등의 임시적 지출이 있다. 이런 지출을 줄일 수 있다면 절약에 큰 도움이 된다. 생활의 질을 떨어뜨리지 않는다는 전제하에 최대한 줄여야 할 소비다.

2. 저축할 줄 알아야 한다

경영의 신 대만플라스틱그룹 회장 왕용칭王永慶은 "번 돈이 내 것이 아니라, 저축한 돈이 내 것이다."라고 말했다. 불확실한 시대일수록 돈을 저축해두어야 안심할 수 있다. 비록 저축이 개인의 재산을 엄청나게 불릴 수는 없지만, 최소한 저축하지 않는 것보다는 강력한 힘이 있다.

돈이 없거나 돈을 적게 벌면 소비에 대한 욕망도 자연스럽게 작아진다. 수중에 돈이 있으면 소비욕은 금방 팽창한다. 그래서 아직 자산관리를 배우지 못한 사람들은 소비욕망을 통제하는 법을 배워야 하고 특별히 자산관리 체계를 세워야 한다. 그리고 수시로 잔액과 신용카드 이용내역을 확인하는 것도 잊지말아야 한다. 자제력이 약한 사람은 가능하면 신용카드를 들고 다니지 말자. 자신의 자금을 명확하게 인지하고 잔고에 따라 수시로 자신의 소비행위를 조절하면 된다.

자신이 푸어족이라고 생각한다면 자신의 수입을 반드시 두 가지 계좌로 나눠서 관리하자.

(1) **소비 계좌**

매달 생활비를 예상해야 한다. 매월 예산을 정하고 그에 따라 가계부를 쓰는 습관을 들이면 좋다. 푼돈이라도 물 샐 틈 없는 관리를 계속해 나가면 돈을 모을 수 있다.

(2) **의료보장 계좌**

수입의 10~15%를 의료보장비로 설정해야 한다. 청년들은 일의 스트레스가 과다해 중대 질병의 발병률도 높다. 병이 생긴다면 일할 수 있는 능력과 직장을 한꺼번에 잃어버릴 수도 있다. 따라서 먼저 자신의 생명보험을 들고 수익자는 부모님으로 지정한다. 다음으로 저축형 보험을 가입하고 상해보험도 들어야 한다. 이렇게 세 가지 종류의 보험이 있으면 기본적인 의료보장이 생기기 때문에 안심하고 투자계획을 진행할 수 있다.

하버드 자산관리 비법

현재나 미래의 경제상황이 불안할 때 자신의 인색함은 명약이 된다. 푸어족에서 벗어나고 싶다면 반드시 합리적으로 자신의 소비를 컨트롤해야 한다. 눈앞의 호기심만 채울 것이 아니라 시선을 멀리 두어 미래를 위한 계획을 세워야 한다. 절약하고 저축하는 법을 알아보자. 그리고 아낀 돈을 적절하게 투자하면 안정적인 자산관리를 할 수 있다.

31

계획에 없던 나가는 돈을 막아라

"돈 쓸 줄 아는 것이 곧 돈 버는 것이다."라는 말이 있다. 이 말은 얼핏 들으면 앞뒤가 맞지 않는다. 돈을 쓴다는 것은 가지고 있던 돈이 없어진다는 것과 연관되기 때문이다. 그래서 돈을 벌려면 돈을 꽁꽁 숨겨두고 평생 아끼고 절약해야 한다는 강박까지 가지게 된다. 어떤 이는 돈의 소비를 불안해하고 평생 지극히 적은 돈만 소비하다 죽는다. 그런 그가 죽은 뒤 남겨진 거액은 사람들을 놀라게 한다.

사람들은 잘 모르지만 "돈을 어떻게 써야 하는가?" 역시 일종의 학문이다. 1원을 절약하면 1원을 버는 것이 아니다. 1원씩 절약했다가 그 돈을 적재적소에 사용하는 것이 자산관리다. 부는 돈을 얼마 벌었느냐가 중요한 게 아니라 지금 보유한 돈이 얼마인가에서 판가름되기 때문이다.

어떤 사람은 지출계획을 세우고 예산을 설정하는 것이 귀찮고 지루

한 일이라고 생각한다. 그러나 습관이 되면 계획적인 소비는 자연스러운 일이 된다. 과도한 소비욕구를 컨트롤하고 낭비를 줄여 건강한 소비심리를 형성할 수 있다. 수입을 소비, 저축, 투자 세 부분으로 나누어 관리할 수 있도록 돕기 때문이다.

매월 초에는 필요한 생활비를 준비한다. 수입, 지출, 대출상환, 고정비용, 투자, 저축 등에 대해 예산을 설정한다. 목적은 자산관리가 계획 속에서 정상궤도에 들어올 수 있도록 하기 위함이다.

직장인을 예로 들어보자. 직장인은 매월 고정수입이 있다. 수입 안에서 먼저, 꼭 필요한 용돈 외에 남은 금액은 기초 자금으로 사용처를 정한다. 수도세, 전기세, 가스비, 난방비 등 그 달의 기본 지출비용과 생활비 지출(주로 식대)을 나열한다. 환절기에 추가 구입해야 하는 옷 등 기타 지출을 일부 남겨둔다(물론 이는 매달 지출하는 돈은 아니지만, 매월 설정해두어야 하는 돈이다). 마지막으로 남은 돈을 모두 저금하는 것이다.

만약 지출계획을 실행하지 못할까 봐 걱정된다면 각종 지출별로 33개의 편지 봉투를 준비하자. 첫 번째 봉투에는 기본 지출비를 넣어 쓸 때가 되면 봉투에서 꺼내 쓴다. 두 번째 봉투에는 기타 지출비를 넣고 이 돈을 쓸지는 당연히 그때 그때의 상황을 보고 결정한다. 이번 달에 사용하지 않았으면 다음 달에는 자연스럽게 쇼핑을 많이 할 수 있을 것이다. 나머지 31개 봉투에는 매일의 생활비를 넣고, 매일 1개의 봉투 안에 있는 돈만 사용한다. 돈을 다 쓰지 못하면 남겨두었다가 다음 날 사용할 수 있고, 초과했을 때는 다음 날 적게 쓸 수밖에 없게 된다.

미국의 경제지 〈포춘Fortune〉에 실린 조사결과에 따르면, 같은 연령과 수입을 가진 사람들 중 자산계획이 있는 사람이 없는 사람보다 은퇴할 때 5배나 부유했다고 한다. 이를 통해 우리는 계획적인 지출이 자산관리에서 얼마나 중요한지 알 수 있다.

많은 사람들은 돈은 아낄 수 없고 쓸 일만 생긴다고 한다. 이는 모두 핑계다. 많은 경우 충분히 절약습관을 기를 수 있다. 택시를 한 번 덜 타거나, 외식을 한 번 덜 하거나, 외모를 가꾸는 데 비싼 돈이 드는 일을 한 번 덜 하거나, 식사를 주문할 때도 메뉴를 덜 시키거나, 꼭 필요하지 않은 요리를 시키지 않는 것이다. 이런 것들이 오래 지속되면 당신은 푼돈들을 아끼게 될 것이고, 적은 돈들이 모여 큰돈이 될 것이다.

하버드 자산관리 비법

매달 월급의 범위 안에서 지출계획을 세우고, 세심하게 각각의 사용처에 돈을 분배하는 습관을 들이자. 당신도 하루하루를 살아내는 자산관리 고수가 된다. 사실 매월 지출계획을 세우는 것은 아주 중요하다. 동전 하나를 사용하는 것에 민감할 필요는 없지만 돈을 쓰는 학문은 반드시 제대로 공부해야 한다. 계획 아래 지출되는 돈은 돈을 버는 일이 된다.

32

지갑을 열 때와 닫을 때를 구분하라

18세기에 발표된 네덜란드 맨버빌의 《꿀벌의 우화》에는 재미있는 이야기가 나온다. 한 무리의 꿀벌이 호화로운 삶을 위해 멋대로 흥청망청 살았더니 아주 빠르게 번성하였는데, 이 꿀벌들이 마음을 바꿔 사치스러운 생활을 포기하고 절약했더니 무리 전체가 쇠퇴했다고 한다.

이 현상에 대한 설명으로 경제학자 케인스는 소비를 자극하고 총 수요를 늘리는 것이 경제발전에 긍정적인 효과를 낸다는 이론을 발표했다. 이 이론은 '절약의 역설' 또는 '절약의 모순'이라고 불린다.

우리는 절약과 절제를 일종의 미덕으로 알고 있다. 이는 기본적으로 개인이 부를 쌓기 위해 우리가 사용하는 방식이다. 만약 어떤 사람이 근검절약하여 저축을 늘리면 부유해질 것이다. 하지만 케인스의 총 수요의 수익결정이론에 따르면 절약은 경제성장에 그다지 좋은 점이 없다고 한다.

사람들의 수입은 소비와 저축 두 가지 형태로 나뉜다. 소비와 저축은 서로 역방향으로 발전하기 때문에 소비가 증가하면 저축이 줄고, 소비가 줄면 저축이 늘어나게 된다는 것이다. 그래서 저축만 하고 소비를 하지 않으면 폭넓은 재생산에 불리하게 작용된다고 했다. 생산이 축소되고 실업자가 늘어 경제가 위축되는 것이다.

데클란은 한 외국기업을 다니는 고위관리직으로 수익이 많다. 하지만 그는 늘 두 사람의 소비로 화가 났다. 한 명은 자신의 아버지고 다른 한 명은 자신의 아들이었다. 그가 화가 난 것은 다른 이유가 아니라 아버지는 지나치게 절약하고 아들은 지나치게 소비하기 때문이었다. 그는 사치스럽게 낭비를 해서도 안 되지만 지나치게 절약해서도 안 된다고 생각했다. 즉 소비에는 적당한 긴장과 이완이 있어야 한다는 것이다.

데클란의 아버지는 절약을 지나치게 많이 하는 사람이었다. 나이가 칠순인데도 절약하는 습관은 젊었을 때나 지금이나 전혀 변한 게 없었다. 전기세를 조금이라도 아끼기 위해 TV를 볼 때는 절대 전등을 켜지 않았다. 또한 에어컨도 설치하고 나서 거의 사용한 적이 없다. 데클란이 이런 것에 대해 이야기하면 아버지는 항상 "2층에 사니 충분히 시원한데 여기에 에어컨까지 틀면 전기도 낭비일 뿐만 아니라 추워서 못 산다."라고 말했다.

한 번은 데클란이 모기를 퇴치하기 위해 아버지께 전기 모기향을 사드리며, 자기 전에 전원을 꼽아야 한다고 당부했다. 하지만 그의 아버지는 항상 "켜지 않아도 상관없다. 옛날 시골에서 누가 모기향을 피웠겠니. 잘 때는 아무것도 느끼지 못하는 데다가 다 큰 어른이 모기 물리는 걸 아직도 신경 쓰냐."라고 말했다.

그의 아버지는 공짜로 이발을 하기 위해 늘 10여km를 걸어 무료 이발소를 찾았고, 돈을 아끼기 위해 스스로 밥을 해먹었으며 반찬도 조금밖에 사지 않았다. 시장을 돌아다니다가 사람들이 고르고 남은 돈을 받지 않는 야채를 가져다 먹곤 했다. 아버지 생신 때 데클란이 음식점에서 외식을 하자고 하자 그의 아버지는 "그래도 집에서 먹는 게 싸지. 고기 좀 사고 국수 좀 끓이면 음식점보다 훨씬 낫다."라고 말했다.

이런 아버지와 완전히 대비되는 것이 바로 그의 아들이다. 아들은 게임을 하고 싶다고 엄마를 조르고 졸라 높은 사양의 컴퓨터를 샀고, 게임 CD도 한 번 살 때마다 여러 장씩 구매했다. 아들이 기타를 치고 싶다고 하자 엄마는 기타도 사주고 전문선생님을 고용해 지도를 받게 했다. 여름이면 아들은 집에 들어오자마자 에어컨을 틀었고, 냉동실에 가득 찬 아이스크림을 먹어치웠다. 아침에 일어나면 주로 맥도날드에 가서 아침을 먹었고, 점심과 저녁에도 고기가 있어야 밥을 먹었다. 만약 고기가 없으면 밥은 입에도 대지 않았다. 이 정도는 약과다. 휴일이면 데클란에게 외식을 하자고 졸랐다. 이에 대해 데클란은 여러 번 아들을 혼냈지만 아들은 되려 당당하게 말했다.

"요즘은 소비를 권장하고, 국가에서도 내수를 활성화해야 한다고 해요. 우리도 이 흐름에 동참해서 경제발전에 더 공헌해야죠. 게다가 아빠랑 엄마의 수입이 적은 것도 아닌데, 이 정도 소비를 신경 쓰면 안 되죠."

데클란은 매우 모순된 감정을 느꼈다. 아버지의 지나친 절약에 마음이 아파 뭐라고 하면서도, 아들의 과도한 소비에는 화를 내기 때문이다.

사실 데클란이 맞닥뜨린 경제학 문제는 바로 '절약의 역설'이다. 절약의 역설은 수요가 줄기 때문에 공급자들이 생산량을 줄이게 된다.

이에 따라 직원도 해고하게 되고, 그로 인해 수입이 줄어든 사람들이 결국 저축도 줄이게 되는 것이다. 저축은 개인이 부를 쌓는 길이지만, 모든 국민이 저축을 늘리면 사회는 불경기에 빠지고 빈곤해진다. 다시 말해 자원이 충분히 운용되지 않고, 경제가 잠재적 생산에 도달하지 않은 상황에서는 사회 구성원이 최대한 많이 소비해야 전체 경제가 동굴에서 벗어나 일자리도 더욱 많아지고 경제가 발전하는 단계에 돌입하는 것이다.

개인에게 유익한 것이 반드시 사회 전체에 유익한 것은 아니다. 어떤 상황에서 사회구성원 개인의 현명함은 사회에서 어리석음일 수 있다. 그러나 만약 생산이 언제나 일정한 수준에 이를 수 있다면 전통적인 절약이론은 옳다. 개인과 사회의 측면에서 봐도 맞다. 다시 말해 절약의 역설이 존재하는 것은 사회경제발전의 특정 조건이 있기 때문이지 어느 시대에나 그런 것은 아니라는 것이다.

결국 우리는 변증적으로 절약과 소비에 대한 문제를 바라봐야 하고, 핵심은 적절한 기준이 있어야 한다는 것이다. 절약은 무조건 소비하지 않는 것이 아니고, 소비도 사치스럽게 낭비하는 것이 아니다. 우리는 이성적인 소비를 제창해야 하고 맹목적인 소비를 당당하게 반대해야 한다. 경제를 자극하는 소비는 필수적이다. 소비량을 늘려야 진정으로 경제를 움직이고 국가의 종합적인 국력을 올릴 수 있다.

절약의 역설은 개인에게도 동일하게 적용된다. 한 사람이 과도하게 절약하면 적절한 소비나 합리적인 투자를 끌어내지 못한다. 결국에는 물가의 빠른 상승에 휩쓸려 필연적으로 실패한 벌꿀이 되는 것이다. 또한 과도한 소비로 자금이 없어서 투자를 못 하면 자신의 생활에 이

롭지 않다. 따라서 절약은 적절성의 문제다. 반드시 자신에게 맞는 적절한 기준과 정도를 알아야 한다.

하버드 자산관리 비법

자산관리를 하는 최종목적은 최대한 개인의 소비수요를 만족시키고 생활의 질을 높이는 것이다. 우리의 소비목표는 지금의 자금으로는 실현할 방법이 없다. 그래서 돈을 모아 실현하고자 한다. 하지만 돈을 모으기만 하고 소비하지 않으면 자산관리의 목적을 빗나가는 것이다. 적당한 소비는 가정생활의 질을 높이는 데도 도움이 된다.

33

날아가는 새를 쫓지 말고 손 안에 든 새를 봐라

하버드대학의 연구 중 "매일 3달러짜리 라떼 한 잔만 덜 마셔도 20년이면 2만 달러가 넘는 돈을 아낄 수 있다."라는 발표가 있다. 작은 돈을 아껴서 큰돈을 모으는 원리를 설명한 것이다. 이는 현대의 젊은 이들이 자산관리를 배우는 데 아주 적합하다. "천릿길도 한 걸음부터." 라는 말처럼 우리는 반드시 어느 정도의 자본금을 저축해두어야 한다. 그래야만 투자에 대해 논할 수 있기 때문이다.

사람들은 자신에게 돈이 없기 때문에 자산관리가 필요가 없다고 한다. 여기서 '돈이 없다'는 것은 수입이 없다는 것이 아니라 쓰고 남는 돈이 없다는 것이다. 사실 자산관리는 돈이 있고 없고, 돈이 많고 적은 것과는 관계가 없다. 자산관리는 일종의 개념이라서 돈이 적으면 그 나름대로의 방법으로, 돈이 많으면 또 나름대로의 방법으로 돈을 만드는 것이다.

청년과 중년은 경험이 쌓이고 돈이 쌓이는 중요한 연령대다. 경험의 축적은 끊임없는 일과 학습이 필요하지만 돈의 축적은 자산관리를 통해서 얻어진다. 투자나 자산관리의 첫 단계는 자신의 자산상태를 이해하는 것이다. 자신에게 투자할 수 있는 돈이 얼마가 있는지 알아야 한다. 대략적인 셈법으로는 수입에서 지출할 부분을 빼고 남는 돈이다. 이 돈이 바로 투자에 사용할 수 있는 금액이다. 바꿔 말하면 매달 남는 돈이 많을수록 투자할 수 있는 금액도 커지고, 목표액에 달성하는 시간도 더 빨라진다. 막 일하기 시작한 사회초년생은 평균 월급에서 기본 생활비를 빼면 남는 돈이 많지 않다. 그래서 절약부터 시작하는 것이 좋다. 먹고 쓰는 비용을 절약해서 모은 돈이므로 더욱 가치가 있다.

이 돈으로 자산을 관리할 때는 먼저 안정성을 확보한 뒤 수익을 추구해야 한다. 어린아이가 걷는 법을 배운 후 뛰는 법을 배워야 하는 것과 같다. 안정성은 수익의 기초다. 안정된 투자에서 수익이 날 수 있는 것이다.

사회경제변동만큼 시장에도 수많은 변화가 일어난다. 실제 부의 가치가 시장변화로 인해 받는 충격을 최소화하려면 실질적인 부의 안정성이 늘어나야 한다. 어떤 투자를 하든 늘 고수익만 추구하고 적은 수익은 무시한다거나 맹목적으로 시장의 대세를 따르면 안 된다는 것이다. 이를 바탕으로 투자전쟁에서 용감하게 투쟁하는 젊은이들이라면 자금량이 허락하는 선에서 자산의 배치를 아래의 두 부분으로 나눠보는 것도 좋다.

1. 거래 부분

단기 파동을 조절하기 위해 사용되는 자금이다. 비교적 큰 리스크를 감당해야 한다. 전체의 투자 조합에서 비율은 20~50%로 제한하는 것이 좋다. 구체적인 비율은 개인의 리스크 감당 능력에 따라 결정하면 된다. 투자대상 역시 주식이나 주식형 펀드처럼 리스크와 수익이 고르게 높은 상품을 고를 수 있다.

2. 핵심 부분

투자의 목표는 자산의 온건한 성장이다. 중장기형으로 수익의 안정성이 보장된 금융상품이나 채권이나 배분형 펀드, 이윤 분배형 펀드와 같은 분배형 상품을 제안한다. 그래야 가늘고 긴 안정적인 성과를 기대할 수 있다.

이렇게 자산을 배치하면 투자자가 자기 자금에 대한 리스크의 감시와 통제가 쉬워진다. 자산관리에서도 견고한 기초를 닦을 수 있다. 서로 다른 자금의 리스크는 감시와 관리에 따라 다르게 나타난다. 따라서 투자자는 정기적으로 투자대상과 자산 수익현황에 대해 정리해볼 필요가 있다. 투자리스크에 대한 통제에 주의를 기울이면서 투자상품의 수익 현황이 자신의 예측에 부합하는지 확인하고 비율이나 투자대상에 대한 조정을 결정해야 하는 것이다.

이외에도 투자자는 핵심 투자상품을 장기적으로 보유할 수 있다. 장기투자는 복리를 통해 더 많은 부를 창출할 수 있을 뿐만 아니라 안정적인 자금 축적이 가능하기 때문에 투자자에게 유리하다.

우리는 리스크가 크고 수익도 높은 자산관리 방법을 선택할 수 있다. 하지만 두 마리의 새가 숲 속에 있는 것보다는 한 마리의 새가 손 안에 있는 것이 낫다. 절대 과도하게 욕심내지 말고 적당한 때에 발을 뺄 줄 알아야 자신의 진짜 돈이 될 수 있다.

34

투자는 무엇이고 소비는 무엇인가

안나와 리사는 친한 동료 사이이다. 안나가 보기에 리사의 소비형태는 이해하기 힘들었다. 리사는 돈을 적게 버는 것도 아닌데 3백 달러짜리 콘서트 티켓은 비싸다는 이유로 한참을 망설이다 결국 사지 않으면서, 유명 기업 총재가《교육과 관리》를 출간하자 6장에 1천5백 달러나 하는 강연집을 아무런 망설임 없이 구입했기 때문이다. 왜 3백 달러짜리 티켓은 비싸다고 사지 않고 1천5백 달러짜리 강연집은 덜컥 살까?

안나는 당시에는 이해할 수 없었지만, 나중에 하버드 경제학자의 '소비와 투자의 구분'이라는 강의를 듣고 나서야 리사가 옳았다는 것을 깨달았다. 일반적인 사람들은 소비하기 전에 자신의 소비행위가 어떤 목적을 가지고 있는지 생각하지 않는다. 그러나 경제학을 배운 사람은 소비하기 전에 자신의 소비가 '투자행위'인지 '소비행위'인지 판단하고, 이를 근거로 돈을 쓸지 말지를 결정한다.

리사는 바로 자신이 알고 있는 경제지식을 일상생활에 적용하고 있었던 것이다.

강연집을 1천5백 달러를 주고 사는 것은 투자행위다. 돈은 비록 없어지지만 이 강연집은 리사의 지식을 늘려줄 것이다. 그리고 지혜로워지면 새로 배운 지식을 활용해 더 큰 수익을 낼 수 있다. 하지만 콘서트 티켓을 사는 것은 소비행위로 돈을 남에게 주는 것과 같아서 다시는 돌아오지 않는다.

어떤 사람은 수입이 많은 데도 축적한 부는 적다. 그 원인은 돈을 소비행위에 써버렸기 때문이다. 반대로 어떤 사람은 수입이 많지는 않지만 돈을 투자행위에 사용하기 때문에 미래를 위해 높은 수익을 얻을 수 있는 자본을 축적한다. 투자행위에 돈을 쓰면 그 돈이 다른 사람 손에 떨어지는 것이 아니라 결국은 자신에게 되돌아오기 때문이다.

A와 B는 대학교 동기다. 사회에 나와 직장 생활을 한 지 5년 만에 두 사람 모두 30만 달러를 모았다. 5년 전 그들은 이 30만 달러를 모두 소비했다. A는 도시 중심부에 있는 집을 샀고, B는 아우디 자동차를 구매했다. 5년이 지난 현재 A의 집의 시세는 60만 달러가 되었지만, B의 차의 시세는 15만 달러로 떨어졌다. 두 사람의 현재 자산에는 확연히 큰 차이가 있다. 그들은 수입도 학력도 기본적인 사회경험도 동일한데 왜 '부'는 다를까?

A가 집을 산 것은 투자행위다. 돈을 집으로 전환시킨 것이다. B가 차를 산 것은 소비행위다. 돈을 써버린 것이기 때문에 돈을 허공에 날

려버린 것과 같다. 차는 10년 이상 사용하면 값어치가 거의 없다. 이와 달리 좋은 위치에 있는 집은 계속 그 가치가 오른다.

돈은 총 두 가지의 용도가 있다. 하나는 돈으로 돈을 낳게 하는 용도이고, 다른 하나는 자신의 생활을 개선하는 용도다. 전자는 투자라고 부르고 후자는 소비라고 부른다. 투자와 소비 사이의 경계는 솔직히 모호하다. 많은 것들이 투자의 성질과 소비의 성질을 동시에 띠고 있기 때문이다. 그러나 통상적으로 집·금·채권·소장품·사업 등은 모두 투자라 하고, 월세·인테리어·자동차·여행·오락 등은 모두 소비라고 한다.

투자는 미래를 더 중시한다. 따라서 멀리 보면 미래에 더 나은 소비를 위해서 지금 투자하는 것이다. 소비는 현재를 더 중시하는 것으로 자신의 생활 조건을 개선하고 정신적 즐거움을 누리는 것이다. 투자와 소비는 서로 모순되어 한쪽이 늘어나면 다른 한쪽이 줄어든다. 우리가 가진 돈 안에서 투자든 소비든 감행할 때 투자를 많이 하면 소비가 줄어들고, 소비가 늘어나면 투자가 줄어들 수밖에 없다는 것이다.

젊은 사람들은 먹고 마시고 노는 심리가 더 강하다. 20대 젊은이가 몇백 달러를 주고 옷을 사거나 몇천 달러로 전자제품을 사는 모습을 자주 본다. 그럼에도 불구하고 그는 몇백 아니 몇십 달러의 일과 관련된 학습자료를 살 결심은 어려워한다. 돈을 쓰고 소비하는 즉시 효과가 나타나야 한다고 생각하기 때문이다. 투자를 하는 것 특히 직업기술에 대한 공부는 아주 오랜 시간이 지나고 나서야 효과가 나타나기 때문에 신뢰하지 않는다.

하지만 우리에게 학습은 매우 중요하다. 서양에서는 "1년을 공부하지 않으면, 당신이 가진 지식에서 80%가 감가상각된다. 당신이 오늘 모르는 것이 내일 아침이면 철이 지난다. 지금 절대 다수의 관념이 2년도 채 지나기 전에 영원한 과거가 될 수도 있다."라는 말이 있다. 세계경제협력기구의 지식경제에 대한 보고 중에 "지식경제에서 학습은 가장 중요한 것이다. 이는 개인, 기업 및 국가의 운명을 결정한다."라고 나와 있다.

지식경제 시대에서 지식의 양은 개인의 학습능력에 의해 결정되고, 미래의 문맹은 글을 모르는 사람이 아니라 배울 줄 모르는 사람이다. 지식과 과학기술이 하루가 다르게 발전하는 이 시대에서 끊임없는 학습과 끊임없는 자기 보강만이 탄탄한 기초 위에 서 있을 수 있게 한다. 경쟁이 과열되면 개개인의 실력과 능력의 비교는 갈수록 격렬해질 것이다. 공부하지 않으면 능력을 키울 수 없고 곧 뒤처지게 된다.

어떤 사람은 자신이 배우기 싫어하고 능력을 키우려고 하지 않으면서 사회가 자신에게 제대로 된 발전의 발판을 마련해주지 않는다고 원망한다. 하지만 그에게는 어떠한 기회가 주어지더라도 발휘할 능력이 없어 스스로 도태될 것이다.

지식이 없으면 능력이 없는 것과 같다. 능력은 개인이 배운 지식, 일의 경험, 인생경력 등이다. 능력향상과 끊임없는 배움은 떼려야 뗄 수 없는 관계다. 끊임없이 자신을 보강하고 다듬는 것만이 자신의 기초와 미래를 더 확고히 다지는 길이다.

관리의 대가 피터 센게는 "미래에도 유일하게 지속될 강점은 당신이 경쟁자보다 더 잘 배웠다는 점뿐이다."라고 충고한다. 배우려면 반드시 이에 대한 투자를 감행해야 한다. 일정시간을 투자하는 것 외에도 일정금액을 투자하여 학습에 필요한 자료나 용품을 사기에 주력해야 한다.

하버드 자산관리 비법

투자는 일정한 리스크를 부담하면서 자신의 자산가치가 미래에 증가하도록 하는 것이다. 하지만 소비는 돈을 쓰는 행위로 단순히 물질적, 정신적 수요를 충족하는 것이다. 무엇이 소비행위이고, 무엇이 투자행위인지 명확하게 구분해야 한다. 이성적인 소비를 통해 자신의 능력을 향상시키면 미래에 더 많은 수익을 얻게 된다.

35

꼼꼼하게 챙기면 세금을 아낄 수 있다

국민에게는 납세의 의무가 있다. 세금의 종류도 다양하고 많다. 그 중에 소득과 관련 있는 세금은 소득세다. 개인이 얻은 소득에 대해 징수하는 것이다. 직장인은 자신의 월급을 기준으로 하고 자영업자는 매출액에 근거한다. 자유직업인은 취득한 소득에 대해 부과한다. 소득세는 소득의 일정 퍼센트를 떼기 때문에 수입이 많을수록 소득세도 늘어난다. 그래서 우리는 개인세무계획을 세워야 한다.

개인세무계획이란 법률이 허락한 범위 내에서 최대한 납세금액을 줄여 자신이 더 많은 이익을 얻을 수 있도록 계획하는 것을 말한다. 다시 말해 개인세무계획이 법의 보호를 받는 경제활동은 아니지만 위법한 것도 아니라는 말이다.

예를 들어 개인의 급여소득은 기준금액을 초과하는 금액에 대해 누진 세율 징수를 적용하기 때문에 소득이 높을수록 적용되는 세율도 높고 그만큼 납부하는 금액도 많아진다. 따라서 연말 상여금 등의 수입에 대해서는 가능하다면 분할 영수하는 방법으로 세금을 줄이는 것이 좋다. 겸직에 대한 수입에는 횟수를 나눠서 신고하여 합리적으로 세금을 아끼는 방법도 있다.

그렇다면 합법적으로 세금을 아끼는 것은 무엇일까? 이는 절세, 세수계획, 개인의 자산관리 등으로도 불린다. 납세자가 법의 틈이나 모호한 부분을 통해 원래 납부해야 하는 세금의 금액을 줄이는 것이다. 이러한 행위가 부도덕하고 세수정책의 빈틈을 노리는 것처럼 보여도 법의 적용 안에서는 합법적이다. 탈세와는 본질적인 차이가 있다.

탈세는 납세자가 장부를 위조, 숨기기, 고의소각 등의 방법을 강조하는 것을 말한다. 이는 위법일 뿐만 아니라 범죄에 해당된다. 그러나 절세는 법을 어기는 것이 아니고 법이 허용하는 범위 안에서 법의 융통성을 이용해 세금을 줄인다.

세금 납부에 있어서 직장인들의 수입은 매우 단순하기 때문에 납세의 주축이 된다. 하지만 기업주는 자신에게 월급을 주지 않는 방식을 통해 이런 개인소득세 납부를 피한다. 어떤 교수는 매회 강의료를 접대비나 문화체육용품 영수증, 비공식 영수증 등으로 상쇄하여 절세의 목적을 달성했다. 어떤 의사는 현금 거래 방식으로 개별 활동비용을 받아 세금을 피했고, 연예계나 체육계의 스타들도 수입의 다원화로 각종 루트를 통해 각각의 기술로 세금을 피했다. 이는 분명히 세법을 어기는 행위다. 세수 조절기의 작용을 무력화시킬 뿐만 아니라 세수의 공평성과 공정성에도 큰 타격을 준다. 더 중요한 것은 만약 이런 세금 회피가 법의 레이더에 걸리면 곧장 범법자가 된다는 점이다.

법을 어기지 않으면서 합법하게 세금을 줄이기 위한 몇 가지 방법을 소개한다.

1. 누락된 소득은 없는지 사전 확인은 필수

국세청은 매년 5월 초, 종합소득세 신고 대상자에게 안내문을 발송한다. 안내문에는 개인의 금융소득, 사업소득, 연금소득 등 각종 소득 내역과 공제받을 수 있는 연금보험료 납부액 등이 명시돼 있다. 때때로 본인이 생각지 못한 소득이 기재되는 경우가 있다. 예를 들면 폐업한 사업장의 소득이나 금융이자 등이 그렇다. 신고 전에 이 같은 항목의 소득 유무를 꼼꼼하게 살펴 누락되지 않도록 해야 한다. 신고가 누락될 경우 나중에 가산세가 붙어 부과될지 모른다.

2. 신고 누락 또는 인적공제의 이중공제 시 부과되는 가산세

종합소득세는 알아서 고지서가 날아오는 세금이 아니라, 신고대상자가 스스로 금융소득을 파악해 자진 신고하는 세금이다. 따라서 일부러 세금신고를 하지 않는 대상자와 더불어 몰랐다는 이유로 신고를 누락하는 대상자는 신고불성실가산세가 나올 수 있다. 가산세의 종류는 무신고 가산세, 기한 후 신고 가산세 두 종류가 있다. 이 중 가산세가 가장 높은 부정 부신고의 경우 무려 산출세액의 40%가 적용된다. 따라서 사전에 신고안내문을 받지 못했다 하더라도 반드시 국세청 홈텍스 사이트에 접속해 본인의 수입 종류와 신고유형 등을 점검한 뒤 신고해야 세금 폭탄을 피할 수 있다.

또한 인적공제가 이중으로 공제되는 경우도 가산세 대상이 된다. 가족 중 한 명을 기본공제 대상자로 지정해 이미 인적공제를 받았는데, 또 다른 가족 구성원(사업자)이 같은 가족으로 또 다시 인적공제를 받으면 가족 1명에 대해 2번의 인적공제가 적용되므로 추후 추가납부세액 또는 가산세가 발생할 수 있으므로 주의해야 한다.

3. 중도퇴사자도 종합소득세 신고는 필수

중도퇴사하고 재취업하지 않은 근로소득자라면 종합소득세 신고는 필수다. 중도퇴사 시 보통 인적공제, 연금보험료, 건강보험료 등 기본적인 공제만 반영해 세액을 결정하기 때문에 결정세액이 0원이 아니라면 추가 연말정산으로 납부세액을 환급받을 가능성이 크다. 만약 지난해 두 곳 이상 직장에서 근무했다면 두 곳의 소득을 합산해 신고한다. 이때 원천징수영수증에 있는 결정세액을 홈텍스에 직접 입력하면 된다. 전 회사에 근무한 기간 동안 사용한 신용카드 내역, 연금보험료 등 각종 공제내역은 연말정산 간소화 서비스로 조회한 뒤 입력한다.

종합소득세 신고 의무가 없는 근로소득자라도 지난 연말정산 때 부양가족 소득공제, 보험료, 의료비, 교육비, 주택자금 세액공제, 기부금 세액공제 서류를 다 챙기지 못했다면 홈텍스에서 '경정청구 작성'을 통해 세금을 환급받을 수 있다.

4. 사업자는 필요경비를 공제내역으로 활용

사업자의 경우 근로소득자와 신고 절차는 비슷하지만 공제내역에 필요경비가 포함된다. 그러므로 자신의 소득에 따라 장부를 작성해 신고할지, 경비율을 활용해 신고할지 따져보고 최대한 유리한 방법으로 신고한다.

사업자들이 놓치기 쉬운 또 다른 부분은 이미 분리과세된 기타소득을 종합소득세로 변경에 합산 신고하는 것이다. 상금이나 강연료, 일시적인 문예창작소득(원고료) 등 기타소득의 소득합계가 3백만 원 이하인 사업자는 본인 판단에 따라 분리과세(세율 20%) 또는 종합과세(세율 6~38%)를 선택해 세금을 낼 수 있다. 만약 본인의 종합소득이 4천6백만 원 이하라면 누진세율 6~15% 구간에 해당하므로 종합과세가 유리하고, 4천6백만 원 이상 8천8백만 원 이하라면 누진세율 24% 구간에 해당하므로 상대적으로 분리과세가 유리하다.

국가에서는 가장 합리적인 방법으로 세금을 걷기 위해 해마다 세법을 개정하고 있다. 가난한 사람들은 세금을 적게 내고 부자들은 세금을 회피할 방법이 없게 만드는 것이다. 세금이 국가운용의 기초가 된다는 사실을 인식하고 자신에게 합당한 세금 납부전략을 세워야 한다.

하버드 자산관리 비법

우리 생활에서 세금이 없을 수는 없다. 그런데도 우리는 이를 간과하고 계산하지 않거나 아예 배제해놓는다. 이제부터 세금이 우리생활의 질에 영향을 준다는 점을 인식하고 세금에 대해 좀 더 따져보고 줄이려고 노력하자. 생활이 보다 아름다워질 것이다.

PART 6
돈을 낳는 암호를 해독하라

HARVARD

RICH

CLASS

H A R V A R D

R I C H

C L A S S

돈은 아껴서 축적되는 것보다 낳아서 생기는 것이 크다. 사람이 돈을 낳는 것은 아주 오랜 시간이 걸리지만, 돈이 돈을 낳는 것은 무척 쉽다. 부를 긁어모을 수 있는 방법이기도 하다. 그러나 돈을 낳는 것의 단점은 '느리다'는 것과 또 하나는 '위험하다'는 것이다.

투자에는 리스크와 수익이 공존하기 때문에 부는 위험 속에 있다. 투자의 귀재 워렌 버핏은 "확실하게 틀린 것보다는 희미하게나마 옳은 것을 선택하라."라고 말했다. 사실 투자도구에 대한 정확한 기준은 없다. 따라서 투자에 신중을 기하는 동시에 자신에게 가장 적합한 투자도구를 쟁취하고 선택해야 한다. 월급만 의지한 채 부유한 삶을 누리기 어렵다는 점을 분명하게 안다면 여러 투자도구의 다양한 사용법에 관심을 가져야 한다.

36

황금알이 숨겨진 투자지도를 그려라

미국 경제가 번영하던 1929년은 주식시장 역시 부흥의 절정이었다. 어느 날, 월가의 거물이었던 늙은 케네디는 월가를 거닐다가 습관적으로 구두닦이 가게에 들렀다. 구두닦이 소년은 그의 구두를 닦으면서 주식을 논하며 너스레를 떨었다.

그때 케네디는 경제와 주식시장에 대해 아무것도 모르는 사람들이 남녀노소 할 것 없이 주식시장에 뛰어들어 주식을 사고 있다는 사실에 놀랐다. 현명했던 그는 이것이 바로 주식시장에 거품이 있다는 신호로 여겼다.

그는 사무실에 돌아가자마자 직원들을 시켜 모든 주식을 팔아버리도록 했다. 그로부터 얼마 지나지 않은 1929년, 우리가 잘 알고 있는 경제대공황으로 주식시장은 붕괴되고 말았다. 하지만 케네디는 큰 재앙을 피했을 뿐만 아니라, 주식 정리 역시 정확하고 실속 있게 했기 때문에 커다란 부를 축적하여 최고의 갑부가 되었다.

주식열기가 하늘을 찌르는 시기에는, 사람들이 모였다 하면 주식에 대한 이야기를 나눈다. 모두가 주식 전문가인 것처럼 한 마디씩 쏟아 낸다. 하지만 조사에 따르면 수많은 개인 투자자들은 주식에 대해 잘 알지 못한다. 왜 주식을 사느냐고 물으면 보통 친척, 친구들이 샀기 때문이라고 말한다. 그리고 어떤 주식을 샀느냐고 물으면 대부분 그들이 추천한 것을 샀다고 한다. 그로 인해 자금이 묶이고 마는 것이다.

대세를 따르는 것은 대중의 정보 중에서 자신이 가치 있다고 믿는 정보를 캐치하는 것이다. 그러나 개미들의 입소문에 의지해서는 가치 있는 정보를 얻기 힘들다. 우리가 입수한 정보는 뉴스나 경제 잡지, 자산관리 관련 TV 프로그램, 인터넷 신문 등으로부터 온 것이다. 전문가나 전문 투자기관에서 받은 정보는 10%도 채 되지 않는다. 이 때문에 실제 정보를 받았다고 하지만 투자자들은 주식시장의 실제 상황을 제대로 파악하지 못하는 것이다. 곤두박질치는 자신의 주식과 상승세를 거듭하는 다른 사람의 주식을 바라만 보며 한숨을 쉴 수밖에 없다. 이는 대중매체를 의지해 자산관리 정보를 얻는 사람들이 모두 한 종목에 투자했기 때문이다.

중국 경제학자 우징롄吳敬璉은 “주식을 사는 것이 곧장 부를 창조하는 것이 아니다. 이는 단지 부를 재분배하여 이 사람의 주머니에서 저 사람의 주머니로 돈을 옮기는 일에 불과하다. 주식으로 부를 늘리려는 것은 마치 어떤 사람이 자신의 머리카락을 잡아당겨 지구로부터 멀어지려는 것과 같이 황당한 일이다.”라고 말했다. 따라서 모든 사람들이 투자하는 종목에서 다른 사람의 돈을 자기 주머니에 넣으려고 하면 당연히 돈이 벌리지 않는다.

자신에게 적합한 투자방식을 찾으려면 먼저 자신의 경제 상황을 명확하게 인지해야 한다. 그 뒤에 어떤 투자를 할 것인지 확정하는 것이다. 주식이든 펀드든 부동산이든 과도하게 이전의 성적이나 다른 사람의 경험만을 믿고 맹목적으로 투자하는 것은 위험한 행동이다. "자기 자신을 아는 것이 가장 귀한 것이다."라는 말처럼, 돈을 버는 일이나 자산관리에 있어서의 승패는 투자자가 자신의 성향을 얼마나 잘 아느냐에 따라 다르게 나타난다.

보수적인 투자자가 자산을 지키지 못하거나, 손실이나 이익 중지를 엄격하게 단행하지 못하는 등의 투자 맹점이 나타나는 것이다. 하지만 자신의 투자성향을 제대로 알고 투자규칙을 엄격하게 지켜 자신의 맹점을 피할 줄 알게 된다면 투자의 난이도가 높아지더라도 충분히 자산관리 목표를 실현할 수 있다.

여러 명이 산을 개간하고 있었다. 대부분의 사람들은 산에서 나온 돌을 건설업자에게 팔았다. 그런데 어느 한 사람은 모양이 아름다운 돌만 골라 화조화 상인에게 팔아서 다른 사람들보다 몇 배나 많은 돈을 벌었다. 이후, 더 이상 산을 개간할 수 없게 되자 사람들은 모두 산에 과일나무를 심었지만, 그 사람 혼자만 버드나무를 심었다.

머지않아 과일나무를 재배하는 사람이 많아 좋은 과일을 사들이는 것은 그리 어렵지 않겠지만, 과일을 담을 버드나무 광주리가 부족할 거라는 사실을 알았기 때문이다. 그래서 그는 또 다시 다른 사람들보다 많은 돈을 벌었다.

얼마 지나지 않아 남북을 횡단하는 철로가 생기자 마을 사람들은 모두 과일공장을 세우려고 했다. 하지만 그는 자신의 땅에 가로 100m, 높이 3m의

벽을 쌓았다. 이 벽은 철로를 향해 서 있었고, 버드나무가 그 벽에 기대어 있었으며, 벽 양쪽에는 끝없이 광활하게 펼쳐진 배 농장이 있었다. 덕분에 사람들은 기차를 타고 이곳을 지나며 만개한 배꽃을 감상할 때마다 그의 집 벽에 쓰인 '코카콜라'라는 글자를 볼 수밖에 없게 되었다.

이것은 산속 마을의 유일한 광고이자, 가장 특색 있는 일종의 도로 표지판 광고로 유명세를 타게 되었다. 그는 이 광고로 4만 달러의 수익을 얻을 수 있었다.

그의 이런 남다른 행동은 도요타자동차의 사장 야마다 신이치의 관심을 끌었다. 신이치는 보기 드문 비즈니스 두뇌에 감탄하며 이 사람을 채용하기 위해 그를 찾아갔다. 하지만 그를 막 찾았을 때, 그는 자신의 양복점 문 밖에서 맞은편 양복점 사장과 싸우고 있었다. 원래부터 이 두 집은 가격 전쟁을 벌이고 있었다.

이 사람의 매장에서 양복의 정상가가 8백 엔을 붙이면, 맞은편 매장은 같은 양복의 정상가를 7백5십 엔으로 붙였다. 그리고 그가 가격을 7백5십 엔으로 내리면, 맞은편 가게는 가격을 7백 엔으로 내리는 것이었다. 이렇게 한 달이 지나자 그가 옷을 8벌을 파는 동안 맞은편 가게는 8백 벌을 팔게 되었다. 신이치는 그가 그저 가격 전쟁이나 하는 옹졸한 상인이라는 것에 매우 실망했다. 하지만 이후 신이치는 다시 생각을 바꾸게 되었다. 왜냐하면 맞은편에 있던 그 매장의 사장 역시 그라는 것을 알게 되었기 때문이다.

우리는 대부분 '대세 콤플렉스'를 가지고 있다. 자산관리에 대해 잘 모르기 때문에 맹목적으로 다른 사람을 신뢰한다. 심지어는 나름 소견이 있다고 생각되는 사람들에게 "어떤 주식을 사야 하는지 알려줘."라고 말한다. 그렇지만 우리가 확실히 알아야 할 것은 대세를 따라 투자한 사람은 대부분 실패한다는 사실이다. 자산관리에 있어서만큼은 자주적이고 확실한 자신만의 투자 관점이 있어야 한다.

하버드 자산관리 비법

모든 사람은 각자의 특징이 있고 개성이 다르다. 그래서 알맞은 투자방식도 다르다. 투자할 때는 절대 대세를 따르지 말고 자신의 특징에 따라 진행해야 한다. 자신이 꿈꾸는 '부의 지도'를 그리고, 그 목표를 향해 독립적으로 나아가야 한다. 그렇게 해야만 '부'로 가는 길을 성공적으로 찾을 수 있다.

37

투기자가 되지 말고 투자자가 되어라

주식의 신 워렌 버핏은 자신의 투자 논리에 대해 "주식을 살 때는 자신이 시장이나 증권, 거시경제의 분석가라고 생각할 것이 아니라 기업 분석가라고 생각해야 한다. 나는 내 자신을 기업의 경영자라고 생각했기 때문에 훌륭한 투자자가 될 수 있었고, 나 자신을 투자자라고 생각했기 때문에 훌륭한 기업 경영자가 될 수 있었다."라고 밝혔다. 좋은 기업을 찾아내는 것이 좋은 가격보다 중요하고, 최종적으로 기업의 주가를 결정하는 것은 회사의 실제 가치라는 것이다.

투자자는 간접적인 산업 투자자거나 숨은 기업가다. 간접적인 산업 투자자는 직접 기업의 경영에 참여하지 않지만 실제로는 자본형성에 기여하고 있기 때문에 경영자와 본질적인 차이가 없다. 그러므로 투자자는 투자하려는 업계나 회사를 잘 알아봐야 한다. 그 회사의 발전가능성과 수익을 낼 수 있는 자산구조 등을 꼼꼼하게 따져보고 결정해야 한다.

주식시장에서 투자자와 투기자가 존재한다. 표면적으로 투자자와 투기자는 기업에 대해 자금을 제공하는 사람이고, 그 과정에서 일정한 경제적 이윤을 얻는 사람으로 목적이 같다고 생각한다.

하지만 두 사람의 실질적 차이는 크다. 투기자는 직업 노름꾼에 더 가깝다. 기업가는 지혜와 끈기를 믿지만 노름꾼은 100% 운을 믿는다. 투기자의 승패가 완전히 운에 맡겨지지는 않지만 운이 가장 핵심적인 요소임은 분명하다. 버핏의 조언을 들어보자.

"투자대상으로 어떤 두 회사를 두고 고민할 때 나는 깊은 상상에 빠져본다. '내가 만약 이 회사를 상속받는다면 이는 곧 내 가정이 영원히 보유하게 될 유일한 재산이다. 그렇다면 나는 이 회사를 어떻게 관리해야 할까? 나는 어떤 요소의 영향을 고려해야 할까? 내가 무엇을 걱정해야 할까? 누가 나의 라이벌일까? 누가 나의 고객일까? 고객과의 이야기를 통해 나의 회사와 다른 회사를 비교할 때 어떤 장단점이 발견될까?'라고 말이다. 만약 당신이 이런 분석을 진행한다면, 당신은 이 회사의 실제 관리자들보다 더 깊게 이 회사를 이해할 수 있을 것이다."

버핏은 한 회사의 주식에 투자하는 것은 이 회사를 사는 것과 완전히 같다고 했다. 투자자는 반드시 이 점을 인식하고 두 가지 방면에서 자신을 훈련시켜야 한다.

첫째, 투기와 관련된 생각을 철저하게 파괴하고 이에 대한 모든 정보를 제거해야 한다. 하루는 버핏이 친구 몇 명과 골프장에서 주말을 보낸 적이 있다. 그의 오랜 친구인 보험사 사장 잭 번이 게임을 제안했다. 모든 사람이 각각 10달러의 보험료를 내면 이 게임에서 누구라도 홀인원을 할 경우 번이 1만 달러의 보험금을 낸다는 것이었다. 사람들은 모두 기쁜 마음으로 내기에 참여했다. 어차피 10달러밖에 되지 않는 돈이었기 때문이다. 유일하게 버핏은 예외였다. 그는 막연한 성공률에 비해 보험료가 너무 비싸다고 생각했고, 도박이나 다름없다고 생각했다. 친구들은 버핏이 왜 이렇게까지 인색하게 구는지 이해할 수가 없다고 했다. 그러자 버핏이 "만약 작은 일에는 기준이 없어도 된다고 생각한다면 큰일도 기준이 없어질지 모른다네."라고 말했다.

둘째, 투자할 회사의 기업가에게 흥미를 가져라. 그들에 대해 많이 보고 들어야 하며, 기업적인 지식이론과 기술을 많이 배워야 한다. 기업가가 무엇에 관심을 두고 어떤 생각을 하는지 보고, 이 기업가가 관심을 가지는 문제에 대해 생각해봐야 한다. 마음가짐에서부터 지식, 이론, 행동 방식에 이르기까지 서서히 기업가로 만드는 것이다.

주식거래에 있어서도 주식을 사든 팔든 가지고 있든 당신이 어떤 것을 결정의 근거로 삼을지, 어떤 결정의 과정을 거칠지는 모두 기업가의 기준에 의거해야 한다. 당신이 주식을 매입할 때는 단 한 주를 사더라도 당신이 이 회사 전체를 사는 것처럼 생각해야 한다. 주식을 매도할 때도 이와 같은 전제하에 결정해야 한다.

종목을 선택할 때도 기업가의 정신으로 선택해야 한다. 당신이 진정으로 기업가의 마인드를 가졌다면, 장기적인 투자 과정에서 모든 고난과 장애물을 순리대로 해결할 수 있을 것이다. 주식을 보유하는 것에 확신이 없을 때는 기업가의 장기 경영 심지어는 평생 경영을 생각해보면 된다. 기업가의 마인드를 가지는 것은 장기투자의 기본적이고 핵심적인 능력이다.

하버드 자산관리 비법

투자자는 시장이나 증권, 거시경제 분석가의 분석에 따라 투자를 결정할 것이 아니라 기업가의 마인드로 자신의 투자 방향과 투자 금액을 결정해야 한다. 당신이 기업가의 마인드로 생각하고, 상품의 경쟁력, 회사의 경영 구조, 회사의 핵심 경쟁력을 판단할 수 있다면 투자리스크와 수익을 컨트롤할 수 있다.

38

리스크가 없다면 믿지 마라

누구나 자신의 투자만큼은 리스크가 없길 바란다. 하지만 그것이 100% 불가능하다는 것도 안다. 당신이 펀드를 살 때, 펀드회사는 약관을 통해 리스크에 대해 경고한다. 펀드관리자는 정직하고 신용을 지키며 성실하고 책임을 다해야 한다는 원칙에 따라 펀드자금을 관리 하고 운용한다. 하지만 펀드가 반드시 수익을 낸다고 보장할 수 없으며, 최저 수익도 보장할 수 없다고 고지하는 것이다.

시장경기의 순환에 따라 과거에 성공했던 방식이 현재나 미래에도 통한다는 보장이 없다. 하늘에도 예상외의 풍운이 있는데 투자는 오죽할까. 그동안 안전하다고 여겨왔던 정기저축도 마찬가지다. 지금 우리는 마이너스금리 시대에 살고 있다. 저축이율은 CPI지수(소비자물가지수) 상승 속도를 절대 따라 잡지 못한다.

하버드 자산관리 전문가는 고객들이 손해 보지 않고 은밀하게 돈을 벌 수 있는 투자비결을 묻지만 사실상 완벽하게 이익만 내는 투자처는 없다고 말한다. 오히려 그런 방법이 있다면 자신에게도 알려달라고 한다.

우리는 죽기 살기로 수익을 좇는다. 온갖 수단과 방법을 가리지 않고 주식정보를 수소문하고 내부정보를 얻고 싶어 한다. 늘 그렇게 적은 자본으로 큰 수익을 보고, 손해 보지 않고 은밀하게 돈을 버는 환상을 품고 사는 것이다. 어느 때는 다른 사람의 계략에 빠져 전 재산을 잃기도 한다. 투자에도 나름의 비법이 있긴 하지만 이런 비법조차도 온건한 투자, 안전 제일주의를 권한다. 손해 보지 않고 은밀하게 돈 버는 것을 보장하지는 않는 것이다. 만약 어떤 사람이 그런 비법을 가지고 있다면, 그 방법으로 자기만 돈을 벌지 왜 굳이 남과 나누겠는가?

투자나 자산관리는 수준이 높고 깊이 있는 공부가 필요하다. 각기 다른 투자도구에 서로 다른 조작법이 있는 것이다. 예를 들면 주식에 투자할 때 주의해야 하는 점과 금에 투자할 때의 주의법이 다르다. 투자도구가 다르면 대응 방식도 다른 것이다. 그러나 어떤 투자도구든지 기초를 잘 닦고 기본 기술을 잘 배워야 한다는 점은 공통된 핵심이다.

무림 고수를 꿈꾸던 한 청년이 있었다. 그는 먼 길을 마다 않고 소림사로 달려갔고 소림사 고승에게 무술을 전수해줄 것을 부탁했다. 고승은 아무 말도 없이 밥을 짓고 반찬을 만들고 청소하고 물을 긷는 일상적인 일부터 시켰다. 훈련이라고 할 만한 것은 기껏해야 말 타기 자세를 교정하는 정도가 다였다. 이렇게 오랜 시간이 지났지만 청년은 고승에게 별다른 지도를 받지 못했다. 참다못한 그가 원망을 늘어놓자 고승은 "네가 기본기도 제대로 익히지 못하면서 감히 다음 단계를 생각하느냐!"라고 말했다.

자산관리도 이와 같다. 기본기가 준비되지 않은 상태에서 수준 높은 자산관리 비결을 배우려고 하는 것은 그저 꿈을 꾸는 것과 다를 바가 없다. 이에 대해 하버드 자산관리 전문가들은 현실적인 투자법칙을 제시했다.

1. 자산, 부채, 현금 유동량을 체크하라

여유자금으로 투자를 진행할 때도 반드시 신중해야 한다. 맹목적인 투자는 대부분 예상한 투자수익률을 얻지 못한다. 그러므로 각종 투자에 대해 공부한 후 분산투자를 진행해야 한다. 투자 전에 반드시 자신의 자산과 부채현황을 전면적으로 연구하고 보수적인 투자와 온건한 투자의 조합으로 서서히 자신의 자산을 늘려나가야 한다.

2. 투자속성과 기회자본에 따라 투자목표를 선택하라

투자의 핵심은 제한된 자본을 가장 효과적으로 이용하는 것이다. 그것을 위해 각양각색의 투자상품 중에 어떤 것이 자신에게 적합한지를 알아야 한다. 직장인이라면 업무 때문에 시장의 동태를 지켜보기 어렵다. 그렇기 때문에 수익이 좀 적더라도 많은 힘이 들지 않는, 정보가 많이 필요 없는 투자도구를 선택하는 게 좋다.

3. 위기관리 방법 및 긴급 위기 예방책을 마련하라

만약 다음 세 가지 조건 모두 자신이 감당할 수 있는 범위 내에 있고, 발생 가능한 최대 손실을 감당할 의향이 있다면 이 상품에 대한 투자를 고려해볼 수 있다.

(1) 투자상품의 세 가지 분류

①자본과 수익을 모두 보장하는 상품

②자본은 보장하지만 수익은 보장할 수 없는 상품

③자본과 수익을 모두 보장할 수 없는 상품

(2) 투자 전 확실히 알아야 할 세 가지

①이 상품이 최저 자본이 손실되지 않고 보장되는지

②수익이 감당할 수 있는 등락 범위 내에 있는지

③다른 금융 도구와 연동할 수 있는지

4. 자산관리에는 장기적인 계획과 견고한 신념이 있어야 한다

투자의 목적은 수익을 얻는 것이다. 일정기간 동안 투자를 진행하고 자신의 자금이 묶였다거나 손해를 보기 시작했다면 두 가지 문제를 생각해봐야 한다. 첫 번째는 투자방식을 잘못 선택한 것은 아닌지, 두 번째는 시장에 진입한 시기가 정확했는지 판단하는 것이다.

자산관리는 장기적으로 진행해야만 리스크를 떨어뜨릴 수 있다. 만약 일정한 투자리스크를 감당할 수 있다면 장기적인 계획과 견고한 신념을 가지고 장기투자를 지속해야 한다.

5. 투자에 정상적인 생활소비를 희생하지 말아야 한다

투자수익률이 아주 매혹적이어서 이 수익만을 좇아 빚을 지면 안 된다. 누구도 100% 정확하게 투자시장의 상황을 판단할 수 없다. 예상치 못한 손실은 언제든 일어날 수 있다. 자신의 자금현황을 고려하지 않은 채 생활소비에 필요한 자금까지 리스크가 높은 투자에 넣어서는 안 된다. 상황이 원하는 대로 풀리지 않았을 때 자금 회전이 어렵기 때문이다. 그러면 기본적인 생활에도 문제가 발생한다. 따라서 자산관리 계획은 '4321법칙'을 따르는 것이 좋다. 수입의 40%는 투자에, 30%는 가정의 생활 지출에, 20%는 긴급 상황을 대비해 저축에, 10%는 보험상품에 사용하는 것이다. 그래야만 안전한 생활을 보장할 수 있다.

하버드 자산관리 비법

자신의 투자에 리스크를 완전히 없애고 싶다면 정기저축을 하면 된다. 하지만 많은 수익을 원한다면 주식을 하면 된다. 그러나 리스크 없이 고수익을 보장하는 상품은 존재하지 않는다. 손해 보지 않는다고 말하며 은밀하게 돈 버는 법을 알려주는 사람을 믿지 마라. 만약 당신의 자산을 그곳에 투자하게 된다면 누구도 이를 책임지지 않는다. 손실은 고스란히 당신 몫이다.

39

폰지 사기는 사라지지 않았다

재벌이 되는 상상을 해본 적이 있는가? 생각만으로도 흐뭇한 이 환상이 실현가능한 일이라고 믿는 사람은 없을 것이다. 그런데 어느 날 한 친구가 당신에게 이 환상을 실현시켜주기 위해 자신이 돕겠다고 말한다면 어떨까? 당신의 마음은 흔들리지 않을까? 무조건 그를 따라가지 않을까?

중국에서 초대형 다단계 사기사건이 일어난 적이 있다. 이 다단계 사이트의 회원은 15개의 성, 시, 구에 퍼져 있었다. 회원수는 16만 명에 달했고, 이 사건에 관련된 돈만 4억 위안에 육박했다. 다단계는 아주 흔한 사기수법으로 수많은 사람들이 피해를 당했다. 사기는 일반적으로는 친한 사람에게 당한다. 친구나 친척에게 큰 사업기회가 있다는 말을 들으면 많은 사람들이 유혹을 이기지 못한다. 상대방에 대한 신뢰를 바탕으로 '부자 되기'라는 목적지를 향해 낯선 길거리를 전전하고 이리저리 방황하게 된다.

외딴 지역이나 저가 여행지, 낡은 민가에 도착해보면 수십 명의 남녀가 이불이 깔린 땅 위에 서로 몸을 부대끼며 누워 있는 것을 보게 될 것이다. 당신의 방문에 격양된 사람들은 당신을 에워싸고 당신의 두 손을 꼭 잡으며 예의 바른 말투로 성공하고 운이 따르길 바란다는 말 등을 건넨다.

이어서 월수입이 3만에서 5만 위안에 달한다는 '일인자 강사'가 강연을 시작한다. 쉴 새 없이 성공담을 늘어놓던 강사는 결국 마지막에 한 세트에 수천 위안에 달하는 화장품을 사면 입회비의 개념으로 회원 자격을 얻을 수 있다고 한다. 그리고 친구를 많이 소개해 가입시키고 상품을 많이 살수록 더 많은 돈을 벌게 되고, 일을 잘하면 5개월 후에는 2만 위안의 월수입을 벌 수 있다는 비전을 제시한다. 이 엄청난 돈의 유혹에 사로잡힌 사람들은 함정에 빠지게 되는 것이다.

"사람은 횡재할 기회가 없어 부유해지지 못하고, 말은 밤에 풀을 뜯지 못해 살찌지 못한다."

"돈이 있으면 상황이 당신에게 적응하지만, 돈이 없으면 당신이 상황에 적응해야 한다."

"차를 모는 사람이 아닌 차에 타는 사람이 되는 법을 배워라."

"인생에서 가장 중요한 것은 시간이다. 업계가 사람을 키운다."

"일찍 배우면 일찍 성공하고, 압박이 있어야 동력도 생긴다."

이 말들은 다단계 조직에서 사람들을 격려하는 구호들이다. 세뇌 효과를 강화하기 위해 다단계 조직원들은 회원들의 통신기기를 빼앗고, 합숙을 시키고, 그들의 활동 범위를 제한한다. 이로 인해 그들은 충분히 선동되고, 기형적인 단체생활 속에서 더욱더 이성을 상실하게 되는 것이다.

처음 한 번만 뻔뻔해지면 갈수록 더 뻔뻔해질 수 있다는 심리를 다단계 조직원들은 실천한다. 가족이나 친구들이 충고하며 다단계를 포기하라고 설득해도 말이 통하지 않는다. 반면에 친인척이나 친구에게 거액의 빚을 지고, 수년간 돌아갈 엄두를 내지 못하다가 소식까지 끊어 가족들이 큰 슬픔에 빠진다. 어떤 회원은 빚을 갚을 희망이 보이지 않자 자살을 선택하기도 한다.

실제로 다단계 유통구조에서 대다수의 사람들은 돈을 벌지 못한다. 그들은 모두 피해자다. 그런데도 다단계가 크게 유행할 수 있는 것은 고수익의 깃발을 흔들며 선전을 진행하기 때문이다. 결과적으로 머리가 영민하지 않거나, 재물 욕심에 눈이 멀었거나, 횡재의 꿈을 꾸던 사람들이 계략에 넘어간다. 나아가 자신의 가족과 친구를 속이고 돈도 잃고 사람도 잃게 된다.

다단계 사기 방식은 오래된 흔한 투자사기 방식이다. 피라미드식 사기의 변형이기도 하다. 이는 찰스 폰지라는 투기꾼이 발명하여 국제적으로 '폰지 사기'라고 불리는 사기법과도 유사하다.

1920년대, 찰스 폰지라는 미국인은 플로리다의 개발 열풍을 등에 업고 사람들에게 "집값의 10%만 투자하면 남은 건축비용은 은행에서 대출할 수 있습니다. 부동산 구매자는 이제 아주 걱정 없이 몇 주 내에 2배 이상의 수익을 낼 수 있습니다."라고 떠벌렸다. 하지만 사실 폰지의 수법은 이랬다. 그는 B에게서 받은 투자금으로 A에게 수익금을 지불하고, C에게서 받은 투자금으로 B에게 수익금을 지불하는 방식으로 갈수록 많은 사람들을 속였다. 이렇게 보기엔 간단한 수법이 그에게 엄청난 수익을 불러왔다. 이익에 눈이 먼 사람들은 갈수록 떼를 지어 몰려왔다. 하지만 3년이 지났고, 폰지가 약속했던 빌딩은 여전히 공중누각에 지나지 않았다. 사람들은 그제야 폰지의 진짜 정체를 알게 되었다.

폰지가 불법적으로 모은 10억 달러가 겨우 1천4백만 달러밖에 남지 않았을 때가 돼서야 이 사기꾼은 교도소에 들어갔다. 하지만 그의 이름은 사람들에게 오래 기억되어 훗날 경제학자들이 이와 유사한 현상을 '폰지 사기극'이라고 부르게 되었다.

폰지 사기는 현대에도 성황이다. 속는 사람들은 대부분 사회 하층의 시민들이다. 뉴스 보도에 따르면 대학생이 사기를 당하는 경우도 적지 않다고 한다. 갓 사회에 들어온 청년들은 사회경험도 적고 사람에 대한 경계의식도 약해서 다른 사람을 쉽게 믿기 때문이다. 특히 친한 사람이나 눈앞에 제시되는 막대한 이윤에는 속기 쉽다.

경계를 잘하면 비현실적인 속임수를 쉽게 간파할 수 있다. 경계라는 것은 의심을 갖고 확인할 때 확고하게 방어막이 될 수 있다. 또한 돈에 욕심을 부리지 않아야 한다. 하늘에서 뚝 떨어지는 돈은 없다. 쉽게 큰돈을 벌 수 있다는 궤변도 믿지 말아야 한다.

사람들은 돈에 대한 욕망 때문에 큰돈을 번다는 비상식적인 말을 더욱 신뢰한다. 이는 사람들을 움직이지 않고는 견딜 수 없게 한다. 심지어 어떤 사람은 손해를 보고 속아도 같은 실수를 반복한다. 실패에 무감각해지는 것이다.

사람들이 사회의 험악한 일들에 대해 잘 모르는 것은 정상이다. 하지만 이해하지 못할 일이 자신에게 일어날 가능성은 생각보다 높다. 사회에 대해 모르기 때문에 사기의 대상이 되기 쉬워진다는 사실을 기억하고 더욱 경계해야 한다. 돈은 뚝딱 생기거나 모아지지 않는다. 돈에 대한 욕심을 버리고 일확천금의 꿈도 버려라.

40

연애하는 것처럼 조화롭게 투자하라

오늘날 자산관리 도구는 다양해지고 있다. 저축 외에도 주식, 펀드, 선물 등 종류도 다양하고 그 범위도 무궁무진하다. 이에 정보가 없는 투자자들은 자신이 어떤 것을 선택해야 할지 속수무책이다. 어떤 사람은 이율이 낮을 때는 이자 수익을 낼 수 없다고 생각해 정기저축을 선택하지 않는다. 어떤 사람은 주식으로 돈을 벌기가 어렵지만, 주식을 잘 알기만 하면 수익률은 펀드보다 절대적으로 높다고 생각한다. 하지만 상장회사가 너무 많아 어떤 주식을 사야 할지 알지 못한다. 주식 선택의 난이도는 높아지고 선물시장과 해외 투자기관도 생겨나면서 주식투자에 망설이게 된다. 그렇다면 자산관리의 현명한 선택은 무엇일까?

어떤 사람은 주식에서 돈을 벌고 펀드에 투자했다가 결국 손해를 본다. 어떤 사람은 반대로 펀드에서 돈을 번다. 또 어떤 사람은 사는 족

족 손해를 보고 전 재산이 묶이는 바람에 투자에 대해 실망하고 자신은 자산관리를 할 만한 그릇이 못 된다고 생각한다.

사람의 일은 마술과 같아서 신비한 것처럼 자산관리 역시 각각의 오묘함이 있다. 그래서 수익률만 따지는 것은 무의미하고 자신의 상황에 적합한지를 봐야 한다. 주식은 수익률이 높지만 모든 사람이 다 다룰 수 있는 것은 아니다. 개방적이고 자유로운 자본주의 시장에서 구조와 목표가 서로 다른 각양각색의 투자도구는 자신에게 적합해야만 가장 좋은 투자다.

'적자생존 약육강식'이라는 자연계의 생존 법칙은 자산관리에도 존재한다. 이에 대한 대비책으로 하버드 자산관리 전문가들이 말하는 10가지 투자 법칙을 내놓았다.

투자법칙 01 매수, 공매로 돈을 벌 수 있다. 다만 욕심으로 인한 파산을 조심하라

투자에 있어서 자신이 목표로 설정한 가격대에 도달했다면 즉시 판다. 돈이 주머니에 들어와야 안전하다. 그 이상의 이윤에 대한 헛된 꿈을 품지 말아야 한다. 이성이 욕심에 지배당하면 실패할 가능성이 많아진다.

투자법칙 02 순가치를 정확하게 계산하고, 최적기를 찾아 단계적으로 진입하라

어떤 투자상품을 구매하고 싶다면 한 번에 전부 매입하기보다는 천천히 자금을 나눠 시장에 진입하는 것이 좋다. 시장가격이 순가치를 넘으면 조금 더 사면 된다. 반대로 평균가격이 떨어져 덜 사면 보다 안전해진다.

투자법칙 03 떨어지는 것은 사고 오르는 것은 사지 마라

오랫동안 관찰하여 잠시 떨어지는 투자항목을 알아두었다가 오르기 전에 사들인다. 또는 가격이 저평가된 투자대상을 찾는다.

투자법칙 04 모든 계란을 한 소쿠리에 담지 마라

당신이 단일주식이나 단일업계에만 투자하고 있다면 리스크가 발생했을 때 당신은 엉망으로 손해를 보게 될 것이다. 수익을 유지하면서 자본을 위협받지 않을 수 있는 유일한 방법은 '분산투자'다. 이는 투자이론 중에서 가장 중요한 원칙이다. 절대 모든 계란을 한 소쿠리에 담지 마라.

투자법칙 05 씹지도 못할 만큼 많은 양을 입에 넣지 마라

계란을 한 소쿠리에 모두 담지 말라고 해서 한 소쿠리에 계란 하나씩만 담을 수는 없는 노릇이다. 소쿠리가 너무 많은 것도 좋지 않다. 많은 사람들이 자기가 투자한 주식의 코드조차 기억하지 못한다. 이러니 주식의 상세정보를 알 턱은 더욱 없다. 다양한 도구로 투자리스크를 분산해야 하지만, 지나치게 다양화하여 관리가 되지 않는 지경이 되어서는 안 된다. 자신이 지속적으로 이해할 수 있는 범위를 초과하지 않아야 한다.

투자법칙 06 매입 후에도 계속 연구하라

투자자는 매주 일정한 시간과 노력을 들여 연구보고서를 읽고 업계의 지표를 분석해야 한다. 이를 통해 정기적으로 투자상품을 계속 보유하는 것이 합당한지 검사하고 연구해야 한다.

투자법칙 07 투자 성적이 우수한 주식은 영원히 가치가 있다

투자자들은 늘 저렴한 대형주를 사고 싶어 한다. 하지만 그런 주들은 수익률이 좋아질 기미가 희미하게 마련이다. 전문가는 우량 주식을 산다. 투자성적이 우수한 주식이 일반적인 상황에서 월등한 수익을 가져오기 때문이다. 이 점을 명심하고 일확천금을 꿈꾸며 휴지 주식에 투자하는 것을 멈춰야 한다.

투자법칙 08 현금을 쥐고 관망하면서 출격 타이밍을 잡아라

시장은 정지된 상태로 움직임이 미미하다. 주식시장이 하락세일 때 현금을 쥐고 있는 것은 상대적으로 안전한 선택이다. 주가가 반등하는 시점에서 주식을 팔아 현금을 쥐고 시장을 관망하다가 당신이 눈여겨본 주식이 떨어질 때 다시 매입하면 좋다. 이는 아주 고난도의 조작법이다.

투자법칙 09 시장이 조정되는 시기가 곧 시장 진입의 적기다

시장은 때로 작은 폭의 진동이 일어난다. 어떤 사람은 변화를 마주할 용기가 나지 않아 투자를 꺼리지만 이는 잘못된 선택이다. 주기성이 있는 시장의 조정은 건강하고 정상적이다. 일단 조정이 발생하면

이 시기를 이용하라. 자세한 연구를 거쳤다는 전제하에 순가치를 돌파한 우량 주식을 매입하는 기회로 삼아야 한다.

투자법칙 10 투자 방향을 바꿀 수 있는 융통성을 유지하라

시장에 파동은 언제나 있다. 대부분의 사람들은 안전을 위해 주식이나 펀드는 장기적으로 보유해야만 돈을 벌 수 있다고 믿는다. 하지만 관련 정보에 대한 연구를 통해 수중에 보유한 투자 항목이 돈을 벌 수 없고, 심지어 손해를 볼 수도 있다는 것을 안다면 절대 주저하지 말고 매도로 돌아서라. 반대로 업계 상황이 좋고 지수 상으로 상승세가 확실하다면 적극적으로 주식을 쓸어 담아라. 경제추세는 시시각각 변하기 때문에 투자상품에 대한 당신의 생각도 이에 따라 조정되어야 한다.

이 10가지의 투자법칙은 전문가들이 내린 결론이다. 그렇지만 이 법칙들만 지키면 무조건 돈을 벌 수 있다는 뜻은 아니다. 사람들의 인내심과 리스크 수용력은 각기 다르다. 그래서 같은 투자도구에도 서로 다른 조작법이 있다. 따라서 투자 결말도 서로 다르다. 시장에 나와 있는 투자도구들 중에서 자신에게 적당하고 알맞은 것을 찾아야 한다.

1. 국채

국채는 국자 재정의 신용을 담보로 하기 때문에 대대로 금테 채권이라고 불렸다. 많은 온건주의 투자자들의 애정이 깊다. 국채의 수익 리스크는 주식보다 적고 신용은 높다. 이자 수익도 상대적으로 높고 수익도 보장된다. 하지만 다른 상품과 비교하면 투자수익률이 여전히 매우 낮다.

2. 저축

편리하고 자금 융통성이 높으며 안전한 투자도구다. 주로 자본과 이자의 축적으로 부의 증가를 실현한다. 하지만 저축에는 두 가지의 단점이 있다. 첫 번째는 수익이 다른 투자보다 매우 낮아 자산 사용가치를 낭비하는 것이다. 두 번째는 자금이 축적되는 꽤 긴 시간 동안 집값, 자녀교육비 및 기타 지출로 인해 축적 계획에 영향을 받는다. 하지만 저축은 안전성과 온건성을 중시하는 가정에 있어서는 가치유지의 목적을 기본적으로 실현할 수 있다. 즉 자본은 지키고 리스크는 없는 투자 방법이다.

3. 부동산

통화팽창을 피해 부동산을 소유한 시간가격과 사용가격으로 이익을 얻는 투자도구다. 부동산 투자는 일정한 상승 잠재력을 가진 투자방식이 되었다. 하지만 현재 부동산 시장가격이 안정적이지 않기 때문에 투자자는 반드시 신중하게 행동해야 한다.

4. 펀드

비교적 높은 리스크와 높은 수익의 투자방식이다. 펀드는 많은 투자자들의 자금을 모아 펀드관리자에게 맡겨 공동으로 투자를 진행하는 일종의 집합 자산관리의 투자도구다. 투자자들의 적은 자금들을 모아 큰돈으로 만들어 투자하면, 자금의 규모 우세를 발휘하기 좋고 개인의 입장에서 투자 자본을 낮출 수 있다.

펀드매니저는 일반적으로 대량의 전문투자연구원과 강력한 정보망을 사용하여 증권시장의 전방위적인 움직임을 잘 따라가며 분석한다. 자금을 펀드매니저에게 맡겨 관리하면 중소투자자도 전문적인 투자나 자산관리서비스를 누릴 수 있다. 하지만 아무리 전문투자자라고 해도 모든 전쟁에서 승리하는 전문가가 될 수는 없다. 그래서 리스크는 언제나 존재한다.

5. 주 식

높은 리스크와 높은 수익의 투자방식이다. 그러나 주식시장에는 예측 불가함이 존재하기 때문에 하이 리턴 뒤에 하이 리스크가 따른다. 전문투자자도 투자실패의 리스크, 정책리스크, 정보리스크를 직면하게 된다. 주식투자는 심리적인 요인과 논리적인 사고와 판단 능력을 많이 요하기 때문에 리스크 수용력이 떨어지는 사람이 투자하기에는 적합하지 않다.

6. 외환 투자, 보조금 투자방식

단일화폐의 가치하락과 환율파동으로 인한 가치하락리스크를 피할 수 있고, 거래를 통해 이익을 얻을 수 있다. 적지 않은 외환투자자들은 외환투자의 리스크가 주식보다 작지만 그만큼 수익도 낮다고 말한다. 반면에 외환투자를 하려면 국제금융추세에 대해 잘 알아야 하므로 그

분야의 공부가 필수적으로 필요하다. 그만큼 소모되는 시간과 노력은 많이 든다.

하버드 자산관리 비법

투자나 자산관리는 마치 연애하는 것과 같다. 그러나 꼭 가장 멋있는 남자와 가장 아름다운 여자만이 최고의 조합이라고 할 수 없다. 핵심은 그들의 조화로움이다. 어울리기만 한다면 아름답든 아니든 좋은 것이고, 어울리지 않으면 제아무리 잘난 남녀라도 해도 짝이 될 수 없다. 중요한 것은 정확한 투자도구를 선택하는 것이다. 그래야만 당신이 원하는 돈을 벌 수 있다.

41

금에도 투자할 수 있다

금은 그 희소성으로 인해 줄곧 진귀하게 여겨졌다. 안정성 덕에 보존이 용이하여 인류가 부를 저장하는 중요한 수단이자 물질적 부의 상징이 되었다. 그로 인해 금을 구매해 가치를 유지하거나 장식의 용도로 사용하는 능력이 크게 증가했고, 금값도 일정한 지지를 얻었다.

하지만 금이 가치를 유지하는가에 대한 논쟁은 아직도 진행 중이다. 사람들이 안심하고 생활할 수 없는 불경기가 찾아오면 금에 투자할 여력이 없기 때문에 금값도 낮아지기 때문이다.

하버드 경제학자는 이 논쟁에 대한 대답으로 공급과 수요의 관계를 떠날 수 없다고 했다. 금의 생산량이 증가하면 그 영향으로 금값은 하락할 것이고, 광부들의 장기 파업 등의 이유로 생산량 증가가 멈추면 공급이 수요를 맞추지 못해 금값은 올라간다는 것이다. 뿐만 아니라 금 투자 열풍이 일어나면 수요가 크게 증가해 금 가격은 차츰 오르게 된다.

그러나 새로운 금 채취 기술의 적용, 새로운 광산의 발견은 금의 공급을 증가시킬 것이고, 금의 가격은 당연히 하락세를 보인다. 즉 금값의 가치 유지에 영향을 주는 요소는 아주 많기 때문에 절대 불변하다고 볼 수 없다는 것이다.

현재, 금의 가치 유지는 분명 우세하다. 부동산 시장, 주식 시장의 폭등 이후 단계적 조정에 들어가면서 금은 역사상 최고 가격이거나 꽤 높은 가격대를 유지하고 있다. 그래서 화폐 가치가 유지되는 도구인 금에 대한 수요가 갈수록 간절해지는 것이다. 실제로 많은 투자자들이 금에 투자하는 열풍에 가세하고 있다.

하지만 금에 투자하기에 앞서 반드시 알아두어야 하는 것이 있다. 금 액세서리를 사는 것은 가치 유지가 안 된다는 사실이다. 투자자의 측면에서 금 액세서리에 투자하는 것은 수익률이 별로 좋지 못하고, 심지어는 투자라고 부를 수도 없다. 금이나 은 액세서리를 일상생활에 사용하면 마모나 부딪힘이 생기기 때문이다. 낡은 금이나 은 액세서리를 현금으로 바꾸려고 하면 그 가격은 자연히 구매할 때보다 낮아진다. 구매 자본에서 보면 액세서리의 소비자는 금 자체의 가격뿐만 아니라 금값 +가공비 +매장 임대료 +브랜드 비용 등이 포함되어 있다. 이와 같은 일련의 비용들 때문에 보통의 금 액세서리의 가격은 금 현물 가격보다 대략 15%~25% 높다. 이에 따라 액세서리는 구입하면 바로 15%~25%의 가치가 줄어든다. 금의 가치 유지의 성질이 대폭 줄어드는 것이다.

또한 금 액세서리를 깎고 가공할 때, 많든 적든 일정한 용접 용제를 사용해야 한다. 판매자는 이런 용제의 중량을 제외하지 않고 액세서리 전체의 중량으로 가격을 책정한다. 그 때문에 소비자가 금 액세서리를 구입할 때는 금이 아닌 성분을 가격에 포함해서 사게 된다. 그러나 금을 다시 되팔 때는 용제의 중량이 계산되지 않는다. 샀던 곳에서 순수한 금의 중량만 계산할 뿐이다.

액세서리 매매에서 금의 가치는 대략 20%~32%의 손실이 발생한다. 따라서 가치 유지를 목적으로 액세서리를 사면 가치 손실과 물가 상승을 비교했을 때 얻는 것보다 잃는 것이 많다. 그러므로 금에 투자할 때는 단순하게 금값의 등락만 생각할 것이 아니라 반드시 금이란 무엇이며, 우리에게 무엇을 제공할 수 있으며, 어떤 목표를 달성하게 해주는지 생각해야 한다.

금 현물 투자 사업이 나오면서 금 현물이나, 종이, 금 등 현물 시장의 거래 품종뿐만 아니라 선물 시장 품종도 늘어나 금 거래 유형의 다원화를 촉진시켰다. 금 선물은 금 현물 투자와 비교했을 때 거래 편리성이나 낮은 투자 문턱, 레버리지 등의 장점이 있다. 그래서 금 선물 투자는 개인 투자자 자산관리의 새로운 방식이 될 가능성이 있다.

금 선물과 금 현물 투자는 서로 달라서 투자자가 금 선물 거래를 할 때는 아래 세 가지 측면의 시장 요소를 주의해야 한다.

첫째, 미국 달러 환율 추세를 주의해야 한다.

둘째, 국제 석유가를 주의해야 한다.

셋째, 국제적으로 중대한 정치, 경제 이슈를 주의해야 한다.

금은 특수한 저축 형식으로, 금을 건전한 화폐의 형식으로 자신의 일부 부를 보유하는 데 선택한다면 안전하게 그 부를 지켜줄 것이다. 하지만 투자자라면 금의 가격 운용에 대해 주의를 기울여야 한다. 투자로서의 금은 본질을 넘어 가치를 창출해내는 도구다.

42

안목을 높이면 보물이 보인다

존스 여사는 보석 수집가다. 어느 날 그녀는 보석가게에서 자신이 반했던 에메랄드 액세서리 가격이 좀 내렸는지 알아보았다. 하지만 예상 외로 두 달 전에 비해 약 8% 정도가 올랐다는 것을 알게 되었다. 그래서인지 그녀는 그 액세서리를 가지고 싶다는 생각이 더 커졌다.

경제발전에 따라 사람들의 지갑은 갈수록 두둑해졌다. 이에 따라 사람들의 투자품목도 다양해졌다. 고가의 소장품을 매입하는 것도 일종의 투자로 받아들인다. 고대의 도자기처럼 장식의 용도로도 사용되고, 집에 두면 집안의 기풍을 나타낼 수 있다. 그리고 서적이나 미술작품 수집은 심신을 수양할 수도 있다. 게다가 그 작품이 대가의 작품이면 가치상승 가능성이 있는 귀한 보물이 된다.

평범하고 대중적인 소장품이라고 해도 나름대로의 투자법칙이 있다. 예를 들어 우표, 화폐, 카드 등은 그것의 발행량이나 상태를 주목해야 한다. 사물의 희소성과 보존 상태는 우표, 화폐, 카드 등의 생명이다. 우표시장에서 상태가 좋은 기념우표는 가격을 높이 쳐준다. 같은 명칭의 그림 이야기책도 등급을 나누지 않을 수 없다. 초판의 첫 인쇄는 재판의 다회 인쇄 책의 가격보다 몇 배는 높다. 따라서 어떤 소장품이든 같은 종류라고 해서 일률적으로 가격을 매길 수는 없다. 투자자들은 이 점에 주의를 기울여야 한다.

소장품 시장에 처음 발을 들여놓은 사람이라면 안전하고 확실한 시작을 위해 대중적인 소장품부터 시작하는 것이 좋다. 일정한 수준이 있고 낮은 가격대를 선택하여 안목을 높여 가야 한다. 수집이나 투자 의식이 없었던 사람에게 거액의 고급 예술품을 사라고 하는 것은 비현실적이다. 순차적으로 서서히 진입하는 과정이 필요하다.

몇십만 원으로 가격이 비교적 안정적인 우표와 같은 대중적인 소장품을 살 수 있다. 이런 기간은 대략 1년 반 정도 계속 되어야 하고, 목적은 소장품 시장의 흐름과 법칙에 적응하기 위함이다. 이 시기에는 절대 마음을 급하게 먹으면 안 된다.

일정한 경험이 생기고 나면 다시 몇백만 원을 들고 비교적 예술적인 수준이 있는 소장품을 살 수 있다. 당신이 소장품의 좋고 나쁨의 진위를 분별할 능력이 없다면 전문가에게 맡기는 것이 좋다. 그리고 가치 상승 잠재력이 있는 화가의 우수한 작품이나 기념우표 전체 세트를 선택하는 것이다. 경험과 지식을 바탕으로 자신이 주목하는 소장품으로 소장고를 채워야 한다. 이와 관련된 경매 상황을 파악하고, 관련 소장 지식을 이해하는 것은 필수다. 그로 인해 대규모 투자를 고려할 수 있고 자신에게 적합한 매매 경로를 찾을 수 있다.

소장품 투자에서 가장 금기시되는 것은 큰돈을 투자하는 것이다. 큰돈을 투자하려면 먼저 자신이 잘 아는 투자라인을 만들어놔야 한다. 그렇지 못할 경우 판매자의 말에 휘둘려 투자 가치가 적은 소장품을 높은 가격에 사게 된다. 우리는 일단 판매자와 비슷하게 소장품에 대한 정보를 알고 있어야 한다. 소장품 시장의 법칙을 잘 파악하고 나면 이 투자영역에서 돈 버는 것이 그렇게 어려운 일이 아니다. 소장품도 투자이기 때문에 리스크를 가진다. 리스크를 줄이려면 수집가는 냉철한 눈이 있어야 한다.

1. 소장품을 선택할 때는 목표에 집중해야 한다

소장품 종류는 다양하고 각 품종에는 각각의 소장 항목이 있다. 그래서 소장품 전부를 가질 욕심을 내면 안 된다. 아무리 돈이 많아도 가치가 높은 소장품을 얻으려면 자금의 한계에 부딪히게 마련이다. 어떤 라인의 전 품종을 소장하는 것은 결코 쉬운 일이 아니다.

그래서 우리는 일정한 전략전술을 구사해야 한다. 재력을 집중하고, 목적에 집중해서 한두 종류의 가격은 저렴하되 금 함량은 높고 예술성이 강한 소장품을 골라야 한다. 그래야 유한한 자금으로 만족스러운 소장품을 얻을 수 있다.

2. 소장품은 작품 자체가 훌륭하면서도 통속적이어서 누구나 다 감상할 수 있어야 한다

소장품으로서 문예작품은 작품성을 인정받아야 한다. 각계각층의 사람들이 공유하는 심미적 관점이나 공통의 수요를 반영할 수 있으면 더 좋다. 이런 소장품은 비교적 높은 가치상승의 기초를 가지고 있고 추후에 현금으로 전환하기도 편하다.

3. 소장품의 남아 있는 양은 적당해야 한다

남아 있는 양이 너무 적은 소장품은 비교적 값이 비싸다. 수집가의 경제 상황이 평범하다면 감당하기가 어렵다. 남아 있는 양이 너무 많은 소장품은 주목을 끄는 품목이 될 수 없고 소장의 의미를 잃게 된다. 남아 있는 양이 적은 소장품은 미래에 그 가치가 상승할 것이다.

4. 업계에 대한 공부를 많이 해야 한다

소장품 영역에 처음 들어온 사람은 경험이 적고 소장품의 종류가 매우 다양함으로 인해 쉽게 사기를 당할 수 있다. 소장품에 관련된 지식을 열심히 공부하는 것 외에 업계 내 인사를 투자 고문으로 찾아 비법과 전략을 배워야 한다.

5. 소장 시기를 잘 선택해야 한다

소장 시기를 잘 잡으면 더 많은 이윤을 얻을 수 있다. 소장품을 잘 고르고 매입한 시기가 좋으면 가치상승이 더 높은 소장품을 살 수 있다.

소장품은 경제적인 수익을 수반할 뿐만 아니라 정신적인 즐거움까지 가져올 수 있다. 이런 요인 때문에 소장품투자에 열을 올린다. 수집가는 소장품 자체에서 오는 우연한 수익에 더 주목해야 한다. 많은 경우 소장품 자체에서 오는 예정된 수익보다 우연한 수익이 훨씬 높기 때문이다.

골동품이나 보석애호가에게 소장은 단순한 취미가 아니라 자신의 자산을 관리하는 방식이다. 소장품 경매에서 사람들이 놀랄 만한 소장품의 가치가 드러나는 것을 목격한다. 투자자의 능력과 식견에 따라 돈을 벌 수 있는, 그것도 대단히 많은 돈을 벌 수 있는 기회가 온다.

PART 7

주식시장엔 두려움으로 들어서라

HARVARD

RICH

CLASS

HARVARD

RICH

CLASS

주식시장은 투자자의 천국이자 지옥이기도 하다. 주가상승 소식이 들려오면 사람들은 리스크에 대한 경고를 완전히 잊어버리고 욕심의 부추김 속에서 주식을 사들인다. 하지만 당신이 산 주식의 주가상승 기세는 이미 과거형이 되어버린 뒤다. 그래서 당신의 자금은 주식에 발이 묶여버린다. 이는 투자자가 주식시장을 공부할 때 반드시 통과해야 하는 관문이다. 주식시장에서 이기는 쪽은 언제나 소수이다. 대다수의 투자자는 돈이 묶이거나 손실을 본다. 그러나 피할 수 없다면 용감하게 맞서서 자신에게 적합한 해결 방안을 찾아내야 한다.

43

게임 방식부터 알고 덤벼라

게임에는 규칙이 있다. 규칙을 제대로 알지 못하면 가는 곳마다 벽으로 가로막혀 싸우는 족족 진다. 하지만 게임규칙을 잘 이해하면 자유롭게 대처할 수 있고, 힘들이지 않고 조작할 수 있다. 주식도 마찬가지다. 주식을 모른 채 맹목적으로 시장에 진입하면 당연히 제대로 조작할 수 없다. 특히 자산관리에 대한 지식과 경험도 많지 않고, 자금도 충분하지 않은 사람이 주식시장에 진입했다가는 대책 없는 상황을 맞게 된다. 그래서 투자하기 전에 반드시 주식이 무엇이고 어떻게 운용해야 하는지 알 필요가 있다.

주식은 주식회사가 자본금을 모을 때 발행하는 증서다. 이 증서를 가지고 있는 사람(주주)에게 주식만큼의 회사소유권이 있는 것이다. 소유권은 회사에 대한 종합적인 권리다. 주주총회에 참석하거나 투표를 통한 표결과 회사의 중대결정 회의에 참여할 수 있다. 또한 회사수익에 대해 배당금도 받을 수 있다.

회사소유권의 크기는 회사의 총 주식자본에서 차지하는 비중에 개인이 가진 주식수에 따라 결정된다. 주식은 일반적으로 매매방식으로 양도되고 주주는 양도의 방식으로 투자금을 회수할 수 있다. 하지만 회사에 출자금을 돌려달라고 요구할 수는 없다. 주주와 회사 간의 관계는 채권 채무 관계가 아니기 때문이다. 주주는 회사의 소유자이고 자신이 가진 주식수에 한하여 회사에 제한적인 책임을 지고 수익을 나누는 것이다.

1.주식을 형성하는 가격

주식에는 가격이 있어서 사고 팔 수 있으며, 세 가지 가격으로 나눌 수 있다.

(1) 액면가

주식 표면에 명시된 액면가격이다. 한 주당 발행단가로 각각의 주식 한 장이 지닌 자본액수를 나타낸다. 액면가는 주식구매자가 주식회사에서 점유하는 비율이다. 액면가에 자신이 가진 주식수만큼 곱해서 나온 값이 주주권리의 근거가 되는 것이다. 예를 들어 어떤 회사의 총 주식자본이 1백만 달러라고 할 때, 주식의 액면가가 주당 1달러라면 이는 1주를 가지고 있으면 이 회사에 대해 100만 분의 1만큼 영향력을 행사할 수 있다는 뜻이다.

(2) 장부가

주식의 순가치라고도 불린다. 기업의 실제 자산으로 주당 순자산이라고 불리기도 한다. 주식의 장부가격이 높을수록 주주가 실제로 보유하는 자산이 많아진다. 장부가격이 자산통계와 계산의 결과이기 때문에 수치가 정확하고 믿을 만하다. 주식투자자들이 상장회사의 실력을 평가하고 분석하는 중요한 근거로 쓰인다.

(3) 결산가

기업이 결산할 때 각 주에 매기는 실제가격이다. 주식회사는 일반적으로 결산할 때 결산비용을 제하기 때문에 대체적으로 장부가격보다 낮춘다. 주식의 결산가는 주식회사가 파산하거나 다른 이유로 법인자격을 상실하여 결산을 해야 할 때, 주식의 가격을 확정하는 근거로 사용된다. 주식의 발생과 유통과정에서는 의미가 없다는 것이다.

이 세 가지의 주식가격은 이론적인 가격이다. 시장에서는 자금공급과 수요, 예측 등의 영향으로 이론적인 가격과는 다른 실제가격이 형성된다. 주식의 실제가격은 1차 시장과 2차 시장의 불일치로 인해 서로 다르게 분류되는데 발행가격과 거래가격 두 가지로 나뉜다. 발행가격은 주식이 신규로 발행되었을 때의 가격이다. 발행가격과 액면가 사이에는 차이가 있다. 주식의 발행가는 다방면의 요소를 종합적으로 고려한 후에 정해진다.

주가 수익률 시장가격과 각 주의 세후 이윤의 비율

배당률 각 주의 수익률, 상장회사의 주식 가격, 각 주의 순가치, 주식의 예상 배당금

거래가격은 증권시장에서 주식을 사고팔 때 거래하는 가격이다. 주

식의 거래가격과 발행가격은 다르다. 주식의 발행가격은 단 하나이고 한 번 정해지면 절대 바뀌지 않는다. 그러나 주식의 거래가격은 변하고, 주식시장의 공급과 수요 관계에 따라 등락을 겪는다. 주식의 거래가격에는 몇 가지가 있다.

시가 개장가격이라고도 불린다. 주식의 매매가 성립된 가격이다.

종가 파장가격이라고도 불린다. 증권거래소에서 하루의 마지막에 거래된 매매가격이다.

최고가 증권거래소에서 개장부터 파장에 이르기까지 진행된 거래에서 발생한 최고 가격이다.

최저가 거래일의 개장부터 파장에 이르기까지 진행된 거래에서 발생한 최저 가격이다.

상한가, 하한가 증권시장에서 가격의 폭등이나 폭락을 막고 과열되는 투기현상을 막기 위해 증권의 당일 시장가격의 등락폭을 법으로 제한하는 것을 말한다. 당일 시장가격의 최고 한도가 상한가다. 반면 최저한도는 하한가라고 한다. 만약 어떤 주식이 당일 상한가, 하한가에 이르면 더 이상 오르거나 떨어지지 않는다.

2. 주식의 수익

주식의 수익은 투자자가 주식 구매로 얻는 투자수익을 말한다. 여기에는 배당금수익과 자본수익이 포함된다. 배당금수익은 투자자가 주식회사에서 얻는 투자수익이다. 배당금은 우선주 배당금과 일반주 배당금으로 나뉜다. 우선주 배당금은 분배에 있어 일반주 배당금보다 우선권을 가지며, 배당금은 고정되어 있다. 하지만 일반주 배당금은 고정적이지 않고 회사의 업적에 따라 변동되며 감소할 수 있다. 자본수익은 주식매매 차익이다. 투자자가 낮은 가격으로 주식을 산 뒤 상대적으로 높은 금액으로 주식을 되팔아 생기는 차액을 말한다. 여기서 살펴본 주식 수익의 특징을 정리하면 다음과 같다.

(1) 고정적이지 않다. 회사의 업적이 확실하지 않고, 주식가격이 등락을 거듭하기 때문이다. 또한 예측 불가한 경제상황에 일어나기 때문에 배당금수익과 자본수익이 한 번 정한 대로 유지되지 않는다.

(2) 리스크가 있다. 회사의 경영실적이 좋지 못하면 주식의 가치가 떨어져 심한 경우 상장폐지로 자본금도 못 건질 수 있다.

(3) 가능성의 수익이 비교적 높다. 주식의 리스크는 큰 편이지만, 회사의 이윤이 높다면 주식보유자가 얻는 수익은 채권이자나 은행이자보다 많다. 주식투자자는 회사의 소유자로 잉여자본을 요구할 수 있는 권리가 있다. 그래서 회사의 경영실적이 좋으면 얻게 될 수익이 채권이나 은행이자보다 크다.

하버드 자산관리 비법

주식은 주식의 개념을 공부한 뒤 투자해야 수익을 얻을 수 있다. 하버드 경제학자는 “투자 고문은 당신에게 어떻게 해야 시장에서 가장 뛰어난 주식을 고를 수 있는지 알려줄 수는 없다. 하지만 그들은 당신에게 어떻게 해야 투자목표에 부합하는 주식을 고를 수 있는지 알려줄 수 있다.”라고 말했다. 전문가의 자산관리 경험을 들어보는 것도 절대적으로 필요한 일이다.

44

파레토의 법칙은 주식시장에서도 통한다

'20 대 80의 법칙'이라 불리는 '파레토의 법칙'이 있다. 어떤 조합에서도 중요한 것은 20%가 차지하고, 나머지 80%는 2차적인 것들이 차지한다는 이론이다. 이 법칙은 주식시장에서도 동일하게 적용된다. 20%도 안 되는 사람들만이 이익을 얻고 80%가 넘는 주식투자자들은 손해를 입는다고 해석하면 된다.

주식시장에 20 대 80의 법칙이 일어난 까닭은 총 주식투자자의 20%도 안 되는 투자자가 더 많은 정보와 자금, 거대한 자원에서 우세하기 때문이다. 이 사람들은 80%가 넘는 유효 정보를 장악하고 있지만, 80%가 넘는 주식투자자들은 주식평가나 TV를 통해 20%가 부족한 주식 정보밖에 얻을 수가 없다. 정보의 불균형으로 손해를 보는 것이다.

주식투자자는 주식시장에 대한 정보 장악력을 높여야 한다. 반드시 정보원을 늘리고, 투자동향을 파악해야 한다. 신문, TV, 광고 및 증권거래소에서 제공하는 상장회사의 경영보고서, 주식시장 각 항목에 대한 통계보고 등을 효과적으로 활용하여 자신에게 유용한 정보를 발굴해내야 한다. 중요한 정보들은 투자자 본인이 직접 분석하고 연구해야 한다. 정보수집의 능력 향상만이 쓸 만한 정보를 얻게 해주고 투자에 도움을 준다.

주식시장에서는 '투자 고수 따라 하기'도 전략이라고 할 수 있다. 고수의 수중에는 대량의 자금뿐만 아니라 개인투자자보다 많은 정보와 정보통이 있기 때문이다. 자본가의 투자동향만 파악한다면 투자성공률을 증가시킬 수 있고 동시에 투자리스크도 줄일 수 있다.

다만 따라 하기 과정에서 고수의 함정에 빠질 수도 있다. 일부 고수는 가상 상황을 설계하고 개인투자자의 자금을 가로챈다. 오를 때 사고 내릴 때 파는 개인투자자의 심리를 이용해 주식가격을 빠르게 상한가까지 올려놨다가 투자자들이 서서히 따라 붙고 큰 폭의 주식상향세가 있을 때 분할매도를 해버린다. 그러면 이후 주가의 상승폭은 완만해지고 서서히 떨어지기 시작한다. 그럼에도 다수의 개인투자자는 리스크가 닥쳐왔다는 것을 의식하지 못한다. 어떤 사람은 계속 오르기를 바라고 주식을 보유하고 있다가, 어떤 사람은 돈을 들고 매입 시기를 보고 있다가 당한다. 그리고 연속적으로 큰 폭의 하락과 몇 번의 하한가를 겪으면 그제야 자신이 속았다는 것을 알게 된다. 이때는 이미 당신 자금이 묶인 뒤다.

주식시장에서는 기관이나 큰손들이 투자의 주력군으로 전체의 80% 자금을 보유하고 있다. 개인투자자의 자금은 전부 합해야 20% 정도뿐이다. 그래서 개인투자자들이 주식시장을 컨트롤할 능력이 없다. 현명하고 성공한 투자자는 주력자금의 동향을 파악한 뒤 투자를 진행한다. 그래야 안정적으로 이익을 얻을 수 있다.

주력자금을 따라하면서 투자를 이용하는 것은 안정적으로 수익을 얻는 비결이다. 개인투자자는 주식시장의 약자집단이다. 수많은 강자의 게임 속에서 이익을 얻고자 한다면 반드시 관련된 게임스킬을 장악하고 상대방의 운용의도를 장악해야 한다.

이익을 얻는 것은 주식투자자의 최종 목표다. 하지만 주식투자에는 거대한 리스크가 존재한다. 까딱하면 위기에 빠질 수 있다. 돈 버는 법만 생각하고 퇴로를 생각하지 않으면 주가 하락 시에 큰 손실이 발생되기 때문이다.

80%의 주식투자자는 돈을 벌 생각을 하지만, 20%의 투자자는 손해가 생겼을 때의 대응책을 마련한다. 투자자는 주식거래 전에는 발생 가능한 모든 상황을 고려해야 한다. 공격만 논하고 수비를 생각하지 않는 사람은 성공하기 어렵다. 발생 가능한 불리한 상황을 예측해 유비무환의 자세를 갖춰야 위기가 왔을 때 신속하게 반응하고 손실을 줄일 수 있다.

돈 벌 생각만 하는 투자자는 영원히 돈에만 시선을 고정하기 때문에 쉽게 과열 양상에 빠지기 쉽고 잠재적인 위협을 간과하게 된다. 하지만 리스크의 존재를 분명하게 인지하고 적절한 시기에 관련된 전략을 설정할 수 있다면 성공 기회도 커진다.

워렌 버핏은 주식을 선택할 때 발전 잠재력이 있고 자신이 쉽게 장악할 수 있다고 생각하는 것만을 선택한다. 그는 장기투자를 선호했다. 잠재력 우수한 주식을 선택할 수 있어야 더 많은 이윤 구간을 만들 수 있기 때문이다.

실패한 투자자는 80%의 시간으로 거래를 진행하고, 20%의 시간을 후회한다. 그러나 성공한 투자자는 80%의 시간을 들여 주식을 연구하고, 20%의 시간으로 실제 거래를 진행한다. 이것이 현명한 투자자의 비결이다.

하버드 자산관리 비법

일본 주식의 신 고레카와 긴조는 주식투자자들에게 "주식을 선택할 때는 스스로 공부하고 연구한 후에 선택해라."라고 충고했다.

주식투자는 눈먼 고양이가 죽은 쥐를 만나는 것 같은 우연이란 절대 없다. 더 많은 시간을 들여 철두철미하게 주식을 연구해야 한다. 이것만이 주식시장의 20 대 80 법칙을 충분히 이해하고 효과적인 게임 전략을 세울 수 있는 길이다. 그렇게 했을 때 당신도 주식시장에서 수익 얻는 20%의 투자자 중 한 명이 될 것이다.

45

주식시장에서 방향을 잃지 말자

투자할 주식을 선택하는 것은 투자자마다 방법이 다르다. 하지만 어떤 경우에도 냉정한 사고를 유지하여 주식시장에서 방향을 잃는 일이 없어야 한다.

주식시장에는 암암리에 전해지는 속설이 있다. "사람들이 미쳐 있을 때는 그곳을 떠나고, 사람들이 두려워할 때는 그곳으로 들어가라." 좋은 시기를 골라 좋은 주식을 사는 것은 결정의 문제다. 그렇다면 어떻게 해야 현명한 결정을 내릴 수 있을까? 우리는 워렌 버핏의 역방향 투자전략에 대해 배워보자.

워렌 버핏은 "다른 사람이 욕심을 낼 때는 두려워할 줄 알아야 하고, 다른 사람들이 두려워할 때는 욕심을 부릴 줄 알아야 한다."라는 투자 비결을 갖고 있다. 그는 분명하게 "나는 보통 사람들이 주식시장에 믿음을 잃을 때 주식을 사들인다."라고 말한다. 그리고 "나는 신중할 것을 조언한다. 어느 때나, 어느 것이나 대폭으로 상승하는 시기가 있다. 사람들은 드러나는 것에 미혹된다. 나는 주식시장이 내후년에도 계속 오를지 알 수 없다. 하지만 나는 가격이 높아질수록 더 조심한다. 경솔하게 생각하면 안 되고 더욱 신중해져야 한다는 것을 알고 있다."라고 조언한다.

워렌 버핏의 말을 종합해보면 용감한 '역방향 투자자'라는 것을 알 수 있다. 하지만 정확하게 분석하면 전통적인 역방향 투자전략이 아닌 '선택적 역방향 투자전략'을 말한다. 전통적인 역방향 투자전략은 최근 성적이 좋지 않거나 대다수의 투자자가 관심을 갖지 않은 주식을 사는 것이다. 하지만 워렌 버핏의 선택적 역방향 투자전략은 다음 경우에 시행된다.

(1) 회사가 장기적 경쟁에 우세를 가지고 있지만 주식가격이 떨어져 있는 경우
(2) 회사 전체를 사는 것이 사업하는 사람을 더욱 안목 있어 보이게 하는 경우

이것 중 하나는 보석을 알아보는 지혜로운 안목이다. 장기적인 경쟁에 우세를 가진 회사를 알아볼 때 가능하다. 다른 하나는 역풍 속의 비상으로, 역방향적 사고와 거래안목으로 구매의 적기를 판별하는 것이다. 선택적 역방향 투자전략을 마스터하고 주식구매시기를 정확하게 장악해야 수익률을 높일 수 있다. 선택적 역방향 투자에서 주식시장 진입에 알맞은 시기는 다음과 같다.

(1) 대형주가 침체되어 있다가 곧 상향 전환할 때

(2) 정책적인 측면에서 확실하게 좋은 소식이 공표되어 시장이 상향세를 보일 때

(3) 시장 성적이 좋고, 가격대가 상대적으로 낮은 주식이나 펀드판이 등장할 때

시장에 진입하는 시기를 잘 잡으면 반은 성공한 것이다. 적절한 매도시기를 잡는 것이야말로 진짜 성공한 투자다. 실전을 통해 증명되었듯이 주식은 사기는 쉽지만 팔기는 어렵다. 투자자의 목적이 적정한 이윤이라면 시장에서 부여한 이윤이 일정 정도에 도달했을 때 팔아야 한다. 또한 이윤이 단기간에 상승할 가능성이 적다면 이때도 또한 주식을 매도할 시기다. 최고가에 매도하겠다는 환상을 품지 말고 '적당한 시기에 물러날' 줄 알아야 한다.

주식 매도에서 중요한 원칙은 반드시 '수익-손해' 계획을 설정해야 한다는 것이다. 예를 들어 보유주식이 20% 상승하면 매수하고, 자본의 8%가 떨어지면 주식을 매도해 더 이상의 손실을 막는다와 같은 계획이다.

주식의 상황이 하락세에 접어들었고 단기 내에 좋아진다는 소식이 없을 때는, 꽤 높은 가격대에 진입했더라도 살점을 떼어내는 심정으로 그 주식을 포기하고 다른 주식을 선택해야 한다. 적게 손해를 보는 것이 상대적으로 이익이다. 작전상 다음 상황에 대비해 힘을 아껴두는 것이다. 그러나 주가가 8~12일 내에 급격히 상승하고, 거래가 왕성하면 이는 활동 고조기라고 부른다. 이때도 주식매도를 고려해야 한다.

매도 자체만 생각하고 적절한 시기에 어떻게 매입할 것인지 생각하지 않으면 좋은 투자개념이 아니다. 좋은 매도시기는 일정기간 안에 현실적인 이윤을 얻기 위해 잠시 시장을 떠나는 것이지만, 장기적인

관점으로 보면 시장을 떠나는 것이 아니다. 자금을 시장에 남겨두어 이익을 얻는 기회를 노리는 것이다.

하버드 자산관리 비법

투자의 대가 워렌 버핏이 “만약 당신이 어떤 주식을 10년 동안 보유할 준비가 되어 있지 않다면, 그 주식을 10분도 보유하지 마라.”라고 주식투자의 기본 태도에 대해 말했다. 이외에도 그는 저평가된 주식을 분별하기 위해 애쓰고 최대한 회사의 정보를 받으려고 노력해야 한다고 했다. 이것은 현재 펀드관리자들이 주식을 고르는 필수 조건이다.

46

당신의 촉으로 승부수를 걸지 마라

주식투자에는 나름의 규율과 법칙이 있다. 만약 당신이 이 규율과 법칙대로 따르지 않으면 그에 상응하는 대가를 치러야 한다. 우연히 한두 번 성공했다고 해도 그 뒤에는 그렇게 하지 않는 것이 좋다. 결국에는 되갚아야 할 일이 생기기 때문이다.

증권거래에서 투자자는 요행을 바라는 심리를 갖고 있다. 주식시장이 하락세에 접어들면 투자자들은 심상치 않은 분위기를 감지했음에도 주식시장의 하락세가 그리 크지 않을 거라는 환상, 구제될 것이라는 환상, 반등할 거라는 환상, 하룻밤 사이에 내 주식이 다크호스가 될 것이라는 환상을 품는다. 살아남을 기회들을 이런 비현실적인 환상 속에서 떠나보내는 것이다. 이렇게 요행을 바라는 심리는 투자 실패를 일으키는 주요 원인 중 하나다.

또 다른 투자자는 한몫 벌어보자는 노름꾼 심리를 가지고 있다. 특히 투자자가 주식시장에 대한 필수 이해가 부족하면, 주식시장을 예금 인출기로 생각하고 하룻밤 사이에 벼락부자가 되고 싶어 하거나 빨리 부자가 되고 싶어 한다. 그러나 잊지 말아야 할 것은 주식거래는 일종의 투자행위라는 것이다. 다른 사업의 투자행위와 같이 투입된 게 있어야 나오는 것도 있고, 수익만큼 리스크도 있다.

요행과 노름꾼 심리의 투자자는 시장을 연구하고 정확하게 판단하는 능력이 부족하다. 시장에 대한 충분한 인식이 없고, 추세에 대한 명확한 분별능력이 없기 때문이다. 그래서 그들의 투자행위는 객관적인 근거가 없다. 그들은 보증금을 거는 것처럼 주식을 선택하고 매매 조작은 도박처럼 진행한다.

주식시장은 리스크 투자시장이다. 투자자는 요행심리를 버리고 리스크에 대처할 수 있는 능력을 키워야 한다. 주식시장에서 생존하려면 반드시 공부해야 한다. 기본적인 측면, 기술적인 측면 등을 모두 배워야 한다. 주식시장에서는 눈물도 감정도 믿지 말아야 한다. 오직 자신의 학습능력과 시장을 분석하고 이해하는 능력만이 자신의 구세주가 되어줄 수 있다.

주식은 장기적인 것과 단기적인 것으로 나뉜다. 하지만 주식투자에 대해 아는 사람이라면 그중 하나의 투자방식만을 고집하진 않는다. 장기투자를 위주로 하고 단기투자로 보조하는 조합, 단기투자를 위주로 하고 장기투자로 보조하는 조합, 목표주 선택조합, 고정 및 가변상충 구성조합 등이 있다.

상충구조는 주식조합 중의 일부를 안정적인 것으로 보유하여 '주가 시장변동 민감도'에 익숙해지면서, 다른 일부는 적당한 때마다 바꿔 더 큰 기회를 잡는 것이다. 어떤 유형의 주식조합을 선택하느냐는 각자의 리스크 감당 능력, 투자할 수 있는 시간, 경험, 투자 환경 등의 외부요인에 따라 결정한다.

장기투자는 주식을 구입한 후에 즉각 되팔지 않고 장기간 보유하며 풍부한 수익을 누리는 것이다. 장기투자자가 주식을 보유한 시간은 처음에는 반 년 이상이어야 하고 그 대상은 당연히 현재 자산상황이 양호하고 발전가능성이 있는 기업이어야 한다. 장기투자에 대해서는 이미 진작부터 "장기투자가 곧 돈이다."라든가 "장기투자는 대어를 낚을 수 있다."와 같은 말들이 있었다. 이는 성숙한 투자개념으로 여겨진다.

장기투자를 선택한다는 것은 시스템적, 정책적, 상장시장의 도덕적, 사업확장 측면이나 금융측면의 리스크를 장기적으로 감당한다는 뜻이다. 리스크와 수익은 정비례하기 때문에 리스크가 커지면 수익도 커진다는 것이 바로 장기투자의 매력이다. 하지만 반대로 생각하면 장기투자의 리스크가 오히려 가장 작다는 것을 알 수 있다.

장기투자는 울퉁불퉁한 길을 지나야 하는 장기여행이다. 가는 동안 무수히 많은 울퉁불퉁한 길을 지나더라도 차에서 내리지만 않는다면 언젠가는 해가 뜨고 안전하게 목적지에 도착한다.

하지만 장기투자를 할 때는 투자자가 분석 능력을 갖춰야 한다. 그래야만 주식가격이 저렴하고, 재조직 가능성이 높고, 유통판이 적당하고, 중요한 잠재력이 있는 기업을 고를 수 있다. 일종의 "제대로 보고 제대로 걸어야 한다."는 투자방식이다. 제대로 보지 못하면 손실은 막대할 것이다.

중기투자는 전체 주식시장의 상황과 각 주식의 상황에 대한 인지정도에 따라 단기간에 매수, 매도에 대한 결정을 내릴 수 있어야 한다. 따라서 투자자는 고수의 사고방식에 따라 판단할 필요가 있다. 고수는 가진 자금이 많기 때문에 자금을 운용해 어떤 주식에 투자하는 데 일정시간이 필요하다. 중소투자자들은 고수와 같은 번호표를 들고 인내심을 가지고 기다리다가 세력의 움직임에 따라가기만 하면 비교적 쉽게 돈을 벌 수 있다.

단기 주식투자는 대부분 유망주에 대한 것으로 거래량이 많고 주가는 고수의 조작을 받는다. 중소투자자들이 단기에 이익을 얻기 위해서는 고수 뒤에서 주가가 오르면 사들였다가 내리면 팔아버리는 방법밖에는 없다. 수시로 고수와 심리전쟁을 벌이거나, 가시방석에 앉은 것처럼 고통스럽게 기다리거나, 처참하고 비장하게 제 살을 깎아내는 심정으로 혼비백산해야 한다. 투자자들은 단기투자에 대해 "봄은 춥고, 여름은 뜨거우며, 가을은 서늘하고, 겨울은 매섭다."라고 말한다. 조작을 잘하면 단기 내에 수익을 얻겠지만 그렇지 않으면 실패하게 되는 것을 비유한 것이다.

한 가지 투자방식만 사용하는 투자자는 아주 적다. 총체적으로 투자경험이나 힘의 한계로 자금을 "중기투자를 하며 장기에 시선을 두게." 라고 하다가 서서히 단기, 중기, 장기의 투자 조합 비중을 변화시킨다. 인내심을 가지고 투자기회를 기다리면서 정보연구에 더 많은 힘을 쏟아야 한다. 20대의 젊은이들은 단일적인 조작법이 아닌 자신에게 합리적인 투자전략을 배워야 한다.

주식투자를 할 때는 예측을 전적으로 믿어서는 안 된다. 수익을 얻는 것은 자신의 분석과 계획에 의지해야 한다. 즉 주식투자를 하기 전에는 반드시 열심히 분석하고 논증하여 치밀한 계획을 세워보자. 어떻게 조작할 것인지 확정해야 주식투자를 잘할 수 있다. 감각에만 의지하면 자금이 묶이거나 손해를 볼 가능성이 매우 크다.

47

하락장에서 살아남을 방법을 찾아라

재스민은 다국적 기업에서 일한다. 그녀는 싱글벙글하며 주식 이야기를 하는 동료에게 주식에 투자하면 정말 돈을 벌 수 있는지 물었다. 당시 전 세계경제는 호황기였기 때문에 주가지수 역시 단기간에 2천 포인트나 올라 있었다. 그렇게 좋은 시장에서는 돈을 벌지 못한 투자자라고 해도 자신이 손해 봤다는 소리를 할 수 없었다. 그래서인지 재스민이 물어본 10명 중 9명은 주식으로 돈을 벌었다고 했다. 그리고 나머지 한 사람도 주식시장에 발을 들일 준비를 하고 있었다.

재스민은 자신도 주식으로 돈을 벌 수 있다고 생각했다. 그녀는 증권계좌를 개설하고 정식으로 주식시장에 진입했다. 처음에는 용기가 나질 않아 적은 돈만 투자했고 주가가 오르면 이익이 얼마든 간에 곧장 팔아버렸다. 서서히 그녀는 대담해졌고 대부분의 저축을 주식에 쏟아 부었다,

반 년 동안 주식시장은 상승세와 하락세도 있었지만 큰 흐름은 상승세를

타고 있어서 재스민도 돈을 벌었다. 하지만 그녀가 모든 저축을 주식시장에 털어 넣었을 때쯤 흐름은 바뀌었다. 연거푸 몇 번의 큰 하락 후에 주식시장이 전환점을 맞자 상승세는 다시 찾아오지 않았다. 그에 따라 재스민의 자금은 묶이게 되었다.

심각한 손해를 입고 나서야 재스민은 주식을 제대로 몰랐다는 것을 깨달았다. 이때부터 각종 투자이론과 방법을 공부하여 아주 빠르게 자신의 문제점을 인식하게 되었다. 1년 후 잠시 시장 상황이 좋아지자 재스민은 일부 저가로 사둔 주식을 팔았다. 하지만 나머지 대부분 자금이 묶인 주식들은 여전히 심각한 손해를 내고 있었다. 2년 후 그녀는 이익과 손해에 상관없이 모든 주식을 팔았다. 결산해보니 다행히도 약간의 돈을 벌었다는 것을 알게 되었다. 이렇게 재스민은 아주 운 좋게도 손해를 이익으로 바꾸며 깊은 구렁텅이에서 빠져나올 수 있었다.

주식시장이 상승세일 때는 많은 사람이 돈을 번다. 하지만 주식시장은 상승세가 지나고 나면 반드시 일정기간 동안의 불경기가 찾아온다. 이는 하락세의 단계이다. 하락세가 도래할 것을 미리 알고 보유주식을 팔아버리는 경우가 아니라면, 하락세에서 돈을 벌 수 있는 투자자는 거의 없다.

예전에 주식투자의 달인이 시장의 상승세에서 6만 달러의 자본을 1백5만 달러로 만들었다. 하지만 그 후 도래한 하락장에서 그의 자산은 5십4만 달러나 손실이 났다. 다만 하락세의 시장에서 주식전환 방법을 통해 그는 최종적으로 자신의 손실을 20만 달러까지 줄이며 사람들의 이목을 끌었다. 하버드 자산관리 전문가들은 주식시장의 하락세에서도 살아남을 생존법칙이 있다고 전했다.

1. 놓칠지언정 잘못된 선택은 하지 마라

시장이 조정기에 들어갔다면, 매수 포인트는 지금이 아니다. 미래의 자금이 풀리는 지점이 되어야 한다. 대세에 무의미한 저항을 하지 마라. 놓쳤으면 지나가게 두어라. 잘못된 선택을 하지 않은 것만으로도 성공이다.

2. 국가의 정책 신호를 중시하고 가격이 아닌 흐름을 중시하라

이는 상승세와 하락세에서 통용되는 개념으로 국가정책이 시장에 대해 취하는 태도에 따라 대세로 만들어진다.

3. 파도를 세는 것은 의미가 없다

"파동의 숫자에는 로직이 있다. 예를 들어 다섯 번 오르면 세 번은 떨어지는 것처럼 미래의 첫 파도는 이전 한 번의 파도의 기초 위에 세워지는 것이다." 이런 사고는 선형사고방식으로 파도 속에서도 흐름을 잡으면 외부적인 영향이 없는 상태에서 주식시장에 자연적인 상태에 따라 운행된다고 생각한다. 하지만 명확하게도 주식시장은 정책의 영향, 투자자의 심리 파동 등이 외부적 영향으로 작용해 로직에서 강하게 벗어나기도 한다. 단순하게 파도를 세고 있으면 안 된다는 것이다.

4. 쉽게 추가매수하지 마라

주식시장에서 신규주식투자자는 산 정상에서 죽고, 기존투자자는 반등주를 사다 죽는다고 한다. 하락세에서는 매수 후 자금이 묶이면 자본금의 평균치를 낮추기 위해 저가 매수를 계속하는데, 이것은 마치 늪으로 걸어 들어가는 것과 같다. 갈수록 더 깊이 빠지고 스스로 빠져 나올 수 없다. 추가매수는 부득이한 선택이자 피동적인 것이기 때문에 성공률이 매우 낮다. 주가의 반등은 일시적인 조정의 차원이고 하락하는 것은 최후의 결과다. 따라서 추가매수는 손실을 더 크게 키우는 것이다.

5. 하락세에서는 손실을 멈추고, 상승세에서는 손실을 덜 봐야 한다

손실을 보는 것은 제 살을 깎는 것이다. 하지만 제 살을 깎는 것은 살아남기 위해서다. 이 살점이 목숨을 앗아가는 결과로 이어진다면 그만두는 것이 좋다.

하락세에서 고가에 매수한 것은 손실을 멈추지 말고, 저가에 매수한 것은 손실을 멈춰야 한다. 보유주식 비율보다 보유현금 비율이 높으면 손실을 멈추지 말고, 그 반대면 손실을 멈춰야 한다. 막 떨어지기 시작한 것은 손실을 멈춰야 하고 이미 많이 떨어진 것은 손실을 멈추지 말아야 한다.

떨어진 지 1년이 지난 주식은 손실을 멈추지 말아야 한다. 더 떨어지지 않을 것이기 때문이다. 하지만 이제 막 떨어지기 시작한 주식은 더 떨어질 수 있다.

6. 매수 사고를 바꾸고 습관성 사고를 넘어서라

하락세에서는 매수의 함정만 있다. 상승세에서는 공매도의 함정이 있다. 공매도의 함정은 매수 사고다. 하락세에서 손실이 막대한 것은 사고의 전환을 못 했기 때문이다. 매수는 상승에 대한 생각을 대표한다. 하락세에서는 이런 매수 사고밖에는 할 수가 없어서 더 철저하게 무너지는 것이다.

각 주가지수가 위치를 파괴하며 하락하고 중요 지지선을 뚫고 내려가면 신문, 방송국 투자자 모두 "이건 '공매도의 함정'이다. 추가매수를 할 수 있는 절호의 기회이다."라고 믿는다. 그래서 투자자는 좋은 이익이 발생될 것이라고 기대한다. 이것이 바로 공매도 사고의 환상이다. 당신이 매수하는 순간 함정은 줄지어 나온다. 그만큼 당신은 수익을 내는 포인트에서 멀어진다.

하락세는 투자자들에게는 추운 겨울과 같다. 하지만 추운 겨울에도 여전히 따뜻함을 쟁취할 기회가 있다. 관심을 가지면 좋은 매수시기를 잡을 수 있고, 자신에게 일정한 수입을 가져올 수 있다. 주식 전문가들이 제시하는 매수하기 좋은 타이밍은 다음과 같다.

(1) 최근 시장 가격이 새로운 저점을 만든다.

(2) 새로운 저점을 만든 뒤 어느 기간 안에 갑자기 가격대가 상승하고 이전 파장가보다 높아진다.

(3) 이날의 전일 가격대 파동폭은 반드시 하락 기간 내 파동폭이 제일 컸던 하루의 반 정도보다 작아야 한다.

(4) 이날의 최고가와 최저가는 모두 전날 가격대 파동 범위 내에 있어야 한다.

태어나자마자 주식 고수인 사람은 없다. 주식시장에서 이익을 내려면 요행 심리를 바라선 안 된다. 주식을 매입하고 오르길 바라는 것은 모든 주식투자자의 바람이지만 주식시장의 리스크는 도처에 깔려 있다. 따라서 손해를 보는 투자자가 다수다. 하락세든 상승세든 자신이 평온하고 안정적인 상태를 유지해야 최종 승자가 될 수 있다.

48

자금이 묶였을 때 푸는 법은 따로 있다

"강가를 따라 걸으며 어찌 신발이 젖지 않겠는가?"라는 말이 있다. 주식시장이 하락세일 때는 많은 투자자들이 자금이 묶이는 늪에 빠진다. 노력을 기울여 이 주식시장에서 제때 자금이 풀리거나 애초에 묶이는 것을 피하고 싶어 하지만 노력의 효과는 미비하다. 그들은 '묶이고 풀리고 다시 묶이는' 악순환에 빠진다. 상승세일 때 자금이 풀렸다가 하락세일 때 자금이 묶이는 운명에서 끊임없이 배회하지만 이를 벗어나지 못하게 되는 것이다.

종합시세가 계속 하락하면 높은 지점에서 주식시장에 들어온 투자자들은 심각한 손실을 입는다. 하지만 손해 본 것은 이미 본 것이다. 하늘과 사람을 원망한들 소용없다. 남에게 도움을 청하기보다 자신에게 의지하는 것이 낫다. 지금부터 몇 가지 '기술적인 자금 풀기' 방법을 마스터해보자.

방법 01 'T+0' 곡선

단기투자 스킬은 어느 정도 갖췄으나 자금을 올인하지 않은 투자자에게 비교적 적합하다. 하지만 자금능력이 없는 투자자는 신중히 시도해야 한다. 종합시세가 확실히 하락하기 시작했을 때에 사용해야 성공률이 높다. 이외에도 'T+0'을 사용할 수 있는 주식은 반드시 거래가 활발하고, 비교적 변덕스러워야 한다.

순방향 'T+0'의 구체적인 조작법은 당신이 보유하고 있는 묶인 주식판에서 분명하게 상승세가 보일 때, 그 기회를 타서 동일한 수량의 해당 주식을 사들인다. 그리고 일정 고도까지 상승할 때를 기다려 원래 묶였던 그 주식을 모두 팔아버리는 것이다. 하루 안에 싸게 사서 비싸게 팔아 차액을 얻고 묶였던 주식의 자본을 떨어뜨리는 방법이다.

역방향 'T+0'의 구체적인 조작법은 내 수중에 보유한 묶인 주식판에서 분명하게 하락세가 보일 때, 먼저 가지고 있는 묶인 주식을 팔았다가 더 낮은 가격에 동일한 수량을 사들여 하루 안에 비싸게 팔고 싸게 사서 차액을 얻는 것이다. 여기서 주의할 것은 'T+0'을 사용하는 전제로 이 주식의 추세에 대해 비교적 정확하게 파악하고 있어야 한다는 것이다. 그렇지 않으면 자신의 손실을 더 증가시킬 수 있다.

방법 02 주식전환

이 방법은 펀더멘탈fundamental이 받쳐주고 있지 못한 대량의 개별주를 가진 투자자에게 비교적 적합하다.

주식시장이 비이성적으로 하락할 때는 좋은 것과 나쁜 것이 함께 무너지기 때문에 펀더멘탈이 좋은 주식도 죽임을 당한다. 종합시세가 좋아지면 이런 주식은 반등의 힘이 있는 주식이다. 그래서 수중의 주식이 확실히 약세 주식이 되었고, 단기 내에 반등의 기회가 없다면 마음이 아프더라도 이 주식을 팔아버리고 강한 주로 바꿔야 한다. 그리고 새로 매입한 주식의 이익으로 전자의 손실을 상쇄해야 한다. 하지만 주식을 바꾸기 전에 바꾸려는 주식의 펀더멘탈에 대해 전면적인 이해를 기반으로 진행해야 한다. 절대 소문으로 들은 정보로 구매해서는 안 된다.

방법 03 인내심을 가지고 기다려라

충분한 인내심이 있고, 돈을 쓰려고 서두르지 않는 투자자에게 비교적 적합하다. 이미 모든 자금을 주식에 쏟아 부어 깊이 묶이고 살점을 떼어낼 수도 그렇다고 힘을 보탤 수도 없을 때는 그저 인내심을 가지고 자금이 풀리기를 기다리는 수밖에 없다. 어떤 투자자는 "이건 시간 싸움이지 돈 싸움이 아니다."라고 농담을 던지기도 한다. 우리는 반드시 주식시장이 언젠가는 흐린 안개 속을 벗어나 빛을 볼 것이라는 것을 믿어야 한다. 그러려면 내 수중의 주식이 좋은 주식이어야 하고, 충분한 인내심만 있다면 미래에 얻을 수익이 클 것이다. 그러나 주식을 매도해야 한다면, 먼저 시장의 상황을 판단하고 질문을 던져야 한다.

질문 01 이 회사의 펀더멘탈에 진정으로 거대한 변화가 생겼는가?

회사의 펀더멘탈에 변화가 생기는 것은 다방면의 원인이 있다. 경제 하락이나, 임원진의 실수나, 업계의 경쟁 때문일 수도 있다. 냉정한 분석을 통해야만 계속 보유할 가치가 있는 주식인지 알 수 있다.

질문 02 이 회사의 주가는 진정으로 시장에 의해 심각하게 고평가 되었는가?

증권시장은 언제나 고평가에서 저평가되고, 저평가에서 고평가되는 과정을 반복한다. 반드시 구체적인 상황을 제대로 알아야 한다.

질문 03 더 투자가치가 있는 회사가 나타났는가?

새로운 목표주가 원래 주식의 성장성보다 높다는 것을 확신할 때 주식을 바꿀 수 있다. 확실한 확신이 없는 상태에서 주식을 바꾸는 것은 아주 모험적인 행동이다. 새로운 회사에 대한 당신의 이해도는 원래 그 회사에 대한 것보다 높아야 한다.

주식시장에서 자금이 묶이지 않으려면 당신의 생각이나 마음에서부터 묶이지 않아야 한다. 특히 영혼이 묶이면 안 된다. 주식시장에서 자금이 묶이더라도 당황하지 말고 냉정하게 무엇을 잘못했는지, 어디가 잘못되었는지, 어떤 방법으로 대응해야 할지 생각해봐야 한다. 절대 감정적으로 자포자기하거나 맹목적으로 추가매수를 감행하거나, 쉽게 살점을 떼는 결정을 하지 말아야 한다.

하버드 자산관리 비법

주식시장에서 자금이 묶이는 고통을 없애는 가장 근본적인 방법은 심리적으로 자금이 묶였다는 사실을 잊는 것이다. 자금이 묶인 것이 아니라 현재 주가가 곧 매수 자본이라고 생각해야 한다. 이렇게 하면 투자자는 객관적인 측면에서 이 주식이 계속 보유할 가치가 있는지 평가할 수 있다. 또한 어떤 방법을 활용해 풀 것인지 냉정하게 결정할 수 있다.

49

주식투자에서
실수는 반드시 피하라

투자에 성공하려면 실수하지 않아야 한다. 간단한 실수들이 전체 투자수익에 지대한 영향을 끼친다. 투자자는 손해를 볼 때 '하이 리스크'에 손해를 귀결시키고, 돈을 벌었을 때는 자신이 운이 좋아서라고 생각한다.

하지만 하이 리스크, 하이 리턴은 주식투자모험의 이유가 되지 않는다. 주식투자에서 실수는 우리가 반드시 피해야 하고, 또 피할 수 있기 때문이다. 하버드 자산관리 전문가들이 주식투자에서 자주 범하는 실수들을 모아 정리했다.

실수 01 아무런 준비 없이 맹목적으로 진입하는 것

투자자가 기본적인 투자지식 없이 투자를 시작해서는 안 된다.

실수 02 이익이 난 주식을 매수하는 것

어떤 사람은 자신이 이익을 본 주식을 계속 사들이면 반드시 크게 한몫 챙길 수 있다고 여긴다. 하지만 이것은 매우 위험한 발상이다. 대신 상승을 견인할 주식을 사들여야 한다. 높은 혁신성을 가지고 있으며, 주가가 200일 일상 균형선상에 위치해 있는 주식이 좋다. 또한 4, 9, 20, 40주 이동평균선 수렴 후 매수 평균선, 일일 방출량을 형성하고 있는 주식을 사는 게 좋다.

실수 03 조금 벌고 도망가기(너무 일찍 이익 중지)

상승세 혹은 큰 폭의 반등에서 리스크를 돌파하는 방법을 선택하려면 상승 견인주를 사야 한다. 일반 상황에서 저지선을 돌파하고 난 뒤의 상승폭 평균은 20% 정도이다. 그 후에 원래 가격으로 돌아오기 시작한다. 어떤 상승 견인주는 원래 가격으로 돌아오고 나서 다시 상승세를 회복하기도 하지만, 어떤 주식은 원래 가격으로 돌아오지 않는다. 그러므로 주식의 정상적인 가격 회복만 파악하고 있어도 너무 일찍 이익을 중지하는 일을 하지 않게 된다.

실수 04. 손해 기준선을 돌파하고 나서 도망가기

손해 중지는 주식시장 거래에서 꼭 필요한 기술이다. 하지만 어떻게 손해를 중지해야 할까?

(1) 최대한 정확한 제동을 걸 필요가 없는 매수 포인트를 찾는다. 좋은 주식은 오르게 되면 잘 내려가지 않기 때문이다.

(2) 현재 가격이 당신의 자본가보다 낮으면 바로 자본가 손실 중지를

고려해야 한다.

(3)하락세의 손실 중지선은 2~3% 이내여야 한다. 하락세 시장에서의 가격 하향 운동은 매우 빠르기 때문이다.

(4) 5% 손실일 때 50%의 지분을 포기해야 한다. 손실이 10%일 때는 전부를 포기해야 한다.

실수 05 추가매수를 즐기는 것(주식 매수 후 자본 평균을 낮추기 위해)

정확한 방법은 위로 추가매수하는 것이다. 즉 평균 자본을 높여야지 낮추면 안 된다.

실수 06 매수와 매도만 한다(정확한 거래 시스템이 없다)

시간을 들여 어떤 주식을 살지 고민하지만, 시간을 들여 자신의 거래 시스템을 구축하지는 않는다. 이는 잘못된 판단으로 정확한 거래 시스템은 매수 신호, 매도 신호, 손실 중 신호, 추가매수 신호를 포함해야 하고 하나도 빠져선 안 된다. 정확한 거래 시스템이 있으면 계획대로 진행되지 않아 고민할 필요가 없다.

실수 07 단기투자 선호(과도한 거래)

이 실수는 매일 1%의 수익을 얻을 수 있을 거라고 생각하고 너무 자주 거래를 하는 데 있다.

실수 08 단기간에 큰돈을 벌고자 하는 것(과도한 수익을 기대)

많은 사람들이 주식시장을 자신의 은행으로 삼아 매일 돈을 벌 수 있기를 바란다. 하지만 연이율 20%는 아주 훌륭한 것이다. 당신이 그보다 더 잘할 수 있을 거라고 믿지 마라.

실수 09 귀를 믿고 투자하는 것(내부정보를 믿는 것)

귀를 믿고 투자한다는 것은 시장을 믿지 않고, 대중매체, 광고 등을 유일한 정보의 근원으로 삼는 것이다. 소위 '내부정보'는 투자가치를 빠르게 증가시켜줄 것처럼 보이지만, 이 정보를 당신이 들었다는 것은 이미 다른 사람들도 들었다는 것이다. 그래서 이 정보는 이미 주가에 반영되어 있다는 것을 잊어선 안 된다.

실수 10 가지고 있는 기술이 너무 많다

너무 많은 기술을 가지고 있는 것은 좋은 일은 아니다. 매매에 망설이게 되고 최적의 매수, 매도 포인트를 놓치게 되기 때문이다.

실수 11 악어(시장)와 너무 근접해 있는 것

매일 주식시장에서 세세한 정보까지 연구하며 360일 매일 조작하는 것이다. 매일 시세표를 보며 일희일비해서는 안 된다.

실수 12 거저줍는 것을 좋아하는 것(주가가 낮은 주식 사는 것을 좋아하는 것)

혹여나 실패할까 봐 주가가 높지 않은 것을 선택하는 것이다. 만약 주가가 떨어져도 리스크가 크지 않기 때문이다. 그렇지만 리스크를 고려하는 동시에 수익도 생각해야 한다.

실수 13 지정 가격 매매를 좋아한다

주식을 살 때는 싸게 사고, 팔 때는 비싸게 팔기를 원한다. 하지만 경우에 따라 주가운동이 너무 빠르기 때문에 시장가에 따라 팔아야지 지정가로 팔아선 안 된다.

실수 14 이익과 손해 비율의 개념이 없다

주식의 전형적인 이론은 크게 수익을 내고 적게 손해를 봐야 한다는 것이다. 우리가 어떤 거래를 할 때, 기술적인 매수 신호가 있는 경우 외에는 자금의 측면에서 매수할 가치가 있는지 확실히 알아야 한다.

하버드 자산관리 비법

주식투자를 할 때 너무 큰 욕심을 부리는 것을 삼가야 한다. 로마는 하루아침에 세워진 것이 아니다. 어떤 사람은 주식을 사고 나서 하루 종일 주식이 돈을 벌어다주길 기다린다. 이는 비현실적이다. 주식투자에 있어서 “돈이 되면 다른 사람들도 다 사고 판다.”라는 인식을 가지고 있어야 한다.

PART 8
보험, 미래의 안전벨트를 채워라

H A R V A R D

R I C H

C L A S S

H A R V A R D

R I C H

C L A S S

날씨의 변화를 예측하기 어렵듯, 인생의 생사화복도 헤아릴 수 없다. 누구도 미래에 어떤 일이 일어날지 알 수 없고, 내일 자신이 어떻게 될지 보장할 수 없다. 우리가 유일하게 할 수 있는 것은 미리 대비하는 것이다. 자산관리에서 보험을 간과하면 안 되는 이유이기도 하다. 적은 금액으로 언제 닥칠지 모르는 재난에 대한 만반의 준비 태세를 갖추는 것이다. 그로 인해 파생되는 재정적 어려움에 대한 대비책이다.

50

보험도 투자다

보험은 오래된 리스크 관리법으로 보험사는 보장기간 내에 어떤 사고를 당하면 계약에 따라 보험가입자에게 상응하는 보험금을 지불한다는 약정이다. 간단하게 말해서 돈으로 미래에 대한 보장을 사는 것이다. 즉, 예상치 못한 사고가 발생하거나 나이 들어 어디에도 의지할 수 없을 때, 보험금으로 자신에게 닥친 재앙의 크기를 줄이고, 생활의 부담을 덜어주기 위해 마련하는 안전장치쯤으로 설명할 수 있다.

하지만 보험사가 많고, 많은 사람들이 이 직종에 종사하고 있지만 사람들에게 보험은 여전히 멀고 낯선 주제이다. 보험의 안전망에 코웃음을 치며 무시하고, 심지어 이의를 제기하기도 한다. 위기의식의 결여인지 보험의 실효에 대한 무지인지는 모르겠다.

보험을 비판하는 사람들의 입장에서 보면, 보험은 보이지도 만져지지도 않는 상품이다. 안개 속에서 꽃을 찾고 물에 비친 달을 보는 것과 같다. 이는 배고픔을 해결하지도, 갈증을 해소하지도 못한 채 돈만 가져가는 매우 가치 없는 일이라는 것이다. 의외의 사고가 정말로 발생한 경우가 아니라면 누구도 이 보험이 얼마나 유용한지 알지 못한다. 나쁜 일이 생긴 것도 아니고 몸도 건강한데 왜 돈을 낭비해야 하는지 의문을 가지는 것이다.

많은 사람들이 보험설계사를 피하려 하고, 그들의 전화도 끊어버린다. 그들은 보험설계사의 말솜씨에 옳고 그름이 뒤섞이고, 달콤한 말 한 마디에 자신의 모든 것을 내어주게 될 것이라고 생각한다.

그런데 따지고 보면 보험, 저축, 투자는 모두 같은 맥락에 속한다. 저축과 투자는 미래의 더 나은 삶을 위해서 하는 것이고 보험은 위기의 영향력을 낮추기 위해서 가입한다. 둘 다 위기에 당면했을 때 더욱 여유 있게 대응하기 위한 재정관리라는 점에서는 같다.

미국은 보험업이 가장 부흥한 나라다. 이는 보험계약이 보장과 저축 두 가지의 기능을 가지고 있다고 생각하는 미국인들의 인식을 바탕으로 이루어졌다. 우리가 아는 보험의 저축기능은 자산관리 방식으로 만기수령이나 연금방식으로 보험금을 지급받는 것을 말한다. 보장기능은 불행한 일이 발생했을 때 보상금을 받는 것이다. 바로 이 점이 보험과 다른 금융도구와의 가장 큰 차이점이다.

혹자는 자산관리 방식이 다양한데 꼭 보험을 선택해야 하는지 의문을 갖고 있다. 하지만 보험의 보장기능은 모든 사람에게 꼭 필요하다. 불시에 생각지도 못한 리스크를 만날 수 있기 때문이다. 리스크가 발생되었을 때 미래를 재건할 수 있다는 믿음을 더하고, 걱정을 더는 것이 바로 보험의 가장 큰 기능이자 용도다.

보험 자체를 배척하지는 않지만, 막상 지불해야 하는 보험료 금액을 마주하면 여전히 속 쓰린 느낌을 받는 사람도 있다. 일어나지 않을지도 모르는 일에 대해 미리 너무 큰 비용을 지불하고 있다고 느껴지기 때문이다. 하지만 불행은 언제나 우리 주위를 맴돌고 있다. 그 불행을 마주하는 것이 내가 될 수도 있다. 의외의 사고가 발생할 확률은 매우 적지만 막상 그런 일이 자신에게 닥치면 그때는 100%가 된다.

우리가 미리 알 수도, 피할 수도 없는 일들의 리스크를 보험을 통해 줄일 수 있다. 기억하라. 보험은 예상치 못한 상황에 대응하는 유력한 보장이라는 것을.

하버드 자산관리 비법

보험을 선택할 때는 신중해야 한다. 보험사의 조항, 비용들은 관련 부서에서 심의를 거쳐 승인된 것들이지만, 조금만 비교해보면 회사마다 큰 차이점이 있다는 것을 알게 된다. 예를 들어 어떤 보험은 70세까지 보장하고, 어떤 것은 종신보장하며, 어떤 것은 7대 질병을 보장하지만 어떤 것은 5대 질병만 보장한다. 어떤 것은 만기 시에 원금을 돌려받지만 어떤 것은 한 푼도 돌려주지 않는다. 따라서 보험에 가입하기 전에 반드시 내용을 잘 이해해야 한다. 의외의 일이 발생했을 때 보험사가 그 내용을 빌미로 발을 빼지 못하게 막는 길이다.

51

꼭 들어야 하는 보험이 있다

사람들은 살면서 재정적 필요와 리스크를 필수적으로 겪는다. 결혼하여 가정을 꾸리고, 아이를 키우는 것부터 부모를 부양하는 것뿐만 아니라 유산상속에 대한 계획까지 우리가 반드시 겪게 되는 인생의 단계이다. 이런 과정에 대비해 안전과 보장을 챙기는 보험은 더욱 절실해진다. 하버드 자산관리 전문가들이 반드시 들어야 하는 중요한 보험 목록을 작성했다.

중대질병 의료보험 사람들은 월급을 받으면 미래를 계획하지만 늘 불안함을 안고 있다. 만약 내가 병이 생긴다면 어떻게 해야 할까, 좋은 치료를 받을 수 있을까, 가족들의 생활의 질이 너무 많이 떨어지는 것 아닌가. 이에 대한 대비로 중대질병 의료보험이 최적의 선택이다. 보험금은 연수익의 5배부터 설정하는 것을 제안한다.

노후보험 우리는 월급이 오름에 따라 갈수록 높은 질의 생활방식에 익숙해진다. 때문에 누구도 미래의 생활수준이 한순간에 나락으로 떨어지길 원하지 않는다. 현재는 열심히 일해 돈을 벌지만 당신의 노후는 누가 책임질 것인가. 대부분 자식을 떠올리겠지만 자식들에게는 그 자체가 거대한 압박이다.

돈을 벌수 있는 나이에 노후를 생각하는 것은 필수적이다. 자금이 허락하는 상황에서 반드시 노후보험을 들어야 한다. 노후보험은 보장과 자산관리 기능을 탑재하고 있고, 통화팽창의 영향을 일부 방어할 수 있다. 노후보험은 최대한 빨리 들어야 한다. 가입이 빠르면 빠를수록 받을 수 있는 혜택이 크기 때문이다. 노후보험금 한도는 현재 수입의 30%를 기준으로 계획할 수 있다.

상해보험 매일 교통사고가 일어나고 있다. 이것을 보면 자신과 가정의 행복을 위해 상해보험의 중요성이 몸으로 다가온다. 상해보험은 생명과 안전에 보장을 제공한다. 이 보험의 기능은 사망보험금, 장애보험금이다. 상해보험의 특약 역시 필수적인 선택이다. 상해 발생 시의 의료비보장에는 진료비와 같은 합리적인 의료비들이 포함되어 있다. 작은 병에 대한 입원비용 역시 입원비 특약을 추가해 보장받을 수 있다. 보험금은 연수익의 15~20배로 설정하는 것을 제안한다.

이 보험들은 인생과 연관된 세 가지 보험이다. 이 보험들로 기본적인 보장은 받을 수 있다. 하지만 우리의 생활에는 이외에도 보장이 필요한 일들이 있다. 그래서 아래 보험들 역시 아주 중요하다. 다음은 보장성 보험이다.

생명보험 부를 보장하는 보험이다. 사회는 미래의 돈으로 소비하는 것을 거절하지 않는다. 오히려 부추긴다. 직장에서 몇 년 정도 일하면 수중에는 어느 정도의 저축이 생긴다. 거기에 자신이 빌릴 수 있는 만큼 대출을 받아 집이나 차를 사면 생활수준은 그 즉시 개선 효과가 나타난다. 도시에서 '빚이 있는 사람'은 더 이상 희귀한 존재가 아니다. 대출을 짊어지고 사는 것은 누리는 만큼 압박도 짊어지는 것이다. 만일 자신에게 어떤 문제가 생기면 누가 그 몇천만 원, 심지어는 그보다 더 많은 은행대출을 갚을 것인가? 그래서 생명보험은 꼭 필요하다.

자녀교육보험 결혼을 하면 과거의 솔로 귀족은 가정을 책임져야 하는 '달콤한 부담'에 당면한다. 아이가 태어나면 교육비에 대한 부담이 급선무다. 교육비는 갈수록 비싸지고 대학등록금은 수백만 원에 달한다. 여기에 아이들의 취미활동에 대한 지원도 필요하다. 다행히 아이가 태어날 때는 부모가 한창 때라서 수입이 높고 경제적 근원도 안정적이라 양질의 교육을 시킬 능력이 있다. 이때 아이에게 완벽한 교육 보장과 거액의 자녀교육 준비금을 준비해주면 훗날엔 아무 걱정이 없다. 가정 수입의 15%를 강제적으로 저축하면 교육비의 부족함을 줄일 수 있다.

자녀상해보험 아이들은 활동적이고 호기심이 많아 성인보다 더 쉽게 예기치 못한 상해를 입을 수 있다. 언제 어떻게 다치거나 아플 수 있는 아이를 위해 가입해야 하는 보험이다. 자녀상해보험은 상해를 당한 아이에게 의료비 지원을 제공한다.

절세보험 50살 이후를 생각해보자. 집과 차도 가지고 있고, 아이도 성장하지만 숨을 돌릴 새도 없이 노후와 상속문제에 맞닥뜨린다. 경제적인 조건이 허락하는 상황에서 자신의 의료보험과 노후보험, 은퇴 후 생활계획, 노년의 안락함에 대한 전면적인 준비뿐만 아니라 유산에 대한 배분 역시 준비 리스트에 올려야 한다.

유산 절세에는 두 가지 보험형식이 있다. 노후보험과 유니버설생명보험이다. 피보험자가 있든 없든, 노후보험은 20년 동안 계속 받을 수 있다. 수익자의 이름을 자녀로 해두기만 하면 상속세도 피할 수 있다. 유니버설생명보험 역시 마찬가지다.

하버드 자산관리 비법

보험의 본질은 무엇일까? 보험은 자신이 어려울 때 자신이 자신을 돕는 것이다. 보험의 가장 훌륭한 부분은 도움이 강하고 즉각적으로 주어진다는 것이다. 보험은 다른 누군가로부터 오는 은혜가 아니라 자기 스스로의 결정과 안목으로부터 온 것이다. 자신이 수년 전 심지어 몇 달 전, 아니면 며칠 전에 내린 하나의 결정과 투자가 자신을 돕는 것이다.

52

보험은 급한 것부터 들어야 한다

그레이스는 은퇴 후 공원에서 운동을 시작했다. 어느 날, 같이 간 언니들이 보험에 대해 이야기하기 시작했다. 그들은 모두 최근에 어떤 보험에 가입했는데 무척 좋다는 이야기를 했다. 보험료는 적고 수익은 많다는 것이다. 이 말을 들은 그레이스는 궁금한 마음에 집에 돌아와 남편과 함께 보험사로 찾아갔다.

하지만 보험사에 도착하고 보니 난처한 상황이 생겼다. 보험설계사가 소개하는 수많은 보험에 대해 듣다가 혼란스러워졌기 때문이다. 남편의 의견은 먼저 건강보험을 들고 나서, 보험설계사가 제안한 보험을 드는 것이었다. 하지만 그렇게 되면 한 번에 나가는 돈이 너무 많아서 나이든 두 부부가 감당하기 어려웠다. 그레이스는 너무나도 망설여졌다. 대체 어떤 보험에 가입해야 하는 것일까?

이런 문제에 직면하는 사람들은 의외로 많다. 보험의 종류는 너무나도 많고 복잡해서 일반사람들은 어떤 보험을 어떻게 골라야 할지 몰라 두려움이 앞선다. 보험설계사들은 열정적으로 폭포수와 같은 말을 쏟아내며 고객에게 이런저런 보험들을 소개한다. 하지만 대체 어떤 것이 우리에게 가장 우선적으로 필요한 보험일까? 보험은 많은데 어떻게 선택해야 할까?

1. 먼저 중대질병보험을 선택하라

몸은 혁명의 자본이다. 우리는 살면서 무수히 많은 울퉁불퉁한 길을 걷고 갖가지 고난을 만난다. 나이 들고 병약한 사람이 쉴 새 없이 닥쳐오는 일과 압박을 어떻게 견딜 수 있을까? 그래서 질병보장은 첫 단계부터 마지막 단계까지 무척 중요하다. 보험을 들 때는 먼저 질병보험을 고려해야 한다.

하버드대학의 한 분석 보고에 따르면 갈수록 많은 가입자들이 중대질병보험을 가장 먼저 들어야 할 보험이라고 했다. 보험가입계획의 1순위가 자신과 가족을 위해 중대질병보험을 드는 것이다. 건강에 대한 전문적이고 전면적인 보장이 있어야 자신과 가족을 더 잘 보호할 수 있다.

2. 구체적인 상황에 대한 구체적인 분석

인생의 단계에 따라 꼭 필요한 보험은 다음과 같다.

(1)미성년 시기

건강보험 영유아는 아름답고 연약하며 귀중한 존재다. 아이는 부모의 보물이자 가족 사랑의 대상이다. 가족들은 최대한 아이에게 더 나은 생활환경을 제공하고자 노력하고, 아이가 행복하고 건강하게 성장하기를 희망한다. 하지만 영유아의 몸은 약하고 저항력이 부족해서 병에 걸리기가 쉽다. 황달, 뇌막염, 소아마비 등은 신생아에게서 자주 나타나는 질병이다. 그래서 부모는 먼저 아이의 건강보장을 고려해야 한다. 아이에게 건강보험을 들어주면 이 보험은 아이의 건강한 성장과 함께할 것이다.

교육보험 통계에 따르면 아이 하나를 키우는 데 출생부터 대학교 졸업까지 몇 억이 들고, 그중에서 가장 큰 비중을 차지하는 것이 교육비라고 한다. 그래서 부모 역시 아이가 유년기일 때 교육보험을 생각해야 한다. 그래야 이후 아이에게 더 나은 교육환경을 제공할 수 있다.

(2)가정을 꾸리기 전

질병보장보험 사회에 진출해 혼자 살아갈 때는 스스로 생계 문제를 책임져야 한다. 아직 가정을 꾸리지 않았지만 이미 원시 가정의 기둥이 된 것이고, 부양해야 할 부모를 두었기 때문이다. 그래서 이 단계에서 먼저 고려해야 할 것은 충분한 질병보장과 상해보장이다. 이 두 보험에 드는 비용은 상대적으로 낮은 편이기 때문에 혼자서도 감당할 수 있는 범위에 든다.

(3)가정을 꾸린 후

노후보험 결혼 후의 삶은 '나의 배부름이 곧 가정의 배부름'처럼 소탈한 삶이 아니다. 어깨에 진 책임은 날로 무거워진다. 집과 아이들의 부양 문제뿐만 아니라 날이 갈수록 나이 들어가는 부모도 부양해야 하고, 동시에 자신의 노년 생활에 대한 생각도 해야 한다. 미래가 어떻게 될지는 말하기 어렵기 때문에 자신과 부모의 노년을 위해 보험을 드는 것이 안정적인 선택이다.

투자형 보험 재정적 능력이 있다면 생각해볼 수 있다. 절약이 물론 효과적이지만 재원 창출이 더 중요하다. 하지만 투자형보험을 선택할 때는 매우 신중해야 한다. 보험투자는 장기적인 수익에 집중하기 때문이다.

(4)노년

생명보험 사람이 나이 들면 점점 몸이 쇠약해진다. 생명보험은 노년의 삶에 대한 걱정을 덜어준다. 이는 사람의 생사를 보험의 대상으로 하는 보험이다. 조항에 따라 피보험자가 보장기간 내에 사망하면 보험사는 일정한 보험금을 지급한다.

하버드 자산관리 비법

보험의 원칙은 가까운 것을 먼저 하고, 먼 것을 나중에 하며, 급한 것을 먼저하고, 여유 있는 것을 나중에 하는 것이다. 보험을 들 때 먼저 노인과 아이에게 한 더미의 보험을 든다. 이런 행위는 좋은 의미에서 출발한 것이다. 사실 노인과 아이는 가정에서 순수 소비자에 속한다. 그들은 가정의 현금 유입을 위해 어떤 공헌도 할 수 없다.

보험으로 가장 먼저 보장되어야 하는 대상은 가정의 현금 유입을 창조하는 사람이다. 특히 가정의 경제적 지주에 중점을 두어야 하고, 그 다음에 가정의 소비 개체인 아이와 노인이 되어야 한다.

53

보험설계사의 함정판매를 거절하라

보험을 드는 것은 자신과 가족의 생활에 보장을 더하는 것이다. 하지만 보험에 대한 상담을 요청하면 보험설계사가 쉴 새 없이 쏟아내는 말에 넘어가, 자신에게 필요한 보험이 무엇인지도 모르고 맹목적으로 그들의 추천을 따르게 된다. 그들의 번지르르한 말만 믿지 말고 추천한 것이 내게 정말 적합한 것인지 본인이 꼼꼼하게 잘 체크해봐야 한다. 보험을 들 때는 반드시 잘 보고, 잘 찾고, 계획을 가지고, 보험사의 함정판매를 잘 피해서 계약해야 한다.

에드워드는 은퇴 후 딸의 권유를 받아 중대질병보험을 들기로 했다. 그는 보험에 가입하기 위해 근처의 보험사에 신분증을 들고 찾아갔다.

보험설계사는 아주 열정적으로 그를 맞이했고, 그에게 최신 보험 몇 가지를 소개했다. 에드워드는 원래 딸이 추천했던 보험에 가입할 생각이었다. 하지만 보험설계사는 그 상품이 그에게 적합하지 않다며 지속적으로 다른 상품을 권유하고 여러 번 설명하였다. 자신이 권하는 보험이 더 적은 투자로 더 높은 수익을 얻을 수 있다는 것이었다. 에드워드는 들을수록 머리가 하얘졌고 마음은 흔들리기 시작했다.

잠시 후 교대시간이 되자 다른 보험설계사가 에드워드를 담당하게 되었다. 그는 에드워드에게 방금 전 것보다 더 좋다는 상품을 소개했다. 에드워드는 더욱더 혼란에 빠졌고, 대체 어떤 상품이 진짜 좋은 것인지 알 수 없게 되었다. 결국 그는 그렇게 애매한 상태로 계약을 하고 돈을 지불했다.

집에 돌아온 에드워드는 보험증권을 다시 들여다봤지만, 빼곡하게 쓰여 있는 각종 항목과 금액들은 아무리 봐도 무슨 말인지 알 수 없었다. 2주 뒤 딸이 집에 찾아와 보험증권을 살펴보고 나서야 이 계약이 처음 계획했던 중대질병보험이 아닌 자산관리의 성질이 있는 일반적인 건강보험이라는 것을 알게 되었다. 이 보험은 보험료가 비쌀 뿐만 아니라 보장하는 중대질병의 항목이 매우 적었다. 딸은 에드워드와 함께 보험사를 찾아가 계약을 철회하려고 했지만, 보험설계사는 이 보험의 유예기간이 이미 지나 정식으로 효력이 발생했기 때문에 철회가 불가능하다고 말했다.

이런 상황은 우리 주변에서 흔하게 볼 수 있다. 사실 보험사에서만 일어나는 일도 아니다. 요즘 은행에 가면 정장을 입은 영업직원들이 열정적으로 고객을 안내하고, 어떤 업무를 처리하려는지 묻는다. 고객이 저축이나 은행 자산관리 상품을 구매하려고 하면 그들은 적극적으로 안내하기 시작하고, 곧장 준비한 홍보자료를 꺼내 어떤 상품의 수익에 대해 말하기 시작한다.

자산관리형 보험상품을 계약하는 것이 나쁜 일은 아니다. 하지만 자신의 상황에 맞지 않다면 좋은 일이 아니다. 이는 보험가입자들이 나중에 '속았다'고 말하는 원인이기도 하다. 하버드 자산관리 전문가들은 투자자에게 자산관리 상품을 살 때는 반드시 그것을 이해하고, 조항들을 읽어보고 냉정하게 분석하여 속지 않도록 조심해야 한다고 조언한다.

어떤 보험설계사들은 상품을 판매할 때 수익을 과장하기도 한다. 예를 들어 보험료를 끌어오기 위해 과도하게 보험상품 예상수익의 최대치를 강조하고, 회사의 역대 최고의 수익수치를 열거하는 등 가입자들에게 높은 기대치를 심는 것이다.

따라서 보험설계사가 상품을 추천할 때 아래 몇 가지를 생각하며 자신을 일깨워야 한다.

1. 보험지급액의 다른 의미

보험설계사들이 상품을 홍보할 때 보험지급액을 강조한다. 예를 들어 어떤 개인 상해보험은 매월 3만 원 정도의 보험료를 내고, 상해가 발생하면 최대 5천만 원의 보험금을 받는다고 말한다. 이 설명에 가입자는 3만 원으로 5천만 원의 보장을 받을 수 있다고 여긴다.

하지만 지급 기준표를 자세히 보면 실제상황과 보험설계사의 설명에는 큰 차이가 있다. 기계에 손가락이 절단되는 상해사고를 당했는데 3백만 원만 지급되는 경우가 그렇다. 이 보험금은 진료비와 약제비로 쓰기에도 부족한 돈이다. 보험설계사가 말한 보상지급액은 아주 극단적인 상황에서 발생할 수 있는 최고의 금액을 제시했기 때문에 이런 문제가 발생한다. 5천만 원은 가입자가 상해로 사망하거나 식물인간이 되었을 때 받는 금액이고, 다른 상해는 실제 발생한 손해액으로 계산하는 것이 아니라 지급 기준표에서 정해진 비율 설정 한도(예를 들어, 허벅지 아래 절단 시에 최고 보상 지급액은 3천만 원, 팔 절단 시에는 2천만 원일 수 있다)에 따라 결정된다. 의료보험 역시 이런 경우에 속한다. 그래서 몇천만 원에 달하는 보험금이 지불되는 보험에 가입했더라도 모든 질병과 상해가 수반하는 손실에 완벽하게 대비했다고 기대하면 안 된다.

2. 보험증권의 현금 가치는 현실에 부합하지 않는다

언제부터인지 투자형보험이 시장에서 인기를 얻고 있다. 보험설계사는 매우 높은 투자수익률로 가입자를 유혹한다. 예를 들어 "돈을 우리 투자계좌에 넣어놓기만 하면 6% 이상의 배당금을 받을 수 있고, 만약 네가 보험을 해지하고 싶으면 계좌에 있는 돈을 전부 다 꺼낼 수 있어."라는 식으로 말하는 것이다.

보험도 들고 배당금도 받을 수 있다니, 세상에 정말 이렇게 좋은 일이 또 있을까 싶다. 하지만 실제는 그들이 홍보한 것과는 거리가 아주 멀다.

먼저, 6% 이상의 배당금은 당신이 구입한 보험의 전체 자금에 대한 것이 아니다. 투자형보험 중 보험계좌는 일반적으로 두 가지로 나뉘는데, 하나는 보장계좌고 다른 하나는 투자계좌이다. 그래서 만약 당신이 몇백만 원의 보험료를 내고도 해지할 때는 몇십만 원밖에 상환되지 않는다. 보장부분에 대한 보험금은 이미 소멸되었기 때문이다.

그리고 매년 높은 수익률을 유지할 수 있는 것도 아니다. 관련규정에 따라 보험사는 고정수익률을 제시하지 않는다. 다시 말해 보험설계사가 앞서 언급한 6% 이상의 배당금은 확정적인 것이 아니다. 어쩌면 작년에는 6%였고(우연히 그 해 수익률이 높았고), 올해는 1%가 되거나 마이너스가 될 수도 있다.

3. 복리 사기

생명보험의 보험설계사는 "매달 10만 원씩 내면 30년 뒤에는 XX천만 원의 노후생활비를 받을 수 있다."라고 말한다. 이런 말은 듣기에는 아주 매혹적이지만 가입자가 정말 보험사에서 이런 큰 이익을 취득할 수 있는 것일까?

우리는 먼저 두 가지의 간단한 복리 계산을 해봐야 한다. 5%의 연이율로 계산했을 때 50년 뒤의 1백만 원은 현재의 얼마와 같을까? 만약 당신이 매년 1백만 원을 저축하면, 5%의 연이율로 계산하면 20년 뒤에는 얼마를 가지게 될까?

정답은 각각 약 8만7천 원과 3억 3천만 원이다. 따라서 '고수익'이라고 해서 꼭 이익을 보는 것이 아니니 보험설계사가 말하는 고수익에 미혹되지 말아야 한다.

보험 자산관리 상품을 살 때는 주의를 기울여야 한다. 반드시 보험사의 증권을 잘 읽어보고, 보험설계사나 보험을 잘 아는 사람에게 자문을 구해야 한다. 너무 쉽게 홍보자료와 보험설계사의 감언이설에 넘어가면 안 된다.

보험 자산관리 상품에서 가장 기본적인 기능은 보장이다. 가입자는 보험의 투자수익에 집중하는 동시에 반드시 상품의 보장범위가 자신의 실제상황에 부합하는지 확인해야 한다. 또한 상품의 생명보험 보장기한, 보장시점, 보장횟수, 병이 생긴 뒤 보험료 납입 면제 기능 및 어떤 특약을 추가할 수 있는지를 분명히 짚고 넘어가야 한다.

보험계약에는 보통 유예기간이 있다. 가입자는 보험가입 후 만약 자신에게 부합하지 않는다고 생각이 들더라도 긴장할 필요가 없다. 유예기간 내에 보험을 해지하면 어떤 손실도 발생하지 않는다.

하버드 자산관리 비법

보험에 가입하기로 결정했다면 먼저 충분한 공부가 필요하다. 자신에게 어떤 보험이 필요한지, 어떤 납부방식이 가장 적합한지, 어떤 보험사의 보장이 좋은지 알아봐야 한다. 일단 보험사에 발을 들인 후에 아무렇게나 고를 것이 아니라 이런 모든 것들을 전면적으로 고려해야 한다. 그렇지 않으면 분명 억울한 일이 생긴다.

54

보험계약서에 돋보기를 들이대라

보험계약은 생활의 리스크 보장과 연관되기 때문에 절대 과소평가해서는 안 된다. 어떤 보험에 가입할지, 어떤 방식으로 보험료를 납부할지 정했다면 자세하게 보험계약을 살펴봐야 한다. 보험계약서는 매우 두껍고 전문용어도 빈번하게 나오기 때문에 볼수록 머리가 어지럽고 눈앞이 깜깜해진다. 대체 어딜 봐야 핵심을 파악할 수 있는 것일까? 정답은 '보험 이익'과 '책임 면제'에 대한 두 가지 부분이다. 이 부분에서 당신이 가입한 보험은 어떻게 보상하고, 어떻게 배당금을 확인하고, 어떻게 자본금을 받는지와 같이 가입자의 이익과 밀접한 관련내용을 설명하고 있다.

루카스는 회사를 다닌 지 1년이 지나자, 자신의 미래에 대해 보장을 더하기 위해 중대질병보험과 입원의료비보험을 들었다. 한번은 갑자기 급성 충수

염으로 엄청난 고통에 다급히 병원에 가서 수술을 받았다. 수술이 끝나고 그는 입원 영수증을 들고 보상을 받기 위해 보험사를 찾았다. 하지만 결과는 거절이었다. 화가 난 루카스는 집에 돌아와 계약서를 살펴보았고, 그제야 자신이 그 당시 면책 조항을 간과했다는 사실을 알게 되었다.

이런 실수를 범하지 않으려면 계약서에 사인을 하기 전에 보험계약 약관을 자세히 들여다봐야 한다. 그리고 어떤 오류도 없다는 것을 확인하고 나서 사인을 해야 한다.

다음은 하버드 자산관리 전문가들이 강조하는 보험계약서의 중점 체크 사항이다.

1. 핵심 시점을 이해해야 한다

보험 공백기 가입자가 보험료를 냈을 때부터 보험사가 정식으로 증권을 발부하기 전까지의 기간을 말한다.

관찰기 보험계약의 효력이 발생하고 나서 일정기간 내(90일~180일)에는 보험사는 보상 책임을 가지지 않는다.

유예기간 가입자가 사인을 하고 보험증권을 받은 뒤 일정기간 내(가입하고 30일, 보험증권을 받고 15일)에는 조건 없이 해지가 가능하다.

거치기간 첫 보험료를 지불하고 나서 가입자가 제때 보험료를 내지 않으면, 보험사는 가입자에게 60일의 거치기간을 준다. 가입자가 이 기간 안에 보험료를 납부하면 계약은 계속 효력을 가진다.

2. 해지에 대한 각종 규정을 이해한다

만약 납부를 중단하고 돈을 회수하길 원한다면 이는 해지를 뜻한다. 회수 가능한 금액은 반드시 해약환급금표를 참고해야 한다. 만약 납부만 중지하고 싶거나, 현금 회수는 원하지 않고 보험 효력은 유지하고 싶다면 이는 감액완납에 속한다. 이에 상응하는 보험료는 감액완납 금액표를 참고해야 한다. 만약 거치기간 이후에 보험료를 내지 못할 때는 보험계약의 해약환급금으로 대납하면 된다. 이때 역시 해약환급금표를 참고해야 한다. 만약 정상적인 보험기간 내에 보험사로부터 대출을 받으려면 원칙적으로 해당 보험계좌의 해약환급금의 70% 전후의 금액을 빌릴 수 있다.

3. 보험책임범위를 명확하게 파악하라

가입자는 계약 조항 속의 보험책임 조항을 자세히 읽어봐야 한다. 이런 조항들은 주로 보험의 보장 범위와 내용을 설명하고 있다. 동시에 책임 제외 조항을 읽어봐야 한다. 이런 조항들은 보험사가 보상하지 않는 각종 상황을 열거해두어 가입자의 이해를 돕는다.

이런 조항들의 내용이 매우 전문적이라 걱정된다면 세 가지 방법으로 정확한 해석을 얻을 수 있다. 하나는 보험사의 고객센터, 다른 하나는 보험설계사, 마지막으로는 변호사다.

하버드 자산관리 비법

일정한 보장을 받기 위해 어떤 보험을 가입해야 하는 것일까. 이 고민에서 벗어나기 위해 우리는 다음 두 가지를 생각해볼 수 있다. 하나는 전문적이고 독립적인 자산 관리 기관의 평가를 통해 추천받은 보험을 들어야 한다. 다른 하나는 전문적인 자산 관리 기관을 통해 전문적인 보험상품 선택 방법을 설정해야 한다.

55

사회보험만으로 모든 걸 해결할 수 없다

보험에는 상업보험과 사회보험이 있다. 둘 다 사회보장대책에 속하지만, 둘의 위치와 효과는 다르다. 사회보험이 기초적인 것이라면 상업보험은 중요한 보완책이다. 서로의 장점이 서로를 보완하기 때문에 어느 하나라도 없어선 안 된다. 상업보험은 이익을 목적으로 하는 생명·상해보험 및 재산보험으로 전문적인 보험기업이 경영한다. 사회보험은 국가가 입법을 통해 강제적으로 보험료를 징수하고, 사회가 집중적으로 펀드를 만들어서 기본생활을 보장하는 사회보장제도다. 연금보험, 실업보험, 의료보험, 산재보험으로 구성된 완전한 사회보험 시스템이다.

테일러가 다니는 회사는 직원 복지가 아주 좋다. 회사는 직원들에게 다섯 개 보험과 한 개의 기금을 들어주었다. 그녀는 보장 내용이 완벽하다고 생각해 다른 상업보험에 대해 관심을 두지 않았다. 테일러뿐만 아니라 많은 사람들이 모두 똑같이 생각했다. 회사에서 이미 5대 보험을 들어주기 때문에 자신이 돈을 더 내면서까지 상업보험을 들 필요가 없었던 것이다. 있어야 할 보장은 이미 다 있다고 생각했기 때문이다.

테일러와 같은 사람들은 사회보장의 효과를 믿고 있다. 물론 잘못된 판단은 아니다. 하지만 그는 상업보험의 중요성을 알아야 한다. 상업보험과 사회보험은 둘 중에 하나를 선택할 수 있는 항목이 아니다.

1. 사회보험은 기초적인 것이다

사회보험은 국가가 강제로 시행하는 제도다. 법으로 규정되어 있고 전문기관이 시행을 책임진다. 국민을 대상으로 하고 있으며 보험료의 자금원 역시 국민이다. 예를 들어 고용보험은 근로자가 직장 수입을 잃고 나서도 일정한 정도의 수입을 보장받을 수 있도록 하기 위해 존재한다. 사회보험은 국가재정이 그 뒤를 받치고 있다.

2. 상업보험은 사회보험의 필요충분조건이다

사회보험의 보장범위는 일반적으로 국가가 사전에 설정한다. 리스크 보장범위가 비교적 좁고 보장수준도 낮은 편이다. 이는 사회보험의 사회보장성에 의해 결정된다. 그래서 상해사고가 생겼을 때 많은 사람들이 상응하는 보장을 받지 못하거나 보장이 부족한 상황이 발생한다. 하지만 상업보험은 바로 이런 아쉬움을 보완하기 위해 생겨났다. 상업

보험은 종류가 다양하기 때문에 더 많은 사람들의 필요를 충족시킨다. 상업보험에서 보장범위는 계약자, 피보험자, 보험사가 서로 협의하여 결정한다. 그리고 서로 다른 보험계약, 서로 다른 보험 종류에 따라 피보험자가 받는 보장의 범위나 수준도 달라진다.

하버드 자산관리 전문가가 명확하게 제시한 상업보험과 사회보험의 차이점은 다음과 같다.

(1) 성질의 차이점

사회보험은 보장성을 가지지만 수익을 목적으로 하지는 않는다. 상업보험은 경영성이 있어 경제적 수익을 얻는 것을 목표로 한다.

(2) 탄생 배경의 차이점

사회보험은 근로관계를 기초로 한다. 근로관계가 형성되면 고용기관은 반드시 직원에게 사회보험을 제공해야 한다. 상업보험은 자신이 원해서 가입하는 것으로 계약을 통해 쌍방의 권리와 의무 관계가 확립된다.

(3) 관리체제의 차이점

사회보험은 정부의 고용 부서에서 관리하고, 상업보험은 기업의 성질을 띠는 보험사에서 경영하고 관리한다.

(4) 대상의 차이점

사회보험 대상은 국민이나 근로자다. 이 범위는 법으로 규정되어 있고, 자격 조건에 제한이 있다. 상업보험의 대상은 자연인 전부이며 일반적으로는 계약자에 제한을 두지 않는다. 보험가입을 원하고 해당 계약 조항을 이행하길 원하면 된다.

(5) 보장 범위의 차이점

사회보험은 대부분의 국민과 근로자의 기본 생활보장을 담당한다. 상업보험은 일부 가입자의 문제만 해결한다.

(6) 자금 출처의 차이점

사회보험의 자금은 국가, 기업, 개인이 분담한다. 상업보험의 자금은 계약자의 보험료로만 그 출처를 삼는다.

(7) 보험 혜택 지급의 차이점

사회보험 혜택의 지급 원칙은 근로자의 기본적인 생활을 보장하는 것이다. 보험 혜택은 일반적으로 매월 지불하는 형식이다. 고용보험의 경우에는 사회 평균 월급의 증가에 따라 매년 조정된다. 상업보험은 많이 투자하면 많이 보장하고, 적게 투자하면 적게 보장하고, 투자하지 않으면 보장하지 않는 원칙에 따라 보장 기준을 정한다.

(8) 시간성의 차이점

사회보험은 국가의 안정적이고 연속적인 제도이다. 상업보험은 1회성, 단기성의 기업 행위이다.

(9) 법률적 기초의 차이점

사회보험은 근로기준법 및 관련 법률을 기초로 한다. 상업보험은 경제법, 상업보험법 및 관련 법률을 기초로 한다.

보험을 선택할 때는 반드시 자신의 실제 상황을 근거해 결정해야 한다. 만약 경제적인 상황이 허락된다면 사회보험을 가지고 있다는 전제하에 자신과 가족을 위해 적합한 상업보험을 선택하는 것이 좋다.

사회보험은 사고나 질병으로 치료를 받고 나서 보상한다. 그러나 상업보험 중 중대질병보험은 병이 확진만 돼도 보상을 받을 수 있다. 이로 인해 많은 가정이 돈이 없어 치료를 받지 못하는 어려움에서 벗어날 수 있다. 그 외에도 상업보험의 사망보험금은 피보험자 가족의 일상생활의 어려움을 해결할 수 있도록 한다.

여기서 짚고 넘어가야 할 점은 상업보험의 중대질병보험은 일반적으로 모두 보험료 면책 조항이 있다. 그래서 피보험자는 일단 계약에 포함된 사고가 발생되면 이후의 보험료를 낼 필요가 없지만, 보장은 지속적으로 받을 수 있다. 하지만 사회보험의 의료보장을 누리는 전제는 규정에 따라 제때 보험료를 계속 지불하는 것이다.

56

보험금을 못 내도 보장은 받을 수 있다

보험을 들기 전에 먼저 자금현황에 따라 총 보험료와 매달 내는 보험료를 설정한다. 그런데 만약 중간에 보험료를 계속 납부할 수 없는 상황이 되면 두 가지 어려움에 직면하게 된다. 보험을 유지하자니 지출을 감당할 수 없고, 해지하자니 지금까지 낸 돈의 절반도 되찾을 수 없게 된다. 이렇게 계속 보험료를 낼 수 없는 상황이라면 어떻게 곤경에서 벗어날 수 있을까?

15년 전, 엠마의 부모님은 그녀를 위해 중대질병을 보장하는 종신생명보험을 들었다. 당시 가입한 금액은 5만 달러로 계약 내용에 따라 월 보험료는 44달러로 15년 동안 엠마는 이 보험에 3만6천 달러를 넣었다.

올해 엠마는 30세가 되었다. 경제적인 어려움으로 그녀는 더 이상 보험료를 낼 형편이 되질 않아 결국 보험사에 해지 신청을 하기로 했다. 하지만 해지 과정에서 엠마는 보험사의 해약환급금표에 따라, 계약한 지 15년이 지나면 5만 달러짜리 보험의 해약환급금이 고작 1만 달러가 조금 넘는다는 것을 알게 되었다. 이대로 해지하면 엠마는 가만히 앉아서 2만 달러 가까운 돈을 손해 봐야 했다.

왜 이런 상황이 발생했을까? 보험사의 관련규정에 따르면 고객이 해지할 때는 보험사는 해약환급금표에 따라 현금을 돌려주는데 일찍 해약할수록 손실이 커진다. 엠마의 보험은 효력 발생 5년 후에도 현금 가치는 0이었고, 10년 후에는 현금 가치가 183달러에 불과했다.

하지만 보험사는 그녀에게 다른 방법을 제시했다. 만약 그녀가 '감액완납'을 선택하면 더 이상 보험료를 내지 않아도 될 뿐만 아니라, 보험계약을 계속 유지할 수 있어서 종신토록 일정한 보험의 보장을 누릴 수 있다고 했다.

현재 보험료 분기 수납 장기생명보험계약 관련규정에는 계약자가 2년 치의 보험료를 완납하고, 보험계약 효력이 발생한 지 2년이 되면 계약자가 보험금 감액을 요구할 수 있다. 그 뒤부터는 이미 발생한 해약환급금으로 남은 보험료를 대신할 수 있게 된다. 그리고 '감액완납'을 신청하면 계약자는 더 이상 보험료를 낼 필요가 없지만 보험금은 줄어들게 된다.

따라서 엠마와 같은 경우도 1만 달러에 달하는 해약환급금으로 남은 보험료를 청산할 수 있다. 감액완납을 처리하고 나면 엠마가 가지고 있는 보험의 기본 보험금은 1만 달러로 유지된다. 계약 규정에 따라 이후 그녀가 중대질병이 생기거나 상해, 질병 사망, 고도 장해가 발행하면 2만 달러의 보상을 받을 수 있게 된다.

하지만 감액완납을 진행하면 엠마와 같은 고객에게는 불리한 상황이 생길 수 있다. 제일 큰 부분은 보험금이 낮아지면서 보장이 적어지는 것이다. 엠마가 얻을 수 있는 보장이 원래보다 5분의 1로 줄어든다.

배당형보험의 경우에는 이 계약을 감액완납하면 배당금이나 이익이 존재하면 보험사는 이를 일회성으로 계약자에게 지불한다. 하지만 감액완납 후 해당 보험계약으로는 더 이상 배당금 분배에 참여할 수 없다.

이를 통해 중도에 보험료를 낼 수 없게 되면 수많은 불편한 일이 생긴다는 것을 알 수 있다. 하지만 만일 정말 어쩔 수 없는 상황이라면 우리는 다음과 방법으로 최대한 자신의 손실을 막을 수밖에 없다.

감액완납 보험계약에 해약환급금이 있는 경우, 당신의 해약환급금 중에서 미납보험금과 이자, 대출과 이자를 제하고 남은 금액으로 전체 보험료를 완납하는 방법이다. 동일한 계약조건에 보험금을 줄여 계약의 효력을 계속 유지할 수 있다.

계속계약 원래의 보험금을 바꾸지 않으면서 보험기한만 줄이는 것으로 누적된 보험료의 해약환급금으로 보험료를 납부한다. 계약효력을 그와 상응하는 시간까지 지속시킬 수 있다.

납입중지와 부활 납입중지기간 동안 보험효력이 중지된다. 만약 이 방법을 사용하면 어떤 보험사고가 발생해도 보험사에서는 책임을 지지 않는다. 하지만 2년 이내에는 보험사에 계약부활을 신청할 수 있다.

보험료 자동대납 분기 납부 보험에서 거치기간이 지났는데도 보험금을 납부하지 않으면 보험사가 이 계약의 해약환급금으로 보험료를 자동 대납하여 계약의 효력을 유지하는 것이다.

해지 계약자가 계약해지를 요구하는 것이다. 계약자가 2년 이상의 보험료를 납부했다면 보험사는 계약의 해약환급금을 지불할 것이다. 2년이 되지 않았다면 수수료를 제하고 보험료를 반환할 것이다.

하버드 자산관리 비법

보험을 해지하면 아주 큰 손실을 보게 된다. 그리고 보험사의 보장을 잃게 된다. 현재의 변화무쌍한 사회에서 보장을 잃는 것이야말로 불안전하다. 그렇기 때문에 보험을 쉽게 해지하지 말고 여러 방법들로 대안을 강구해야 한다.

57

가만히 있으면 보험금을 탈 수 없다

보험의 장단점은 보상 서비스에서 드러난다. 하지만 보험금 신청과 지급은 현행제도에서 완벽하지 않다. 그래서 종종 보험사와 고객 사이에 분쟁의 원인이 되기도 한다. 그러므로 보험가입자의 입장에서 어떻게 합법적인 권익을 보장받을 수 있는지 관심을 가져야 한다.

어느 한 회사 사장이 고용한 운전사 2명에게 생명·상해보험을 3개씩 들어주었다. 당시 계약했던 보험계약에는 피보험자가 차량을 운전하거나 보험에서 인정한 차량에 탑승한 상황에서 상해를 입었을 때, 피보험자가 180일 내에 사망하면 보험사는 약관에 따라 사망보험금을 지불해야 하고, 각각의 상해보험금은 10만 달러라는 약정내용이 있었다. 사장은 운전사 A와 B에게 보험을 들어주며 수익자는 동일하게 회사경리로 설정했고, 보험 기한은 1년이었다.

보험설계사의 요청에 따라 회사경리는 보험을 든 두 명의 운전사를 계약현장에 불러 그들에게 각각 계약서에 사인을 하게 했다. 동시에 자신을 수익자로 지정하는 것에 동의하게 했다. 하지만 사인하는 과정에서 생각지도 못하게 운전사 A와 B가 장난으로 서로 상대방의 이름으로 사인을 했다. 이와 같은 계약은 만약 사고가 발생되면 피보험자가 서로의 이름으로 사인한 일 때문에 보상할 때 큰 불편을 초래한다.

계약자에게 사고가 생기면 사고 상황과 결과를 토대로 보험사에 보상 요청을 한다. 이를 보험금 지급 신청이라고 한다. 보험회사에 보험금 지급 신청을 하는 데 있어서 준비과정을 숙지하고 있어야 순조롭게 진행할 수 있다.

1. 보험책임을 명확히 한다

보험계약도 계약이기 때문에 법적 구속력이 적용된다. 보험계약서 뒷면에는 어떤 재해와 사고들이 보험책임에 속하고, 어떤 것들이 보험책임에 속하지 않는지 명확하게 기재되어 있다. 보험책임에 속하는 사고라면 보험사에 보험금 지급을 요청할 수 있지만 그렇지 않다면 보험금 지급을 요청할 수 없다.

2. 보험의 종류를 확실히 알아야 한다

보험에는 종류가 많고 기본 보험 외에 특약도 있다. 기본 보험, 특약 보험이 담당하는 보험책임이 다르다. 사고 후 보상을 요구할 때는 반드시 이 사고가 보험계약 범위 내에 있는지 확인해야 한다. 어떤 병이 생기고 어떤 약을 먹든 간에 발생한 사고가 보험계약 범위 내에 있어야 보상을 받을 수 있다. 그래서 보험을 계약할 때는 보험 종류를 잘 골라야 나중에 믿을 수 있는 보장을 받게 된다.

3. 보험 지식을 이해하라

관련된 보험 지식을 잘 알고 있어야 한다. 보험 기한, 보험 내용, 보험 보상 책임의 범위, 보험금, 보험기한 내 이사로 인한 주소 변경 시 업무처리 방법, 보상하는 보험금의 수익자 등 기본내용 및 세부사항까지 주지하고 있어야 자신의 정당한 권익을 확실하게 보호받을 수 있다. 그렇지 않으면 힘도 돈도 헛되이 써버리고 웃음거리가 될 뿐이다.

4. 보상 절차에 대해 이해하라

보험금 지급 요청은 필수적인 절차가 있다. 관련규정에 따라 수속을 밟아야 하고 필수 서류를 빠짐없이 제출해야 한다.

자동차 보험의 경우 사고가 발생하면, 고객은 즉시 보험사에 사고 상황을 알리고 보험사가 사고 현장을 조사할 수 있게 해야 한다. 경찰의 교통 부서에서 사건을 종결하고 고객이 보험금 지급 요청을 할 때는 보험계약서, 사고 책임 확인서, 손해 명세서, 관련 비용 영수증 등을 제출해야 보험사가 규정에 따라 보상 절차를 진행할 수 있다.

보험금 지급 요청은 자산관리 기술이기도 하다. 사고 발생 후 피보험자가 정당하게 보험금을 지급받기 위해서는 아래 과정이 필요하다.

(1) 사고 알리기

사고가 일어나면 계약자, 피보험자, 수익자 혹은 기타 이해관계자는 곧바로 보험사에 이를 알려야 한다. 이것이 바로 사고 알리기다. 구두, 서면, 전화 등 다양한 방식이 있다. 보험사는 사고를 인지하고 나면 현장을 조사하고 피보험자는 가감 없이 사고 상황을 설명해야 한다.

(2) 사고 발생 후 적극적으로 치료 시행하기

사고 발생 후,계약자 및 피보험자는 곧바로 치료를 실행하여 손실을 줄여야 한다. 관련 보험에 가입되어 있다고 해서 보험사에서 보상해주기만 기다리면 안 된다. 사고가 난 뒤 피보험자가 구제 방법을 실행할 수 있었는데도 하지 않아 손실이 커진다면 늘어난 손실에 대해서는 보험사가 책임지지 않는다.

(3) 보험금 지급 요청

보험금 지급 요청은 계약자가 정식으로 보험사에 보상금이나 보험금 지급을 요청하는 것이다. 보험사는 계약의 약정에 따라 손실을 보상하거나 보험금을 지불한다. 이는 계약자, 피보험자, 수익자의 일방적인 청구권이다. 그래서 보험금 지급 요청은 보험 사고 발생으로부터 규정된 시간 내에 이루어져야 하고, 그렇지 않으면 보험사는 이를 받아들이지 않는다.

(4) 보험금 선지급

재산보험에서 사고로 인한 손실이 비교적 클 때, 계약자는 보험사에 보험금 선지급을 요청할 수 있다. 이는 총 손실액이 아직 정산되기 전에 먼저 일부 보상금을 지불하여 생산과 생활을 즉각 회복하는 데 도움을 주는 것이다. 다만 이 사고가 진정으로 보험책임에 속하는 경우에만 보험사가 선지급에 동의한다.

(5) 보험금 수령

피보험자가 보험사에 보험금 지급 요청을 한 경우, 보험사는 최대한 빨리 보상 여부를 결정해야 한다. 보험사가 보상금이나 보험금을 피보험자나 수익자에게 지불할 때, 피보험자는 영수 확인 사인을 해야 한다. 만약 피보험자가 미납한 보험료나 보험 대출, 선지급된 보험금 등이 있으면 보험사는 보상금 중 이를 제하고 지급한다.

(6) 조항 설명

계약자와 보험사가 보상이나 보상금에 대해 논쟁이 생겼을 때, 보험 약관에 대한 이해의 불일치로 발생된 것이라면 반드시 계약자에게 유리한 해석을 해야 한다. 이는 보험업계의 관례이다.

(7) 논쟁 처리

계약자와 보험사 간에 보험료, 보험책임, 보상, 해약금 등의 항목에서 논쟁이 발생한 경우, 쌍방은 공평하고 합리적인 원칙에 따라 협상을 진행해야 한다. 만약 협상을 통해서도 의견이 일치되지 않으면 양측 어느 쪽이든 법원에 소를 제기할 수 있다. 법원의 판결에 맡기거나 중재기관에 맡겨 해결하는 것이다.

(8) 보험금 회복

기업의 재산보험, 가정의 재산보험 등 재산보험에서 보험 사고가 발생했을 때, 보험사에서 지불한 보상금이 총 보험금보다 적으면 보험은 계속 유효하지만 유효 보험금이 줄어든다. 계약자가 이를 원래 정한 보험금으로 회복하고 싶다면 일정한 보험료를 더 지불해야 한다.

(9) 권익 양도

재산보험에서 만약 피보험 재산이 입은 손해가 제3자에 의한 것이라면, 계약자는 보험사에 보험금 지급 요청을 할 수 있고 그 제3자에게도 보상 요청을 할 수 있다.

사고가 발생했을 때 보험처리를 어떻게 해야 하는지 명확하게 알고 있어야 한다. 그래야만 합법적인 권익을 보호받을 수 있다. 사고가 발생했는데도 어떤 처리도, 증빙 서류도 제출하지 않고 이상적인 보상을 받기 원한다면 이는 잘못된 것이다.

하버드 자산관리 비법

보험금 지급 과정은 비용 지출에 대한 엄격한 감독과 수많은 심의 절차가 있다. 따라서 일단 사고가 나면 반드시 보험금 지급 요청 규정과 순서에 따라 보험금 지급 요청 수속을 밟아야 한다. 필수적인 수속을 밟고 필요한 서류를 제출해야만 더 빨리 보상 절차가 이루어진다.

58

가족보험으로 보험료를 아낄 수 있다

보험은 누구에게나 필요한 것이지만 보험료가 저렴하지는 않다. 가족 모두 보험에 가입하면 지출이 크게 늘어날 뿐만 아니라 계약 과정도 복잡하고 중복된다. 가족보험은 이런 문제를 효과적으로 해결할 수 있다. 가족보험은 가족 구성원의 보장 상황을 전체적으로 고려하고, 여러 보장을 하나로 합쳐 보험료도 아끼고 불편함도 덜어준다.

소피아는 어느 사기업의 직원이고, 그녀의 남편은 버스 기사로 장거리 버스를 운전해 여러 도시를 오가는 일을 한다. 그녀는 교통사고가 날까 걱정되어 남편에게 상해보험을 들어주기로 결정했다. 그리고 초등학생인 딸의 상해보험도 들기로 했다. 하지만 그녀 자신에게는 돈을 쓰지 않기로 했다. 보험설계사는 이런 상황에 대해 듣고 나서 적극적으로 소피아에게 가족보험을 추천했다. 남편과 딸뿐만 아니라 그녀 자신도 함께 계약하는 것이다. 게다가 가족

보험은 세 명이 따로 보험에 가입하는 것보다 훨씬 저렴했다. 보험설계사의 설명을 들은 그녀는 이 가족보험이 아주 괜찮다는 생각이 들었다. 하지만 도대체 어떤 보장을 한다는 것인지는 다시 한 번 찾아보고 결정해야 할 것 같았다.

가족보험은 가족을 단위로 하여 계약자 및 배우자, 부모, 자녀 중 최소 1명이 공동으로 보험의 피보험자가 되는 것이다. '온 가족이 모두 보험을 드는' 하나의 보험에 가입하는 것으로 계약자 입장에서 편리함이 높다. 계약할 때도 종합적으로 가족 구성원의 보험 수요를 고려하여 합리적인 가족보험 배치를 설정할 수 있고 보험료는 상대적으로 저렴해진다. 이외에도 가족보험의 장점은 많다.

1. 보장 확대

가족보험의 가장 명확한 장점은 "하나의 계약으로 온 가족이 보장을 받는다."라는 것이다. 이로 인해 계약자가 여러 불편함에서 벗어날 수 있다.

2. 보험 선택 시에 계획성이 부족해지는 문제를 효과적으로 벗어날 수 있다

대다수의 사람은 장기적으로 누적 가입된 보험을 가지고 있다. 시간이 오래 지나면 구체적인 보험책임, 보장 기한 등에 대해 기억하지 못한다. 이 때문에 중복 보험가입의 문제가 발생할 수 있고, 특정 방면에 대한 보장에만 집중될 수 있다. 그래서 보완이 필요한 부분이 결여되고 보험의 틈이 발생하는 것이다.

가족보험은 바로 이런 문제에서 벗어날 수 있다. 이 보험은 전체 가정을 보장한다는 것에서 출발하기 때문에 가족의 보험 종류, 보장액을 확정할 수 있고, 중복 보험이나 보험 누락의 문제를 벗어날 수 있다.

3. 편리한 관리

각자 따로 보험을 가지고 있는 상태에서 계약한 시기가 오래 지나면 비슷한 보험상품을 또 계약할 수도 있다. 하지만 정말 상해가 발행하여 보상이 필요할 때는 어느 계약으로 보험금 지급을 요청해야 할지 알지 못한다. 가족보험은 단 하나의 계약이기 때문에 관리하기가 편하고 보상 수속 역시 빨라진다.

4. 계약 과정 단순화

일반적으로 계약 수속은 매우 복잡하다. 만약 가족 모두가 각자 따로 계약을 하면 힘과 시간을 많이 허비하게 된다. 가족보험은 이를 통합하기 때문에 불편함이 해소된다.

5. 보험료 절약

가족보험은 주보험과 특약으로 나뉘는데 주보험의 금액이 더 크다. 하지만 주보험과 특약을 합치면 단독보험보다는 많이 저렴해진다.

하버드 자산관리 비법

가족보험은 주가 되는 보험자가 있어야 하고, 거기에 부가적인 다른 가족 보험자를 추가할 수 있다. 한 집에 하나의 주보험을 설정하고 나머지는 부가보험을 추가하면 보험 자본을 낮출 수 있다. 현재 시장의 보험은 장기형과 단기형도 있어 장기와 단기를 절묘하게 배합해야 한다. 노후보험, 어린이보험 등은 장기적으로 투자해야 하는 보험으로 계약자는 장기형을 선택해야 하고, 동시에 단기 부가보험을 더해 큰 혜택을 누려야 한다.

59

재산에도 보험을 들어라

가정 재산보험은 개인과 가족보험에서 주된 보험이다. 현재 사람들은 날로 부유해지고 가정의 재산은 날로 많아진다. 음향기기, 소파, 액세서리, 장식품 등은 모두 가정의 재산에 속하고, 이것들은 가정 재산보험 항목에 넣을 수 있다. 하지만 가정 재산은 너무나도 많기 때문에 모든 것을 일일이 보험에 들 수는 없다. 그렇다면 어떤 것에 보험을 들어야 할까?

로그의 할아버지는 생전에 유명한 화가였다. 그는 지금까지도 할아버지에게 물려받은 수많은 유화가 있다. 로그는 이 그림들을 귀하게 여겼고 다른 사람이 함부로 만지지도 못하게 했다. 그는 가정의 재산에도 보험을 들 수 있다는 것을 듣고 보험설계사를 집에 초청해 이 그림들에 가격을 평가해보고 보험을 들기로 했다.

보험설계사는 집 안팎을 자세히 살펴보고 오랫동안 감정한 끝에 가정의 각종 재산에 가격을 매겼다. 로그는 조심스럽게 할아버지의 그림에 대한 가격 평가를 물었고, 보험설계사는 그를 빤히 쳐다볼 뿐 어떻게 평가해야 할지 몰라 했다. 결국 보험설계사는 이를 상사에게 확인한 뒤, 이 그림은 가격을 매길 수 없고 보험 항목에 속하지 않는다는 사실을 로그에게 알렸다.

로그는 도무지 이해할 수 없었다. 집과 집 안의 가구들까지 모두 가격을 매길 수 있는데 왜 그림만 가격을 매길 수 없다는 것인가? 이 질문 끝에 그는 보험에 가입할 수 있는 가정의 재산이 별도로 존재한다는 사실을 알게 됐다.

1. 보장 가능한 재산

집, 실내 장식 및 부수적인 설비, 실내의 자산 등 보험을 들 수 있는 재산

2. 특별 보장 재산

(1) 농촌 가정에서 정원 안에 있는 비동력 농기구, 농업용품 및 이미 수확한 농업 부산품

(2) 개인 근로자가 실내에 둔 영업 기구, 도구, 원자재 및 상품

(3) 타인을 대신해 보관하는 재산 및 타인과 공유하는 재산

(4) 보험인과 특별 약정을 통해서 보장하는 재산

3. 보장되지 않는 재산

(1) 금, 은, 보석, 액세서리, 골동품, 화폐, 고서, 그림 등 귀중품(가격이 너무 높거나 고정 가치가 없는 경우)

(2) 화폐, 저금통장, 유가증권, 구매증, 문서, 장부, 도표, 기술 자료 등(실제 물건이 아님)

(3) 법규 위반 건축물, 위험 부동산 및 기타 위험 상태에 놓인 재산

(4) 오토바이, 트랙터 및 자동차 등 동력 엔진 차량, 무선 호출기, 핸드폰 등 무선 통신 설비 및 가축(기타 재산보험 범위에 속함)

(5) 식품, 담배, 술, 약품, 화장품 및 꽃, 새, 물고기, 곤충, 나무, 분재 등(가격 감정 불가)

보험사는 이익 추구를 목적으로 하기 때문에 재산이 보험가격에 도달한다는 확증이 있어야 가입을 받아준다. 그래서 분재나 꽃, 새, 물고기, 곤충, 그림 등과 같은 것들은 시장 가격이 정확하지 않고, 가격을 확정할 수 없기 때문에 보험의 대상이 될 수 없다. 여기에 더해 재산보험 가입 시 주의할 점을 점검해보아야 한다.

1. 실제 가격을 초과하는 보험계약

보험사에서 손실을 정할 때는 재산의 실제 가격과 손실 정도에 따라 보상 금액을 정하기 때문에 손실이 얼마냐에 따라 보상이 정해진다. 만약 보험계약 시에 보험사에 신청한 보험금이 재산의 실제가격보다 높으면 차이가 나는 부분에 대해서는 보험금이 지급되지 않는다. 그래서 더 내는 보험료는 의미가 없다.

2. 고지의 의무를 실행하지 않음

보험사는 계약자가 진술한 정보에 따라 리스크 크기를 판단한다. 계

약자는 계약 시에 사실대로 고지해야 할 뿐 아니라 보험목적물에 중요한 변화가 생겼을 때에도 즉시 보험사에 고지해야 한다. 만약 계약자가 이 의무를 실행하지 않으면 보상 금액이 줄거나 아예 보상을 받지 못할 수도 있다.

3. 보험계약만 하면 아무 걱정이 없다고 생각하는 것

재산보험 계약 규정에 따르면 보험가입자는 재산의 안전을 지킬 의무가 있다. 자연재해나 예기치 못한 사고가 발생했을 때는 신속하게 효과적인 구제 방법을 시행하여 재산 손실을 최소화하도록 해야 한다. 보험사는 구제를 위해 발생한 비용도 별도로 보상한다.

하버드 자산관리 비법

가정 재산보험에 가입할 때는 반드시 사실대로 고지하고 필요한 의무를 다해야 한다. 소방, 안전 등의 규정을 준수하여 합리적인 예방 조치를 취해 사고 발생을 위험을 줄이는 것이다. 다른 보험과 동일하게 가정 재산보험의 보상과 보장 범위에는 관련규정이 있다. 따라서 가정 재산보험에 가입할 때는 계약 약관을 확실하게 살펴보고 자세히 비교하여 자신에게 적합한 보험을 선택해야 한다.

PART 9

자녀에 대한 투자는 아끼지 마라

H A R V A R D

R I C H

C L A S S

H A R V A R D

R I C H

C L A S S

자녀는 무궁무진한 예술품의 생명을 내포하고 있다. 부모는 교육을 통해 이 예술품의 가치가 진정으로 발굴되기를 희망한다. 그래서 좋은 성장 환경에서 고품질의 교육을 시키고 싶어 한다. 그에 따른 지원과 투자도 아끼지 않는다. 어릴 때 교육이 자녀 평생의 삶을 좌우한다고 생각하기 때문이다. 따라서 가정의 자산 부분에서 자녀교육비용이 큰 비중을 차지하게 된다.

60

아이를 위한 경제적 부담은 부모 몫이다

경쟁이 갈수록 치열해지는 요즘, 부모는 아이에게 좋은 교육을 제공하고 싶어 한다. 반면에 교육투자에 의문점도 갖는다.

"언제부터 투자해야 부담이 적을까?"

"장기투자로서, 어떤 방식의 자산관리가 가장 적합할까?"

"초등학교부터 고등학교까지 다니고, 대입 시험을 볼 때까지 지출해야 하는 교육 자본은 도대체 얼마나 될까?"

"많은 가정들이 교육에 사용하는 '잠재적 지출'과 부모가 아이의 미래를 위해 지불하는 사회적 자본은 도대체 얼마나 될까?"

부모가 버는 돈의 대부분이 아이 교육비에 들어간다는 하소연이 늘고 있다. 교육비가 끊임없이 높아지면서 교육비용에 대한 부담은 가정 자산관리에서 큰 비중을 차지한다. 통계에 따르면, 2000년부터 중국 도시 거주자의 평균 수입이 연 평균은 9.2% 상승한데 반해 교육비 지출에 대한 연 평균 성장률은 20%에 다다른 것으로 조사됐다. 자녀교육의 지출이 가정 총 수입의 3분의 1에 근접한 것이다.

관련 보고서에는 0세에서 16세까지 부양에 필요한 총 자본은 2억 원이 넘는다고 나와 있다. 만약 여기에 자녀가 대학교에 다니는 비용이 더해지면 약 3억 원에 이르는 액수다. 아이가 잘 되길 바라는 부모가 이 부담을 고스란히 떠맡고 있는 것이다. 다만 일시불로 지출해야 하는 금액이 아니라 다행이지만 부모가 매일 힘겹게 사는 이유다. 그래서 현명하게 교육비를 마련하기 위한 자산관리 요령 몇 가지를 제안한다.

1단계 : 보험을 들어라

부모는 자녀의 안전 문제가 몹시 걱정이다. 이 걱정과 불안을 잠재우기 위해 자녀 이름으로 보험을 들어놓으면 효과를 볼 수 있다. 자녀가 타지에서 학교를 다니든 그렇지 않든 간에 보험 보장은 꼭 고려해봐야 한다. 보험은 상해보험으로 구성하되, 일부 자산관리까지 할 수 있는 상품이 좋다. 예를 들면 변액보험이다. 변액보험은 투자에 중점을 두면서도 상해 보장을 제공한다. 어떤 변액보험은 주요 기능이 현금 관리다. 매년 3.5% 전후의 수익을 내고, 동시에 동일한 가치의 교통상해 사망보험금을 제공한다.

2단계 : 교육 펀드 역시 온건해야 한다

자녀교육을 위해 비축하는 투자는 리스크가 크지 않은 상품을 구성해야 한다. 아이의 학비와 생활비는 상대적으로 지출되는 시간이 고정적이다. 그래서 온건한 상품을 위주로 구성할 수 있다. 예를 들어 한

학기에 두 번 자녀 계좌에 저축을 하고, 생활비를 주는 자금은 주로 현금 관리 도구를 사용하여 수익률을 올리는 방법이다.

부모는 자녀의 특성에 따라 자산관리 목표를 설정해야 한다. 아이가 어리면 장기적이고 안정적인 자산관리 상품에 투자할 수 있다. 만약 준비기간이 2~3년 밖에 없다면 국채나 기업 채권에 투자할 수 있다.

교육을 위한 자산관리는 안정성을 위주로 해야 한다. 하이 리스크, 하이 리턴을 쫓아서는 절대 안 된다. 자칫 자산을 잘못 관리해 아이의 교육에 누를 끼칠 수 있기 때문이다. 각 단계에서 필요한 교육비를 파악하고 아이의 미래에 대한 기대에 따라 상응하는 수익을 설정할 수 있어야 한다.

아이를 성인으로 키워내는 과정에서 부모는 교육비만 지원하는 것이 아니다. 아이가 스타트 라인에서 주저앉지 않고, 격렬한 경쟁사회의 고지를 점령하기 위해서 부모는 아이를 전면적으로 양육해야 한다. 성인이 되어갈수록 지, 덕, 체, 오락, 사교 등 전면적인 발전이 필요하기 때문이다. 아이가 도덕적으로 바르고, 사회적으로 유용한 인재가 될 수 있도록 말이다.

하버드 자산관리 비법

아이를 위해 준비하는 교육비에 대한 부담은 적지 않다. 부모가 이미 진 무거운 짐에 가볍지 않은 짐을 기꺼이 더 얹는 것이다. 아이를 보완하기 위해 가정이 감당할 수 있는 수준을 넘기기도 한다. 이는 교육비의 고가행진을 부추기기도 한다. 그래서 교육비에 대한 투자는 반드시 부모의 역량에 따라 진행하고 주객이 전도되지 않도록 해야 한다.

61

유비무환의 정신이 필요하다

부모가 아이의 손을 잡고 다니면 그곳이 어디든 따뜻한 풍경이 펼쳐진다. 하지만 아이의 상해나 질병은 심각한 자산위기를 불러올 수 있다. 부모가 되었거나 곧 부모가 될 청년들이라면 어떻게 해야 아이를 키우는 것과 자산관리를 모두 잘해낼 수 있을까 고민해야 한다.

막 꾸려진 가정은 가정생명주기로 볼 때 성장기에 속한다. 가정의 소비증가, 자녀 생활과 교육 부담 증가, 보험 수요의 절정 등의 상황을 직면하게 되는 것이다. 이런 자산수요에 대비해 자산계획의 리뉴얼이 필요하다.

일반적으로 육아 자산관리는 큰 틀에서 두 단계로 나뉜다. 하버드 자산관리 전문가는 청년 가정은 아래 두 단계의 육아 자산관리 계획을 잘 세워야 한다고 말한다.

1단계 : 아이의 출생 전의 가정 자산관리 계획

이 단계에서는 자산관리의 주된 목표가 충분한 양육비를 준비하는 것이다. 예비 엄마의 건강 보장을 잘해두고 임신기간에 합리적인 소비를 해야 한다.

1. 출산준비 계획

임신기간에 엄마의 역할을 전담하는 예비엄마는 가정 총 수입이 줄고, 추가적인 지출을 증가하기 때문에 이 부분의 비용을 미리 대비해두는 것이 좋다.

출산비는 예비엄마가 선택하는 병원, 출산 방식 등의 차이로 변동범위가 매우 크다. 예비엄마들은 자신의 상황에 따라 매월 정기저축으로 이 부분의 비용을 비축해둬야 한다. 출산비용의 자금은 출산에 있어 필수적인 비용이기 때문에 유동성이 없고, 준비시간은 비교적 짧다. 그래서 은행의 정기저축 같은 리스크가 없는 투자를 진행해야 한다.

2. 예비엄마의 건강 보장 계획

예비엄마들은 임신기간에 늘려야 할 건강보장을 간과하는 경우가 많다. 임신기간은 여자의 인생에서 매우 특수한 시기다. 이 시기에는 위험한 상황이 발생할 확률이 정상인보다 훨씬 높다. 그래서 이 시기의 건강보장은 특히 중요하다. 반드시 들어야 할 보험으로 건강보험과 상해보험이 있다. 보험 보장 범위는 임신기간의 임산부의 건강과 갑작스러운 유산, 출산 시 아이의 건강과 안전을 포함해야 한다.

3. 임신기간의 합리적인 소비

아이와의 만남을 준비하기 시작할 때부터 예비엄마들은 지출이 급

증한다. 다음 몇 가지 팁은 예비엄마가 합리적으로 지출을 배분하는데 도움을 준다.

(1) 엄격하게 재산의 부채비율을 통제한다. 이 시기에 미리 주택대출금을 상환한다거나, 대출을 받아 자동차와 같은 대형 소비품을 구매하지 말아야 한다. 이는 가정의 자산상황에 설상가상일 뿐이다.

(2) 너무 일찍 유아용품을 구매하지 마라. 육아 경험이 없는 새내기 엄마들은 판매자의 말에 따라 불필요한 용품까지 구매할 확률이 높다. 육아에 경험이 있는 사람들의 조언을 듣고 실제 필요한 것들을 그 상황에 맞춰 구입하면 된다.

(3) 가정에 12개월 치 생활비를 미리 남겨둬라. 임신 후 꽤 긴 시간 동안 수입이 없을 것이므로 임신기간의 생활소비 및 돌발 상황에 쓸 생활비를 남겨두어 언제 생길지 모를 필요에 대비해야 한다.

2단계 : 아이의 출생 후의 가정 자산관리 계획

이 단계의 자산관리 목표는 아이의 건강 보장과 아이의 이후 성장에 필요한 교육비용을 위주로 설정해야 한다.

1. 건강보장 계획

아이가 성장하는 과정에서 주된 위험은 상해와 질병이다. 아이에게 적합한 상해보험과 어린이 중대질병보험에 가입해야 한다. 이런 보험의 특징은 보험료가 낮고 타깃성이 강하다.

2. 교육자금 계획

통계에 따르면 아이 한 명을 키우는 데 대략 3억 원이 든다고 한다. 그중 절반 이상이 교육비다. 그러므로 최대한 빨리 계획을 세워 교육자금을 준비해야 아이가 좋은 교육을 받을 수 있다.

아이의 교육비를 준비할 때 적합한 방법으로 펀드 정기투자를 제안한다. 펀드는 자산관리 상품으로 유동성이 높고 리스크는 상대적으로 낮다. 하지만 투자 시작점이 낮고 투자비용이 적다는 장점도 있다. 교육비는 유동성이 적고 긴 시간을 통해 축적할 수 있기에 정기 정액 투자방식을 추천하는 것이다.

일정 비율의 주식형 펀드로 비교적 높은 장기수익을 노리고, 리스크가 상대적으로 낮은 채권형 펀드나 원금 보장형 펀드를 배치하면 안정적인 자산관리가 된다. 이는 투자 조합의 전체적인 리스크를 낮출 수 있는 방법이다.

하버드 자산관리 비법

부모는 아이가 간단한 자산관리 목표를 설정할 수 있도록 도와야 한다. 예를 들어 아이에게 친구와 영화를 보거나 시계나 장난감을 사기 위해 저축을 하도록 격려하는 것이다. 이렇게 하면 아이들에게 어떤 소비는 즉각적으로 가능하지 않을 수도 있다는 것을 이해시킬 수 있다. 때로는 비싼 물건을 사기 위해서 1년 혹은 그 이상의 시간 동안 저축을 해야 한다는 사실을 알게 한다. 그러면 아이들은 현실에 적응할 수 있고 보다 간단한 목표로 선택을 전환할 수 있다.

62

자녀에게 견고한 대피소를 지어주자

자녀를 사랑하지 않는 부모는 없다. 끝없는 사랑을 전하며 아직 어리고 미성숙한 아이가 자신의 보호 아래에 있을 때 밝고 건강하게 자라기를 원한다. 그렇지만 아이는 자라고 사회는 불안하다. 그래서 부모의 고민은 어떻게 하면 적은 돈으로 아이에게 가장 견고한 대피소를 지어줄 수 있는가에 대한 것이다. 그래서 부모는 자녀 앞으로 보험을 든다.

1단계 : 영유아기

자녀보험은 예비엄마가 임신하거나 임신을 준비할 때부터 시작해야 한다. 현대 의학이 날이 갈수록 발전하고는 있지만 자연환경의 악화와 오염이 날이 갈수록 심각해지면서 기형아, 장애아 출생이 적지 않다.

어린이 중대질병보험의 보장연령은 30일 혹은 90일부터 시작하고,

일반적으로 180일의 추가적인 관찰기간이 있다. 예비엄마가 사전에 여성보험을 가입해두면 그중 일부 보험은 신생아의 중대질병보험도 포함된다.

영유아는 중대질병보험, 입원의료보험, 상해보험을 중점적으로 가입해야 한다. 아기들의 면역력은 매우 약하기 때문이다. 쉽게 감기, 발열 등의 흔한 작은 질병에 걸리기 쉽고, 병원치료를 받으면 주사, 치료 등 꽤 많은 비용이 든다. 입원을 하면 비용은 더 많이 든다. 이 비용의 1년 치를 계산해보면 이 역시도 적지 않은 지출이다. 그래서 아이에게 중대질병보험을 드는 동시에 입원의료보험과 입원특약을 드는 것이 좋다. 한편으로는 의료비를 해결할 수 있고, 다른 한편으로는 입원 보조금으로 아이에게 영양제를 구매해 몸을 보양하는 데 쓸 수도 있다.

만약 현재의 경제조건으로 어린이 중대질병을 주보험으로 입원의료보험, 상해보험을 별도로 가입하는 데 어려움이 있다면, 부모의 주보험계약에 아기의 중대질병보험, 입원의료보험, 상해보험을 추가할 수도 있다. 이 역시 괜찮은 방법이다.

2단계 : 학생시기

아이가 유년기를 지나 교문을 밟으면 부모가 선택할 수 있는 보험 종류에도 변화가 생긴다. 의료비 지출과 같은 거액의 소비지출에 대비해야 하고, 다른 한편으로는 아이의 교육을 위해 준비해야 한다.

상해보험 성장과정에 있는 아이는 풍부한 호기심을 가지고 있다. 특히 초중고 학생들은 개구지고 움직이는 것을 좋아한다. 그래서 사고에 대비할 수 있는 상해보험은 절대 없어서는 안 된다.

중대질병보험 중대질병의 치료비는 적은 지출로 끝나지 않는다. 아이에게 의료보장을 해줄 수 없는 상황에 이르는 것을 피하기 위해 소비형 중대질병보험을 들고 의료, 진료보험과 입원보험을 추가해야 한다. 자금능력이 충분하다면 아이를 위해 저축형 보험을 드는 것도 고려해볼 수 있다.

교육보험 갈수록 높아지는 교육비 지출에 대해 자산계획을 세우는 것은 필수다. 교육보험으로 아이가 교육을 받고 인재로 자라나는 데 준비를 해두는 것은 부모가 마땅히 해야 할 일이다. 자녀의 교육비를 준비하는 것은 강제저축의 기능을 가지는 동시에 부모에게 예기치 못한 상황에 대비하는 것이다.

한 살의 아이를 예로 들면, 부모는 어린이 중대질병보험을 들 수 있다. 이 보험의 장점은 보장 범위가 넓고, 보장하는 질병도 많고, 만기에는 보험금을 받을 수 있으며, 보험료가 면제되는 조항도 가지고 있다는 점이다. 그 외에도 아이를 위해 상해보험과 입원보험 및 기타 부가 보험을 선택할 수 있다. 자녀를 위해 적합한 보험을 선택하면 부모는 마음 쓸 일이 줄고 아이를 더 나은 경제조건에서 양육할 수 있다. 그러나 아이 보험을 가입할 때 주의할 점이 있으니 꼭 확인하기 바란다.

(1) 아이만 보험에 가입하고 부모는 가입하지 않는 것

아이에게 가장 큰 보장과 안전의 근원은 부모다. 그런데 아이만 보험에 가입하고 정작 부모 자신은 보험에 가입하지 않으면, 부모에게 예상치 못한 일이 생길 경우, 가족은 곤경에 빠지고 남은 보험을 유지시킬 능력이 없어진다. 따라서 자녀보험을 들기 전에 합리적인 보험계획이 선행되어야 한다.

(2) 보험료가 면제되는 부가 보험을 들지 않는 것

주보험을 들 때 보험료가 면제되는 사항을 체크해보자. 그래야 부모가 어떤 이유로 더 이상 보험료를 납부할 수 없을 때도 아이에 대한 보장 효력이 계속 유지될 수 있다.

하버드 자산관리 비법

부모가 아이를 위한 상해보험, 의료보험, 어린이 중대질병보험, 교육보험을 드는 것은 자산관리에서 합리적인 방법이다. 많은 부모들이 보험설계사의 추천에 따라 아이를 종신보험에 가입시키지만 이는 아주 큰 실수다.

63

용돈은 소비를 배우는 학비다

현명한 부모는 아이가 돈 쓰는 것을 단순히 막지 않는다. 대신 어떻게 돈을 써야 하는지 가르친다. 아이의 성장 과정에서 부모는 첫 선생님이다. 그런 의미에서 아이에게 주는 용돈은 소비를 배우는 학비라고 말한다.

자신의 용돈이라고 해서 아이가 돈을 쓰는 것은 그렇게 간단한 일이 아니다. 분석하고, 욕심을 자제하고, 정보를 수집하고, 판매자를 선택하고, 상품의 질과 가격을 비교하고, 흥정하고, 거스름돈을 확인하는 것까지 용돈을 쓰는 과정에서 배울 수 있는 것은 너무도 많다. 그렇다면 아이에게 필요한 돈은 어떻게 줘야 합리적일까?

1. 아이의 나이가 어릴수록 간격이 짧아야 한다

나이가 어릴수록 계획하고 통제하는 능력이 떨어진다. 그래서 용돈을 주는 간격이 짧아야 한다. 일반적으로 10살 미만의 아이들은 1주일에 한 번, 10살 이상의 아이들은 2주 혹은 한 달에 한 번부터 점차 한 학기에 한 번으로 늘려갈 수 있다.

2. 정해진 사람이 정해진 날짜에 줘야 한다

용돈을 줄 때는 정해진 사람이 정해진 날짜에 주는 것이 좋다. 예를 들어 매주 월요일이라고 정하면, 직장인이 월급을 받는 것과 비슷한 느낌을 줄 수 있다. 월요일을 선택하는 것은 주말에 용돈을 받아 일찍 다 소비해버리는 현상을 피할 수 있기 때문이다. 그리고 용돈은 정해진 사람이 줘야 한다. 용돈은 반드시 엄마에게만 요청할 수 있다고 정해두면 중복되는 경우를 방지할 수 있다.

3. 금 액

용돈의 기준은 상황에 따라 정할 수 있다. 용돈에 포함되는 소비항목, 부모의 경제상황, 아이의 친구들 용돈을 참고하고, 아이의 나이를 고려해야 한다. 일반적으로 10살 미만 아이의 용돈은 차비, 밥값 등과 같은 일상생활 소비를 포함하지 않는다. 7살 미만 아이의 매주 용돈은 5천원을 넘지 않는 게 좋다.

용돈이 생기면 아이에게 어떻게 사용해야 하는지도 가르쳐야 한다. 불합리하거나 정당하지 못한 곳에 사용하면 아이에게 나쁜 영향을 끼칠 수도 있다. 부모는 아이 나이가 어릴수록 돈을 어디에 사용하는지 세심하게 관리 감독해야 한다. 하버드 자산관리 전문가들은 입을 모아 용돈의 사용처를 구분해주라고 조언한다.

1. 지식을 배우는 것

돈을 알게 한다는 것은 단지 돈의 액면가를 말할 수 있게 하는 것이 아니다. 아이가 이 돈이 어느 정도의 실제 가치를 나타내는지 알게 되는 것이다. 교통수단을 이용할 때 아이에게 돈을 내게 하면 상대적으로 편하고 쾌적한 교통수단 비용이 그렇지 않은 것보다 비싸다는 것을 알 수 있게 된다. 여름에 아이에게 아이스크림을 사오게 해서 서로 다른 브랜드의 아이스크림을 인식하게 할 수도 있다. 좀 더 큰 아이들에게는 거스름 돈의 행위를 보고 배우게 하여 돈의 단위 간 환산관계를 알게 할 수 있다.

2. 소비 배우기

물건을 사는 과정에서 부모는 아이에게 신중한 결정에 대해 가르쳐 합리적인 소비관을 형성하게 도울 수 있다. 돈이 있다고 해서 사고 싶은 것은 다 사도 된다는 뜻이 아님을 알려주는 것이다. 어떤 것이 필수적이고, 어떤 것은 있어도 그만 없어도 그만인지, 어떤 것이 낭비인지 분별할 수 있도록 도와야 한다. 아이가 자연스럽게 써야 할 돈은 쓰고 그렇지 않아야 할 돈은 아낄 수 있게 된다.

물건을 살 때 간단한 계산은 아이가 할 수 있도록 하자. 심부름을 시켰을 때는 총 얼마가 들었고 거스름돈이 얼마인지 설명할 수 있고 교육도 시킬 수 있다. 이런 것들은 모두 아이에게 실전경험과 훈련이 된다.

3. 자산관리 배우기

아이가 초등학교에 들어가면 용돈으로 자산관리 교육을 진행할 수 있다.

(1) 아이에게 은행계좌를 개설해준다

아이가 금융기관에서 업무를 처리하는 절차를 익히고, 계좌의 돈이 자신의 소유라는 것을 알게 된다.

(2) 계획적인 지출을 가르친다

한 주의 지출을 근거로 각 항목에 대한 구체적인 지출예산을 계획할 수 있다.

(3) 용돈 기입장을 쓰고 계산하는 법을 배운다

용돈 기입장에 지출 항목을 쓰고 매 주말에 비이성적인 소비가 있지는 않았는지, 수입과 지출이 평행한지, 각종 지출과 예산에 차이가 있는지, 예산이 불합리했던 것인지, 소비에 문제가 있었던 것인지를 정리해보는 것이다. 이를 종합해보면서 다음 주의 계획을 조정하게 된다.

4. 사랑 표현

기부는 아이가 자신의 돈으로 하도록 하는 것이 좋다. 그러면 아이는 득실을 저울질하고 선택해야 하는 순간을 맞닥뜨린다. 또한 명절이나 생일 때, 아이가 용돈으로 가족에게 작은 선물을 사게 해서 돈으로 사랑을 전달하고 표현하게 해보자. 그 과정에서 아이는 돈이 사람의 욕망을 만족시키는 것뿐만 아니라 더 많고 더 높은 가치와 의미도 가지고 있다는 것을 이해할 수 있게 된다.

부모는 매우 진지하게 용돈에 대해 아이와 상의해야 한다. 자신에게 주어지는 용돈이 가정생활 속의 한 제도라는 것을 인식시키는 것이다. 용돈을 부모의 감정에 따라 맘대로 늘리거나 줄이는 금액이 아니고, 필요하다고 해서 무한정 줄 수 없다는 사실도 깨닫게 해야 한다. 용돈에 대한 협의가 이루어지면 쌍방은 이를 잘 준수하는 것 또한 교육이다.

용돈의 유무, 금액은 부모와 아이의 사랑과는 무관하다. 하지만 부모는 자신도 모르게 아이에게 그 둘의 관계를 암시하고 있다. 예를 들면 "요즘 너의 태도가 아주 좋지 않고, 나는 너의 태도가 마음에 들지 않는다. 계속 그러면 다음 주에 용돈을 받을 수 있을 거라고 기대하지 마라."라는 식이다. 아이가 부모의 사랑의 크기에 따라 용돈도 변한다는 잘못된 인식을 갖지 않도록 해야 한다.

하버드 자산관리 비법

부모는 아이가 자산관리 계획을 세우는 것을 도와주어야 한다. 아이를 설득하여 용돈의 일부를 저축하도록 유도하는 것이다. 저축한 돈이 늘어날수록 아이가 세운 목표와 가까워지고, 저축으로 자신이 원하는 목표를 달성할 수 있다는 것을 느낄 수 있다.

64

자녀에 대한 투자도 줄다리기가 필요하다

세계 제일의 부호 빌 게이츠가 은퇴를 선언하면서 5백8십억 달러의 전 재산을 사회에 환원하겠다고 밝혔다. 이에 대해 중국의 부모들은 탄식과 함께 스스로에게 이런 질문을 던졌다.

"자식에게 돈을 물려주는 게 자녀를 위한 최선일까?"

"부모로서 대체 아이에게 얼마만큼을 해줘야 적당한 것일까?"

자녀는 부모에게 눈에 넣어도 아프지 않은 존재이다. 사람들의 생활수준이 끊임없이 상승하고 대다수의 가정에서 한두 명의 아이를 양육하면서 부모들은 아이들을 위해 아낌없이 돈을 쓴다. 하지만 부모는 아이에 대한 투자에 있어서만큼은 언제나 더 합리적이고 효과적인 방법이 있는지 찾아야 한다. 부모로서 아이에 대한 투자에도 절제가 필요하다는 것이다.

아이에 대한 투자는 아이가 성장하는 데 있어서 불가분의 관계이다. 이로 인해 '아이에 대한 투자'라는 말만 나오면 여전히 부족한 것이 아닌가, 더 나은 방법이 있는 건 아닌가 하고 두려워한다.

이에 대해 하버드 자산관리 전문가는 아이에 대한 적은 투자로 큰 효과를 거두기 위해서는 부모가 먼저 투자 범위를 고려해야 한다고 말한다.

1. 오락 투자

영유아기의 아이에게는 오락성 투자가 대부분이다. 아이를 즐겁게 하고 재미있게 놀게 할 수만 있다면 여기에 쓰는 돈은 충분히 가치가 있다. 아이를 데리고 공원이나 동물원, 놀이공원에 가거나 공연을 보고 여행을 가는 것 등을 포함한다. 아이의 명랑한 성격을 기르고 사물에 대한 인지능력을 키워주기 때문에 아이의 건강한 성장에 매우 필수적이다.

2. 지식 투자

영유아기의 아이에게 계발형 장난감, 글자 익히기 그림 카드 등을 사주고, 큰 아이들에게 그림과 글이 풍부한 서적이나 다이아몬드게임, 장기, 지구본 등을 사줄 수 있다. 특별한 수요가 있으면 과학기기제품을 살 수도 있다.

지식수준의 높낮이는 선천적인 요인 외에도 후천적인 개발이 중요하다. 아이의 지식수준은 종종 어른의 상상을 뛰어넘기 때문에 이를 충분히 발휘할 수 있는 기회를 준다면 당신은 아이가 얼마나 똑똑하고 창의적인지 발견하게 될 것이다.

3. 예술교육 투자

어렸을 때부터 '미'의 영향을 받게 하는 것은 아이의 건강한 인격과 영혼을 형성하는 데 아주 중요하다. 예술교육에 대한 투자는 임신기간에 태교음악을 듣는 것, 유아기에 전자오르간을 사주는 것, 각종 음악을 듣는 것 등이 있다.

가정의 경제조건이 허락하는 상황에서 아이의 흥미나 타고난 재능에 따라 좋아하는 악기를 사줄 수도 있다. 자주 아이를 데리고 그림, 조각, 사진 등의 전시회를 다니는 것도 아주 좋은 선택이다.

4. 체육 투자

아이의 체력이 좋아지고 자세가 바르도록 고무공이나 줄넘기, 배드민턴, 엑스밴드, 축구공, 농구공 등 아이의 나이에 맞는 체육기구를 살 수 있다. 스포츠센터에 보내 기본기를 익히도록 하는 것도 실속 있는 방법이다.

5. 노동 기능 투자

아이가 움직이는 습관과 노동기능을 기르게 하려면 유아기에 작은 물통이나 삽 등을 사줄 수 있다. 어떤 부모는 이런 투자에 대해 의아해할 수도 있지만, 멀리 보면 이로 인한 수익은 측량할 수 없고, 빨리 투자하는 것이 늦게 하는 것보다 훨씬 낫다.

사회의 부가 늘어남에 따라 아이들의 세뱃돈도 늘어나고 있다. 아이에게 경제관념을 교육 시키고 싶다면 아이와 상의하여 세뱃돈의 일부는 공부에 대한 지출, 일부는 일상생활의 용돈, 남은 돈은 투자하는 식으로 정할 수 있다. 이렇게 하면 한편으로는 아이가 지출관리에 적극적으로 참여하게 할 수 있다. 다른 한편으로는 아이가 투자의 의미와 현재의 소비로 미래의 소비를 대신하는 것에 대해 이해할 수 있게 된다.

PART 10

자기 스타일에 맞게 투자를 맞춰라

H A R V A R D

R I C H

C L A S S

H A R V A R D

R I C H

C L A S S

자산관리는 사람에 따라 방법이 다르게 적용된다. 자신의 실제 자산상황, 직업적 특성, 가정 구조와 발전 목표에 따라 적합한 자산관리 방법을 설정해야 한다. 개인의 성향이나 상황에 따라 자산관리를 명확히 이해한 사람은 높은 수익을 얻는다. 자신에게 적합한 것이 가장 좋다.

65

딩크족도 자산관리는 필수다

자유를 중시해서 부부만의 삶을 영위하고 싶어 하는 사람들을 우리는 '딩크족'이라고 부른다. 딩크족 부부는 관계가 좋고 가치관도 유행을 선도한다. 뿐만 아니라 생활의 질에 대한 요구 수준도 높다. 하지만 재미있는 건 그들의 대부분이 '재맹財盲'이라는 것이다. 다시 말해 자산관리에 대한 개념이 없다는 말이다. 시간과 힘이 없어 재산관리를 못하고, 아이가 없기 때문에 자녀교육비에 대한 부담이 없어지면서 그들은 일상 소비에서 절제를 잘하지 못한다. 그래서 일반적인 딩크 가정에는 자산관리 위험이 존재한다.

레옹은 35살로 대학원을 졸업했고, 모 외국계 기업의 영업관리자로 월수입은 1만5천 달러다. 일의 특성상 그는 국내외 출장이 매우 잦았다. 그의 아내는 32살로 대학 졸업 후 모 병원에서 외과의사로 일하고 있으며 월수입은

8천 달러다.

두 사람은 평소 고강도, 고압박의 업무를 처리하기에 바빠 즐거운 가정생활을 누릴 여유가 없다. 그래서 결혼 한 지 6년째인 지금도 아이가 없다. 두 사람은 평생 자신이 사랑하는 일을 하며 '딩크'로 살기로 결정했다.

하버드 자산관리 전문가가 레옹 가정의 경제 상황에 대해 분석을 진행해보았다.

(1) 자산상황은 좋은 편이다. 빚이 있기는 하지만 부동산 월세 수입으로 대출금 일부를 해결하며 대출의 위험을 해소하고 있다.

(2) 미래에 대한 준비를 어떻게 해야 하는지 모른다. 얼마만큼의 자금이 있어야 생활 목표를 만족시키는지에 대해 정확한 감을 잡지 못하고 있다.

(3) 현금 자산이 효과적으로 사용되고 합리적으로 배분되어 있지 않다. 가장 큰 위험은 미래 몇십 년의 통화팽창 위험이다.

만약 그들이 55살에 은퇴하고 나서 현재처럼 매월 5천 달러를 사용하는 생활수준과 비슷한 생활을 유지하고자 한다면, 통화팽창의 영향을 고려하여 20년 후에는 대략 매월 1만5천 달러가 될 것이다. 그들의 사회 노후보험, 월세 수입을 제외하면 레옹이 55살일 때 540만 달러의 현금 자산이 있어야 한다. 단, 이것은 수명이 85살이라고 가정한 경우에 한한다.

그렇다면 5십만 달러의 저축, 매년 19만 달러의 자금 흐름으로 20년 후에 어떻게 5백4십만 달러를 만들 수 있을까? 이를 위해 그의 구체적인 실행 방법은 다음과 같다.

1단계 : 가정 보장 계획 세우기

질병과 가난, 상해나 사망으로 인해 자금부족의 위험을 피하기 위한 기초단계다.

2단계 : 긴급 펀드 계좌 만들기

3~6개월의 고정 생활비(대략 5만 달러)를 저축해 긴급한 소비에 대응하기 위한 방법이다. 한도가 높은 신용카드를 소유해 긴급 자금으로 쓸 수 있다.

3단계 : 현재 보유한 5십만 달러 현금자산의 분배

서로 다른 유형의 자산을 합리적으로 분배하여 투자 위험을 낮추고 전체적인 수익을 높인다. 주식형이나 채권형 펀드는 수익이 높은 편이고 현금 전환의 융통성을 가진 장점이 있다. 하지만 이 두 가지는 지속적인 관심과 조정이 필요하다. 유니버셜보험의 장점은 계좌 속 자금이 매년 일정 비율의 수익을 내고 보험사가 전문적으로 운영한다는 것이다. 단점은 초반의 비용이 높기 때문에 10년 이상 장기적으로 보유해야 한다는 점이다.

4단계 : 합리적으로 매년 19만 달러의 네트 캐시 플로를 배치하는 것

주식형 펀드 정기 투자는 정기 정액 투자, 높은 수익, 낮은 리스크로 중장기투자에 적합하다. 채권형 펀드 수익은 비교적 높고 현금 전환 능력이 강하다. 보험 보장은 의료 및 상해사고 보상 기능이 있고 거액의 지출 위험을 낮춘다.

레옹 부부는 매해 투자 자산 분배를 지속하고 제때 구체적인 상품으로 투자를 조절해야 한다. 엄격하게 감독 실행한다면 자신들의 자산 목표를 달성할 수 있다. 그로 인해 재물이 풍요로운 노후를 보낼 수 있게 된다.

하버드 자산관리 비법

딩크족 부부 중 한 명에게 상해나 질병이 발생되면 생활의 질이 비교적 큰 폭으로 떨어진다. 그래서 반드시 보험에 들어야 한다. 두 사람이 여행을 자주 간다면 상해 및 사망 보험을 들어야 한다. 또한 질병으로 인해 생활의 질이 떨어지는 것을 막기 위해서는 반드시 질병 상업 보험에 가입해야 한다.

은퇴 후의 생활도 고려해야 할 것이다. 은퇴 후 생활의 질을 떨어뜨리지 않으려면 노후 상업 보험을 들어 일생 보장을 계획해야 한다.

66

결혼 전에 자산관리 리허설이 필요하다

가정의 자산관리는 부부가 공통으로 감당해야 한다.

로렌은 올해 25살로 사무직 직원이다. 그녀의 남편은 대학 동기로 현재 한 회사의 영업직 직원이다. 두 사람이 직장에 다닌 기간이 그렇게 길지 않아 두 사람의 연수익 총합은 7천 달러 전후다.

두 사람은 이미 혼인 신고를 했고, 크리스마스 전후에 결혼식을 올리는 동시에 아이를 가질 계획이다. 서로의 부모님은 사전에 그들에게 집을 사주었지만, 인테리어나 가구 사는 비용은 두 사람이 스스로 부담해야 했다. 그래서 그들은 이미 저축해놓은 돈을 거의 다 썼고, 현재 5천 달러의 저축과 국채 5천 달러가 남았다. 두 사람은 어쩔 수 없이 매월 지출을 1천 달러 이내로 조절하고 있다.

로렌과 그녀의 남편이 현재 직면한 자산관리 문제는 차를 사기에 적합한 상황인지, 아니면 아이 출산 후 계획이 먼저인지가 고민이었다. 로렌은 온라인 쇼핑몰을 오픈할 생각이지만 자금 문제를 어떻게 해결해야 할지 어떻게 자금을 조달해야 할지도 고민하고 있다.

25살 전후의 로렌과 남편의 생활수준은 중상에 속한다. 부모의 도움으로 결혼하자마자 집을 가지게 되어 사는 데 걱정은 없다. 하지만 그들 역시 가정의 위험에 대처하는 계획이 부족하다. 보험에 대해 적당하게 고려하고 융통성 있게 자산관리를 조정하면 미래 생활에는 더 나은 보장을 가지게 될 것이다.

하버드 자산관리 전문가는 그들의 구체적인 상황에 따라 다음과 같은 제안을 했다.

1. 현재 보유한 저축과 후속 수입을 과학적으로 관리하기

아이 교육에 대한 자산관리 계획은 전문적으로 세워야 한다. 하지만 로렌의 저축은 많지 않고 앞으로 쓸 돈도 불확실한 요소가 너무 많다. 그래서 당장의 급선무는 세밀한 계산과 과학적인 자산관리다. 사회보험 등과 같은 기본 보장 외에 두 사람에게는 적당한 양의 상해보험과 중대질병보험이 필요하다. 이런 보험의 보험료는 비싸지 않고 보장 능력은 강하다. 이외에 은행에서 '은행 카드 가입 시 보험 증정'을 하는 판촉 활동을 진행하고 있어 이런 카드 개설 방식으로도 보험을 얻을 수 있다.

만약 로렌과 남편의 미래 수입이 늘어나면 그들은 노후보장 형식의 생명보험을 들 수 있다. 현재 가지고 있는 1만 달러의 저축과 국채가 만기가 되면 순가치가 비교적 안정적인 주식형 펀드를 생각해봐야 한다. 저축이 늘어나면 아이의 교육 역시 자연스럽게 좋은 보장이 생기는 것이다.

2. 차량 구매는 미루기

가정에 차 한 대쯤 보유하는 것이 필수적이다. 하지만 자신의 경제적 상황을 고려해야 한다. 맹목적으로 유행을 따를 것이 아니다. 자동차의 유지비는 생각보다 높다. 하지만 로렌이 창업을 생각하고 있으므로 차를 사는 것은 잠시 보류해야 한다.

3. 창업자금 조달을 위해 개인 창업대출을 이용할 수 있다

금융 기관에서는 소기업 경영자나 개인사업자를 대상으로 하는 대출을 출시하고 있다. 이 대출을 통해 빌린 돈은 부동산 보증금으로 쓸 수도 있다. 융통성 있게 신용대출 자원을 이용하여 창업자금을 얻을 수 있는 방법이다.

새로운 가정이 제대로 세워지지 않았을 때에도 자산관리 리허설은 시작된다. 로렌과 남편이 자산관리 개념을 유지할 수 있고, 현명함과 능력을 더할 수 있다면 그들의 미래는 화목하고 풍족해질 것이다. 하버드 자산관리 전문가는 예비부부에게 결혼 전에 반드시 자산관리 문제에 주목해야 한다고 말한다.

(1) 상대방의 소비습관을 존중한다. 각자의 소비개념이 다르기 때문

에 상대방의 생활습관을 존중해야 한다. 지나치게 간섭하지 말고 서로 같은 일상생활에서 점차적으로 바꾸거나 적응하게 하는 것이 좋다.

(2) 개인이 관리하며 흩어져 노는 돈을 모아 자산관리에 비교적 경험이 있는 쪽에서 운용하는 것도 좋다. 예를 들어 주식이나 펀드에 투자해 매년 은행이자의 1~2배의 고정적인 수익률을 얻는다면 부부의 공동 투자금이 더 큰 수익을 낼 수 있다.

(3) 가정을 지키는 자산 체계를 자각해야 한다. 서로 수입과 지출을 관리 감독하기 편하도록 비자금을 따로 만들지 않는 것이 좋다. 대신 쌍방향으로 관리하는 방법을 시행하자. 한쪽이 회계를 맡으면 다른 한쪽이 출납을 맡을 수 있게 하는 것이다.

하버드 자산관리 비법

결혼을 앞둔 예비부부는 공동명의로 은행에 적립식 저금을 들 수 있다. 이 자금은 채권을 사는 데 사용될 수도 있고, 생명·상해보험이나 가정 재산보험에 투자할 수도 있다. 신혼부부는 자녀 양육, 집 구입, 가구 구매 등에 대한 장기적인 자산관리 계획을 세워야 한다. 사전에 세밀하게 생각한 뒤 구체적인 수입과 지출 배치하면 된다.

67

풍요로운 가정은 현실에서 가능하다

"결혼하면 삶을 계산할 줄 알아야 한다."

결혼은 두 명의 독립적인 생명체의 결합이자 두 가지 독립적인 자산관리 기록의 합병이다. 아름다운 생활을 위해 평생 열심히 노력하고 행복한 자산관리 전략을 세워야 한다. 리스크를 컨트롤한다는 전제하에, 수입을 더 효과적으로 운용하는 방법을 배워야하는 것이다. 그래야 가정의 부가 더 빨리 축적되고 더 행복한 날들을 보낼 수 있게 된다. 하버드 자산관리 전문가들이 신혼부부들을 위해 현명한 자산관리법을 제시했다.

1. 먼저 계산하기

자산관리 계획을 짜기 전, 두 사람의 수입과 지출 뒤에 남은 순 잉여를 계획해야 한다. 막 결혼했다고 해서 통 큰 소비를 감행하다간 빚쟁이가 되고 만다.

2. 소 비

가구나 가전 등이 갖춰진 신혼부부는 불필요한 소비 지출만 통제하면 매월 잔고를 월수입의 40~50%로 유지하는 것에 큰 문제가 없다. 월 생활 지출의 3~6배를 임시 긴급 자금으로 남겨두고 나머지 자금으로 투자계획을 진행할 수 있다.

3. 투 자

신혼부부는 젊고 경제적으로 과도한 부담이 없다. 리스크를 감당할 능력이 비교적 강하고 투자 손실을 회복할 수 있는 능력도 강하다. 부를 축적하고 가정 자산규모를 키우기 좋은 시기이기도 하다. 그래서 리스크가 높고 수익률이 좋은 자산관리 상품에 투자하면 유리하다.

4. 집

신혼부부들은 하루 빨리 집을 사는 것이 목표다. 그러나 단기간에 주택 구매 자금을 모으는 것은 쉽지 않다. 그러므로 안정적이면서 높은 투자수익률을 내는 자산관리 계획을 고려해야 한다. 이 시기에는 월세방을 사는 것도 좋다.

5. 보 험

부부 중 한쪽에 안정적인 직업이 없는 경우 경제 수입이 있는 쪽, 다시 말해 가정 경제의 기둥 역할을 하는 사람이 먼저 보험에 들어야 한다. 경제 기둥에게 사고가 발생하더라도 다른 한쪽이 안정적인 자산지원을 받을 수 있기 때문이다.

가정의 경제력을 확인하고 나면 발전의 필요에 따라 자산관리를 계획해야 한다. 가정의 투자 자산관리는 임의로 해서도 계획 없이 해서도 안 된다. 만약 규칙에 따르지 않으면 가정 자산관리는 관리가 되지 않을 뿐만 아니라 화만 불러온다. 이런 규칙에는 어떤 것들이 있을까?

1. 상대방의 소비습관을 존중해야 한다

부부는 서로 다른 환경에서 왔고 경제적 배경, 소비습관이 다르다. 그래서 소비 개념 역시 차이가 있을 수밖에 없다. 상대방의 소비습관을 존중하고, 상대방의 지나친 절약이나 소비에 대해서도 간섭을 삼가고, 미래의 공동생활 속에서 순차적으로 개조와 적응을 진행할 수 있도록 해야 한다.

비교적 큰 자산수입과 지출에 대해서는 소 잃기 전에 외양간을 고쳐야 한다. 함께 상의하면 미래에 발생하는 문제에 대해 논쟁한다든가 부부 관계에 악영향을 주는 일을 방지할 수 있다.

2. 이성적인 소비관을 유지해야 한다.

신혼 가정의 경제기초는 비교적 약하기 때문에 경제력을 초과하는 겉치레나 사치, 맹목적 소비를 삼가야 한다. 상대방이 불필요한 구매를 제안 혹은 요구할 때 솔직하게 말하거나 자연스럽게 거절해야 한다. 하지만 서로에게 일정한 자주권을 주어 불시의 필요에 대비해야 한다.

3. 자금을 집중해야 한다

부부는 서로의 수입과 지출을 공개하고 비자금을 따로 만들지 않아야 한다. 일상적인 지출을 제외하고 서로의 잔고를 관리하고, 은행에 저축하고, 채권을 사고, 보험에 가입해야 한다. 조건부로 증권 펀드나 주식 등에 투자할 수도 있다. 세심한 운용으로 가정 자금이 만족스러운 수익을 낼 수 있다.

4. 가정의 미래를 계획해야 한다

젊은 부부들은 실현해야 할 목표를 가지고 있다. 집을 사고, 가구를 더 사고 자녀를 양육하는 것 등이다. 동시에 예상치 못한 일들이 발생해 돈을 써야 할 수도 있다. 그래서 부부는 미래에 대한 치밀하고 장기적인 계획을 세워 구체적인 수입 지출 분배를 설정해야 한다. 계획적 소비, 수입에 맞는 지출, 매년 일정한 잔고까지 관리하는 방법이다.

5. 가장 핵심은 가정의 수입 지출 장부를 만든다

가계부를 쓰면서 매월 자산수입과 지출상황을 파악하자. 가정의 경제 수입 지출에 대한 계획을 체계적으로 세울 수 있게 된다.

신혼부부는 경제적 분석을 통해 끊임없이 투자에 대한 자산관리 수준을 올려야 한다. 가정의 유한한 자금이 더 큰 수익을 낸다면 경제적으로 풍요로운 생활이 영위된다.

신혼 가정은 자녀교육비, 부부 노후자금 준비 등의 장기적인 자산관리 목표를 계획해야 한다. 상업 보험, 장기적인 주식형·지수형 정기 펀드 투자 등을 결합하여 부를 축적하는 것이 방법이다. 일이 바쁜 직장인들은 5~10년의 장기 펀드에 정기 투자를 지속하자. 자본이 평준화되고 티끌 모아 태산의 효과를 발휘한다. 또한 단기간의 등락으로 고민하지 않아도 된다. 단, 장기적인 투자는 자금력과 신용도가 좋고 신뢰도가 높은 펀드 회사를 선택해야 한다.

68

현명한 판단이 경제의 간극을 좁힌다

이혼율이 높아지면서 재혼 가정 또한 늘고 있다. 초혼이 여자와 남자 일 대 일의 결혼이라면 재혼은 두 사람 이상의 조합이다. 아이가 있는 경우를 말하는데 이렇게 되면 자산관리문제 외에도 직면하게 되는 문제가 비교적 많다.

재혼자는 심리적, 인간관계적, 가정 경제적 등의 문제와 압박을 가지게 된다. 많은 재혼자의 마음속 깊은 곳에는 초혼 실패로 인한 그림자가 존재하고, 새로운 가정을 꾸리면서 상대방에 대해 경계심을 가지고 있다. 이로 인해 자연스럽게 감정적, 경제적으로 망설임이 생기게 된다. 혹여 또다시 상처받을까 두렵기 때문이다.

동시에 첫 번째 결혼에서 낳은 자녀와 재혼 후 낳은 자녀 등 관계상의 문제는 더욱 복잡하다. 그로 인해 가정의 자산관리가 일반 가정보다 훨씬 더 어렵다.

하버드 자산관리 전문가는 재혼 가정의 자산관리는 아래 네 가지의 기본 원칙에 반드시 주의해야 한다고 말했다.

1. 결혼 전 재산 공증을 진행할 수 있다

재혼 전에 자신 명의의 저축, 아파트, 점포와 같은 고정자산이 있을 수 있다. 이런 것은 재혼 전에 재산 공증을 거쳐 불필요한 갈등을 피해야 한다. 경제문제에 있어서 합리적 평등을 유지하는 길이다. 혼인 파탄 후 발생되는 경제적 갈등을 방지하기 위한 방법이기도 하다.

2. 많은 교류와 소통이 필요하다

가정의 자산관리에서 한쪽은 온건을, 다른 쪽은 수익을 중시하면 좋다. 상호보완성을 가지고 서로 배우며 교류할 수 있기 때문이다. 각각 결혼 실패를 경험한 두 사람의 결합인 만큼 반드시 두 배로 서로를 아끼고, 특히 가정의 자산상의 교류와 소통을 더욱 중시해야 한다.

3. 더치페이를 시행하라

충분한 소통이 이루어지고 경제 상황이 투명한 상황에서 부부는 더치페이로 자산관리를 할 수 있다. 재혼 부부는 각자 부모의 부양과 같은 정상 지출을 부담해야 할 뿐만 아니라 자신이 낳지 않은 자녀에 대해서도 책임과 의무를 다해야 한다. 만약 자산이 어느 한쪽에 집중이 된다면 갈등이 생길 수 있다. 그러므로 각자 독립된 더치페이 방식으로 경제 부담을 나누는 것이 적합하다.

4. 쌍방이 공동으로 경제적 압박을 분담한다

재혼 여성은 경제 조건이 좋은 남편을 만나면 자신의 일과 사업을 다 내려놓는다. 남에게 손을 벌리면서 열등감에 빠진다는 말처럼 남편이 아무리 돈이 많고, 경제적 조건이 아무리 좋아도 재혼 여성은 자립해야 한다. 그래야 가정에서 지위도 유지되고 남편의 경제적 부담도 분담할 수 있다.

가정의 재산 문제를 잘 처리할 수 있고, 합리적으로 자산관리 계획을 진행할 수 있으면 재혼 가정일지라도 마음에 간극 없이 서로를 사랑하고 아름다운 생활을 영위하게 된다.

하버드 자산관리 비법

가정의 재산 관리에는 유동, 분배, 조합 3단계가 있다. 유동이라는 것은 화폐 간의 유동과 화폐의 국제적 유동성이다. 분배는 서로 다른 종류의 자산의 비율 분배다. 금, 부동산, 유가 증권, 예술 소장품 등이 있다. 조합은 증권과 채권의 조합, 펀드와 주식의 조합 등이다. 가정의 자산관리는 고수가 바둑을 두는 것과 같다. 가장 핵심사항은 가정의 재산을 경제적 위험에 노출시키지 않는 것이다.

69

지금 얼마 버는지 따지지 말고 멀리 봐라

직장인 계층이나 중·저소득자는 "돈이 있어야 투자나 자산관리를 논할 자격이 있다."라고 말한다. 투자나 자산관리는 돈 있는 사람의 특권이고, 자신의 삶과는 무관하다고 여긴다. 매월 고정적인 수입으로 일상생활에 필요한 소비를 하고 나면 남는 돈이 없다는 것이다.

어떤 사람은 늘 자신이 가난하다고 한탄하고 물가가 너무 높다고 원망한다. 수입이 물가의 상승폭을 따라가지 못하면 자책하고 왜 부유한 가정에서 태어나지 못했는지 한탄하기도 한다. 심지어 자산관리 자체를 경멸하며 돈을 좇는 '세속적인 행위'라고 치부해버리기도 한다.

그러나 형편이 어려운 사람일수록 사회를 원망하기에 앞서 자산관리부터 해야 한다. 당신에게 백만 원이 있는데 자산관리를 잘못해서 손실이 발생한다면 즉각적으로 생활의 위기를 맞이하기 때문이다. 돈이 있는 사람은 자산관리를 잘못해서 절반의 재산을 날렸다고 해도 생활에 큰 영향을 받지 않는다. 그래서 '인생 경영' 과정에서 가난한 사람일수록 자산관리에 더 엄격하고 신중해야 한다. 자산관리는 우리가 평생 해야 할 과업이다.

우리의 일상생활은 돈과 떼려야 뗄 수 없다. 그렇지만 과도하게 돈을 중시하면 돈에 의해 자신의 가치관이 왜곡되고 돈의 노예가 될 수밖에 없다. "가난은 수치가 아니고, 부유는 죄악이 아니다." 돈이 없는 현실에서 냉정하게 자기 인생과 진실하게 마주해야 한다. 그래야만 철저한 자산관리로 생활을 개선할 수 있다.

부는 삶의 안정과 즐거움, 만족을 가져온다. 적절하게 부를 창조하되 돈에 매이거나 착취당하지 않아야 하는 것 또한 진리다. 이러한 개념을 자신의 머리에 장착했을 때 돈의 문제로 인한 고통을 피할 수 있다. 이를 위해 하버드 자산관리 전문가는 다음과 같이 몇 가지를 잘해내야 한다고 말했다.

1. 절약할 줄 알아야 한다

월급은 한정적이다. 꼭 써야 할 돈 외에는 절약해야 한다. 절약을 해야만 1년이면 그래도 봐줄 만한 돈을 모을 수 있다. 이것이 자산관리의 첫걸음이다.

2. 재원 개발을 잘해야 한다

잔고가 생기면 합리적으로 운용하고 가치를 증가시켜서 수익을 내야 한다.

3. 계획을 잘 세워야 한다

자산관리의 목적은 많은 돈을 버는 것보다 더 나은 삶을 살기 위함이다. 그래서 돈 있는 사람보다 돈을 버는 모든 사람들이라면 모두 관심을 갖고 수행해야 할 일이다. 자신의 미래 수요를 잘 계획하는 것이 자산관리에서는 매우 중요하다.

4. 합리적으로 자금 구조를 배치하고, 현실의 소비와 미래의 수입 사이에서 평행점을 찾아야 한다

이 부분에 대한 작업은 전문가에게 맡겨 대신 설계하고 이를 참고할 수 있다.

5. 자신의 수요와 리스크 감당 능력에 따라 수익률을 고려하라

고수익을 내는 자산관리 방법이 꼭 좋은 것은 아니다. 자신에게 맞는 게 가장 좋은 방법이다. 수익률이 높다는 것은 그만큼 리스크도 크다는 것이다.

자신에게 적합한 방법은 예상 목표에 도달할 수 있으면서도 리스크가 적은 방법이다. 맹목적으로 수익률이 높은 방법을 선택하지 말자. 기억하라. 당신의 자산관리 목표는 돈을 벌기 위해서가 아니다. 돈을 버는 것을 목표로 하는 활동은 투자다.

직장인들의 자산관리는 장기적인 계획이 있어야 한다. 매년 적은 자금을 투자해 보험에 들면 병이 나거나 도난당했을 때 보험사가 이를 감당해준다. 1년에 몇 백만 원만 내면 된다. 잔고의 대부분은 장기투자나 주식시장에서 우량 주식을 사들이는 것도 좋다. 주식시장에 봄바람이 일면 장기투자는 보물이 되어 당신에게 풍부한 수익을 가져다줄 것이다. 잔고에서 남은 푼돈으로는 국채를 사거나 통장에 넣어 불시의 필요를 준비하면 된다. 푼돈으로 복권을 사거나 스포츠 복권을 살 수도 있겠다. 어쩌면 이 적은 돈으로 큰돈을 얻거나 예상치 못한 기쁨을 맛볼 수도 있기 때문이다.

70

안정적일수록 깊고 넓게 관리하라

공무원은 안정적이고 복지도 좋은 편이다. 수입이 안정적이고 생활의 필요는 기본적으로 충족할 수 있다. 하지만 미래를 위한 장기적인 자산관리 계획을 간과해서는 안 된다. 각종 자산관리 목표를 달성하려면 자금이 중요한 문제가 된다. 하버드 자산관리 전문가들은 공무원같이 수입이 안정적인 가정은 기본적인 생활의 필요를 충족하고 나면 자산관리는 절약에서부터 시작해 잔고를 늘려야 한다고 말한다. 그 이유에 대해 다음과 같이 설명한다.

1. 본인의 노후보장에 대한 필요

공무원에 대해 국가는 상응하는 노후정책과 공무원연금을 제공하지만 은퇴 전의 생활의 질을 유지하려면 그 정도의 노후자금으로 대체하기엔 부족하다.

2. 자녀교육에 대한 필요

공무원은 사회적 지위가 높은 편이다. 그래서 자녀의 미래교육을 아주 중시한다. 하버드 자산관리 전문가들은 공무원 자산관리 방법을 별도로 제시한다.

(1) 성공적인 자산관리의 두 가지 큰 요소는 시간과 복리다.

(2) 과학적인 분배는 자산에 대한 보증이다. 교육비와 노후자금을 위한 저축에 있어서는 고수익을 위해 리스크를 감수하는 일을 삼가야 한다. 그렇다고 단순히 통장에 넣어두고 낮은 이자나 받다가 통화팽창의 공격을 받게 내버려둬도 안 된다. 적절한 투자 방법을 찾는 것이 지혜로운 방법이다. 분배는 자금 배치, 투자 배치, 보험 배치 등을 포함한다.

(3) 특별비용 전용 계좌를 개설해야 한다. 은행에서 자산관리 계좌를 개설해 투자할 것을 제안한다. 계획 실행 과정에서 실시간으로 자산관리 전 과정을 컨트롤할 수 있고, 교육비와 노후자금이 다른 사건의 영향을 받지 않도록 하여 전용 자금을 별도로 준비할 수 있게 된다.

(4) 강제적인 저축 습관을 길러야 한다. 수입 경로가 단일적이면 절약하는 능력을 기르는 것 밖에는 투자에 필요한 잔고를 얻을 수 있는 길이 없다.

현재, 비의무교육인 교육에 대한 비용이 날로 높아지고 외국 유학은 날로 보편화되고 있다. 공무원 가정은 교육비에 대한 걱정을 너무 많이 할 필요는 없지만, 만약 1회성의 큰 지출이 발생하면 경제적 부담이 클 것이다. 그래서 최대한 부에 대한 관리와 계획을 진행하는 것이 중요하다. 구체적인 방법은 다음과 같다.

1. 합리적으로 지출을 통제하라

공무원 수입은 안정적이기 때문에 자산관리에는 절약이 선행되어야 한다. 평소 가계부를 작성하여 지출을 통제하는 것을 추천한다. 이외에 신용카드 한 장을 발급받아 유동성을 높이는 것도 좋다. 이렇게 하면 매월 카드 명세서를 통해 자신의 평소 지출 용도를 파악할 수 있기 때문이다.

2. 자신에 대한 보장을 세워라

공무원에 대한 복지 수준은 높고 사회 보장도 잘 갖춰져 있다. 그래서 더욱 상해나 질병과 같은 상황의 출현을 예방해야 한다. 더불어 상해보험과 중대질병보험을 추가로 가입해 안전망을 구축하여 걱정거리를 없애면 금상첨화다.

3. 자산관리 도구의 선택은 온건함을 위주로 하되 수익도 고려하라

공무원은 업무시간이 고정적이기 때문에 투자연구에 시간과 힘을 쏟기 힘들다. 따라서 전문가의 도움을 받아 자산관리를 하는 것이 좋다. 단기간에 써야 할 돈은 국채나 금을 사는 것보다는 화폐나 단기 채권형 펀드를 사서 유동성을 보장하는 것이 좋다. 자산관리에는 온건성을 고려해야 하므로 신주 구입 신청형 상품이나 주식채권혼합형펀드를 위주로 사는 것이 유리하다. 고수익을 원하는 고객은 자산조합 중에서 적당하게 주식형 펀드를 배치하는 것도 방법이다.

4. 투자 유지, 복리 효과를 누려라

공무원의 월수입은 안정적이다. 그러므로 매월 잔고의 일부를 펀드에 정기 투자를 할 수 있다. 한편으로는 효과적으로 자본을 하향 평준화해 리스크를 낮추고, 다른 한편으로는 강제 저축이 가능하게 해 티끌 모아 태산을 만드는 효과를 낼 수 있다. 지수형 펀드와 스타일이 급진적인 주식형 펀드 같은 등락이 큰 펀드를 선택해 정기 투자를 진행할 수도 있다.

5. 다양한 서비스를 이용해 편하게 자산관리를 하라

공무원은 평소 업무가 바빠 자산관리에 많은 시간을 쏟을 수 없다. 은행에서는 인터넷 뱅킹, 모바일 뱅킹 등 전자은행 금융 서비스를 시행하고 있다. 펀드 상품을 구매하는 것에서부터 공과금을 납부하는 것까지 금융 업무를 전자은행을 통해 처리하면 된다.

위와 같은 방법들은 재원을 개발하고 절약할 수 있게 돕는다. 쉽게 자산관리를 하는 일은 더 이상 먼 나라의 이야기가 아니다.

하버드 자산관리 비법

적은 돈의 힘을 무시해선 안 된다. 짧은 시간을 제대로 활용하는 법을 알면 그 효과는 실로 놀라워진다. 단, 자산관리에는 의지가 필요하다. 정확한 인식을 가지고 굳건한 신념과 필승의 믿음부터 다져보자.

71

부유할수록 자산관리에 명확한 목표를 가져라

외국계 기업 임원은 수입이 높고 생활수준도 수입에 정비례하는 경우가 많다. 하지만 부유한 사람의 자산관리에도 리스크는 존재한다. 부부 모두 일과 수입이 안정적이며 교육 수준 역시 높더라도 합리적인 자산관리가 필요하다. 관리되지 않는 자산은 바람처럼 어디론가 흘러가버리기 때문이다.

앤드류는 올해 50세의 외국계 기업 임원으로 연봉이 3십만 달러 전후이고, 아내는 의사로 월수입이 1만 달러 전후이다. 그들의 아들은 올해 25세이고 대학원생으로 현재로서는 고정 수입이 없다. 앤드류 가정의 저축은 6십만 달러이고, 3십만 달러의 차 1대를 가지고 있다.

가정의 세 사람은 이미 건강보험과 상해보험을 들어두었다. 부부는 아들을 위해 결혼에 필요한 일체의 비용과 신혼집을 준비할 예정이다. 현재 두 사람은 아들의 결혼을 위해 복층형 주택을 사고 두 사람이 은퇴하면 아들 집으로 이사해 함께 살 생각이다.

앤드류의 부모는 이미 돌아가셨고, 아내의 부모는 외국에서 생활하고 계신다. 그래서 부모님 부양비 측면에서는 지출이 많지 않다. 앤드류는 골동품 수집 취미가 있어 이것이 가정의 고정지출 중 하나이다. 그 외에 그는 적당한 시기에 고급 승용차로 차를 교체할 생각이다. 앤드류 부부의 수입과 저축이 적지 않지만 이런 목표를 달성하려면 타당한 자산관리가 필요하다.

앤드류의 자산상황과 자산관리 목표는 다음과 같다.

1. 수 입

(1) 가정 연수입 합계는 4십만 달러 전후이다. 아들이 현재는 학생이지만, 석사 학위를 받게 되면 단기간에 일을 찾는 건 별 문제가 되지 않는다.

(2) 자산으로 6십만 달러의 저축이 있고, 살고 있는 집과 3십만 달러의 차가 있다. 부부 모두 일과 수입이 안정적이다. 미래의 수입 역시 상승하는 추세를 보일 것으로 예상된다.

(3) 가족은 건강보험과 상해보험에 가입되어 있고, 부부는 직장에서 세 가지 보험(노후, 의료, 실업 보험)과 한 가지 기금(공적금)을 가지고 있다. 생활상에서 기본적으로 걱정이 없다.

2. 지 출

매달 식비, 공과금, 주유비 및 기타 잡비 등이고 전체적으로 지출이 높지 않다. 현재 부부는 아들 결혼식 비용과 신혼집에 대한 준비를 계획하고 있다.

하버드 자산관리 전문가들은 앤드류 가족 세 사람의 나이, 직업적 특성, 수입 현황, 자산 현황 및 미래 사업 발전 추세뿐만 아니라 미래 생활수준의 질에 대한 수요를 고려해 자산관리 계획을 세웠다. 그 결과 자산의 유동성, 안전성, 수익성이 최적의 결합에 도달할 수 있는 방안이 설계되었다.

1. 화폐 자산관리 상품

앤드류는 현재 6십만 달러의 일반예금이 있다. 앤드류는 회사 임원으로서 평소 일이 매우 바빠 자신의 자산을 관리할 시간이 없다. 부인은 직업 특성상 온건한 투자를 추구한다. 그 외에 저축은 아들의 결혼 준비와 신혼집 구매를 위한 것이기 때문에 어떤 리스크도 원하지 않는다. 그래서 앤드류에게 5십만 달러의 자산관리 상품을 제안한다.

투자은행 어음, 국채, 금융 채권, 협의 예금 등에 투자하는 것이다. 투자리스크를 감당하는 것을 원하지 않으면서 비교적 높은 저축 수익을 얻고자 하는 사람들을 대상으로 한다. 구매 신청은 1천 달러 전후부터 가능하고 은행 자산관리 상품보다 문턱이 많이 낮고 부가적인 조건을 묶어서 사지 않아도 된다.

앤드류 가정이 2년 이내에 큰 지출이 예상되므로 남은 10만 달러의 예금과 월급 수입의 일부는 펀드에 투자하여 편리하고 빠르게 온건한 투자의 수익을 얻는 것을 추천했다.

2. 골동품 수집

앤드류는 골동품 수집의 취미를 가지고 있다. 그가 현재 거주하고 있는 지역에 골동품점이 여럿 생겼다. 그중에는 소장 가치가 높은 골동품을 가지고 있고 판매가격이 낮은 곳도 있다. 앤드류는 그곳을 둘러보는 데 여가시간을 많이 쓸 수 있다. 물건을 사들이기 위해서이기도 하고, 시장 상황에 따라 소장품의 우열을 가려 투자와 판매의 유기적인 결합을 이끌어낼 수 있는 기회이기도 하다.

3. 주택 구입

앤드류 가정은 이미 충분히 넓고 교통이 편리한 주택을 가지고 있다. 그들이 주택을 구입하려는 것은 아들의 결혼을 위한 것이다. 앤드류 부부가 나이가 들어 그 집에서 함께 사는 것을 생각해보자. 복층형 주택은 그들이 오르내리기도 매우 불편하고, 앞으로 태어날 아이에게도 위험하다. 게다가 현대 가정들은 독립적인 삶을 추구하기 때문에 자신만의 독립적인 생활공간을 가지고 싶어 한다. 젊은 사람들은 나이 든 사람들과의 생활습관 차이로 인해 장기간 함께 살면 충돌이 생길 수밖에 없다.

앤드류 부부가 현재는 몸이 모두 건강해서 자식의 보살핌이 필요 없다. 그렇지만 미래에 지불해야 할 유산세 및 현재 집값 거품이 너무 큰 것 등의 문제로 하버드 자산관리 전문가들은 다음과 같이 제안했다.

첫째, 주택대출을 받으려면 아들이 직장을 구하여 안정될 때까지 기다려야 한다. 아들의 명의로 대출을 받아 집을 사고 상속세를 면해야 한다.

둘째, 아들의 집을 살 때는 거리상으로 앤드류의 현재 집과 멀지 않아야 한다. 교통이 편리하고 아들의 미래 직장과 가까우면 더 좋다. 총액이 3백만 달러를 넘지 않는 방 2개 거실 1개의 주택이 적합하다.

이런 합리적인 설정으로 앤드류 가정의 자산관리 방법은 보다 명확해졌다.

하버드 자산관리 비법

투자자의 재력은 클 수도 작을 수도 있다. 지식이 많고 적을 수도 있고, 능력이 좋거나 그렇지 않을 수도 있지만 자신의 실제 상황에 따라 명확한 목표를 두고 자산관리 대상을 정해야 한다. 자산관리 전략을 세우는 것은 모두에게 공통적인 원칙이다. 모든 투자항목과 방식이 모든 사람들에게 적합한 것은 아니므로, 자산관리는 신발을 신는 것처럼 꼭 맞는 것이 제일 좋다.

72

사회초년생이라면 절약기능부터 마스터하라

갓 대학교를 졸업하고 들어간 직장의 급여는 보편적으로 적다. 사회에 적응하기 위해 준비하는 단계부터 자산관리의 곤경에 빠지는 것이다. 심지어는 사회생활 2~3년이 지나도 저축을 하지 못하는 상황이 벌어지기도 한다. 이제 결혼하고, 집을 사고, 가정을 이끌어 나가야 하는 일이 걱정으로 다가온다. 이로 인해 결혼 자체를 포기해버리는 사람도 있다.

이들의 자포자기는 돈이 없어서 생긴 문제가 아니라 돈을 관리하지 못해서 유발되는 경우가 많다. 학교를 다닐 때는 부모님이 주는 만큼 돈을 쓰기 때문에 자신이 예산을 정할 수 있는 경우가 거의 없었다. 이제 자신이 벌어서 자신이 쓰는 상황이 닥쳐오니 충동구매를 하고 합리적인 계획이 없어 처음부터 자산관리의 곤경에 빠지게 되는 것이다.

이에 대해 하버드 자산관리 전문가들은 사회초년생의 경우 대부분 가정의 지출을 감당할 필요가 없기 때문에 투자에 더 많은 장점을 가지고 있다고 분석한다.

코너는 올해 23세의 청년이다. 그는 직장에 들어간 지 3개월이 된 신입사원으로, 2천 달러의 월급을 받는다. 그의 월급 대부분은 월세, 외식비, 술값에 쓰인다. 그의 경제 상황은 일한 지 3개월이 되었지만 아무런 저축이 없고, 월말이 되어 텅 빈 지갑을 볼 때면 고민이 된다. 앞으로 곧 있으면 집을 사고, 차를 사고, 가정을 꾸려야 한다는 사실을 고민하는 것이다. 그는 어떻게 자산관리를 해야 하는지 모르고 있다.

코너는 미래의 가정을 위한 준비기에 있다. 경제적인 수입은 낮은 편이고 지출은 큰 편이다. 또한 현재 수입은 높지 않지만 미래의 수입 전망은 아주 좋다. 그래서 코너는 먼저 재산을 모으고 그 후에 가치 증가를 이뤄 집을 사는 순서로 자산관리를 진행해야 한다.

관리 방법 01 '눈덩이 굴리기' 저축법

'눈덩이 굴리기' 저축법이라는 것은 저축에서 언급했던 '12개의 통장' 방법이다. 매우 안정적이고 자산관리의 기회를 잃지 않을 수 있게 돕는다. 하지만 그 전에 사전 준비 작업이 필요하다. 저축할 때 은행에 만기 저축 자동 계좌 전환을 설정해두는 것이다. 이렇게 하면 저축 만기 후 제때 계좌 전환을 하지 않아 이자 손실이 나는 것을 막을 수 있다. 다른 한편으로는 저축 만기 후 이율이 떨어졌을 때 용이

하다. 만약 만기 후 이율이 올라가면 돈을 인출한 뒤 다시 저축하면 된다.

자산관리 방법 02 잠재력 발굴법

재원 개발에 속하는 것으로 월급 외의 제2의 수입을 만드는 것이다. 코너가 자주 밖에서 술집에 다니는 것은 그만큼 힘이 넘친다는 것이다. 자신의 잠재력을 충분히 발휘할 수만 있다면 아직 솔로일 때 더 발전할 수 있는 길을 찾아야 한다. 이는 자신의 본업에도 도움이 될 뿐만 아니라 굉장한 자본을 축적할 수 있다.

자산관리 방법 03 합리적인 투자법

앞서 말한 재원 개발, 절약 등을 종합적으로 운용하여 일정 시간 축적하고 나면, 코너는 분명 일정 재산을 소유할 수 있게 된다. 이때의 자산관리 중점은 투자로 향해야 한다. 강제적 저축 투자를 하거나 조건이 된다면 자산의 일부를 집을 사는 데 계약금으로 사용하면 된다. 부족한 부분은 은행에 대출할 수 있다. 강제적으로 대출금을 갚게 되면서 돈을 모으는 것이다. 남은 자산으로는 국채, 펀드, 신주 구매 신청 등 리스크가 적고 수익은 높은 항목에 투자하여 여기서 얻은 수익으로 대출을 더 빨리 갚을 수 있다.

만약 당신이 관련 지식을 가지고 있고, 강한 리스크 의식이 있다면 자산의 70%를 주식 같은 리스크가 높은 적극적 투자를 시도해볼 수도 있다. 남은 30%는 보수적인 투자, 예를 들어 국채, 정기저축 등에 투자하는 것이다. 아니면 자산을 5등분하여 국채, 보험, 주식, 정기저축,

일반예금에 각각 투자할 수 있다. 이렇게 하면 리스크 투자, 보험 투자, 긴급 자금 모두를 준비하게 된다.

자산관리 방법 04 보험 계획

질병보험은 현재 젊고 몸이 건강해서 가입비용이 상대적으로 낮기 때문에 최대한 빨리 중대질병보험을 드는 것을 생각해봐야 한다. 졸업한 지 얼마 되지 않았고, 사업 역시 성장기에 놓인 사람들은 이 단계에서 소비형 중대질병보험 비율을 늘려야 한다. 35~40세 이후에는 중대질병보험의 비율을 늘리면서 매년 보험 지출은 수입의 10% 이내로 통제해야 한다.

하버드 자산관리 비법

젊은 사람들은 소비를 할 때, 부지런히 말하고, 부지런히 계산하고, 부지런히 배우고, 부지런히 보고, 부지런히 달리는 절약 기능을 마스터해야 한다. 부지런히 말하는 것은 값을 깎는 것이고, 부지런히 계산하는 것은 계산을 잘해서 판매자의 숫자 놀음에 놀아나지 않는 것이다. 부지런히 배우는 것은 아는 사람, 인터넷, 잡지 등의 수많은 경로를 통해 새로운 소비 기술이나 자산관리 지식을 배우는 것이다. 부지런히 보는 것은 할인, 판촉 정보나 각종 상품의 발전 추세를 많이 보고 들어서 자신이 상품을 살 때 비교적 낮은 가격과 정확한 방향으로 사는 것을 말한다. 부지런히 달리는 것은 쇼핑할 때는 여러 곳에 발품을 팔아 비교하는 것이다.

73

노년의 삶에 안정을 더하라

은퇴 노인의 연령 상황과 적은 수입은 그들을 온건한 투자집단으로 만든다. 리스크 대처 능력이 약하기 때문이다. 따라서 노인들의 자산관리에서 제일 중요한 것은 바로 안정이다. 어떻게 하면 자산을 지키면서 가치를 증가시키고, 충족한 생활과 사상의 즐거움을 보장할 수 있을까.

하버드 자산관리 전문가들은 주식 같은 하이 리스크, 하이 리턴 종목은 노년층이 자산을 배치하는 데 적합하지 않다고 말한다. 특히 주식시장이 큰 폭으로 요동칠 때 노년층 투자자는 진정한 성장 가능성을 지닌 주식을 선택해 투자하라고 했다.

노후를 계획하는 사람들에게는 현금, 집, 의료가 가장 주된 요소다. 그래서 자산관리 상품이 안전하고 유동적이도록 40%의 리스크 자산과 60%의 무 리스크의 비율이 합리적이다. 리스크 자산은 비교적 온건한 펀드 위주여야 하고, 이와 동시에 보험은 절대 없어서는 안 된다.

노인에게 적합한 자산관리 상품은 은행의 고정 수익형 상품과 신주 자산관리 상품에 투자하는 것을 생각해볼 수 있다. 또한 정기 정액 투자방식을 사용할 수도 있다.

모든 사람이 은퇴 이후에 대해 걱정하는 것은 아니다. 어떤 직위의 사람들은 은퇴 후의 수입이 이전과 비슷하거나 심지어 더 많은 경우도 있다. 이런 사람들에게 은퇴는 무서운 일이 아니다. 오히려 경제적으로 보장이 있는 상태에서 아무런 걱정도 없는 삶을 영위하게 되기 때문이다.

은퇴에 대한 사전 준비가 필요한 이유는 전후의 수입 차이가 크기 때문이다. 수입과 지출의 평행 상태가 파괴되고 저축한 돈을 꺼내 쓸 수밖에 없는 상황에 대한 대비책을 세우는 것이다. 노인들도 사전에 자신을 위해 합리적인 자산계획을 잘 설정해두면 노년기라 할지라도 동일하게 먹고 사는 것에 대한 고민을 덜 수 있다고 믿는다.

노인이 되면 돈 쓸 곳이 줄어들 것이라는 우리의 일반적인 생각과 달리 은퇴 후에는 의식주, 자녀, 의료 등에 대한 지출은 큰 편이다. 투자로 인한 거액 손실을 감당하기는 매우 힘들다. 그래서 특별히 투자 안정성에 주의하고, 돈 벌 생각에 맘대로 투자하지 말아야 한다. 저축, 국채, 화폐형 펀드, 은행 자산관리 상품 등 저위험 상품에 주로 투자해야 하는 것이다.

몸이 건강하고 경제적으로 여유가 있고, 일정한 금융 자산관리 지식과 심리적인 감당 능력이 있다면, 은퇴 후에도 적당한 선에서 주식 등의 '안전 투자+위험 투자' 조합의 투자를 진행할 수 있다. 그렇다고 해도 긴급 자금을 위험투자에 사용해선 안 된다. 이 자금에는 가정의 일상생활 지출, 빌린 돈, 의료비, 주택대출금, 자녀 결혼 자금 등과 같은 필수 비용 지출이 포함돼 있기 때문이다.

이외에도 은퇴 후 노인들은 과도하게 자극적이고, 다변하는 다원화 투자 활동을 진행해서는 안 된다. 그러나 소량의 위험 투자는 사회 경제활동에 더 많이 참여하고, 심신 건강을 증진시키는 데 나쁘지 않다.

러시아의 유명 생리학자 파블로프Ivan Petrovich Pavlov는 "즐거움은 양생의 유일한 비결이다."라고 말했다. 그는 자신에게 3명의 의사가 있다고 말했는데 첫째는 고요함, 둘째는 즐거움, 셋째는 절식이라고 했다. 즐거움과 건강은 원래부터 서로 연관되어 있다. 즐거움은 반드시 건강을 촉진시킨다. 즐거움 자체가 심리적으로 유쾌함과 편안함을 주기 때문이다.

사람이 각 연령 단계에서 느끼는 즐거움은 각각 다르다. 노인의 즐거움은 몸이 건강하고, 경제적인 안정감이 있으며, 사회로부터 인정받는 것이다. 또한 적막함을 느끼지 않고, 자신이 아직도 쓸모 있다고 느끼며, 신앙이 있고, 만족감을 느끼면 삶이 유쾌해진다. 그래서 우리의 부모이자 선배가 점차 나이를 먹어 갈수록, 경제적인 보조 외에 그들의 심신 건강에 더 많은 관심을 가지고 즐거운 노년기가 될 수 있게 해야 한다.

독거노인이나 질병이 있는 노인도 집이 아닌 사회 속에서 노후를 보낼 수 있다. 양로원에 입주하는 것 외에도 노인 돌봄 서비스나 찾아오는 서비스를 신청하는 것이다. 노인을 돌볼 사람이 있고, 평소에 함께 이야기도 하고 놀 수 있는 사람이 있다는 사실만으로도 자녀의 걱정을 덜어줄 수 있다.

비용이야말로 세상에서 가장 값진 것이다.

공짜를 바라지 마라.

돈이 생긴 후에 공짜를 고민하라.

마윈

PART 11

위기 대처능력이 답이다

HARVARD

RICH

CLASS

H A R V A R D

R I C H

C L A S S

자연법칙과 같이 경제발전에도 일정한 주기와 법칙이 있다. 어느 정도 시간이 지나면 경제쇠퇴는 우리가 예상치 못한 상황에 찾아온다. 기업에 투자했는데 기업이 채무 위기에 처하거나, 주식을 구매했는데 주가가 3분의 2로 줄고, 은행에 저축을 했는데 은행 이율이 줄기 시작한다. 이렇게 사회경제는 우리 삶에 직간접적으로 영향을 미친다. 그런데 우리는 사회경제에 위기가 찾아왔을 때 대처방법을 잘 모른다. 직접 손해를 당해야만 우리의 자산관리에 대해 반성한다. 대체 무엇이 문제인가?

74

위기에서는 '졸'을 버리고 '수'를 지켜라

경제 주기 이론에 따르면 세계경제는 경기호황과, 불경기, 회복기, 쇠퇴기가 있다. 다시 말해 일정기간의 간격을 두고 늘 경제위기가 존재한다는 것이다.

경제위기가 닥치면 사람들은 고통스럽게 허리띠를 졸라매야 한다. 경제불황을 겪었던 사람들은 높아진 실업률, 주택 구입 대출금, 세금, 공과금, 보험료 등에 시달렸던 경험을 가지고 있다. 다시는 그 공포의 시간이 돌아오지 않기를 바란다. 하지만 경제 주기가 자신만의 뜻대로 되지 않는다. 그렇다면 불경기 상황에서 어떻게 하면 타격을 덜 받을 수 있을까. 하버드 자산관리 전문가들이 조언했다.

1. 집을 지켜라

우선적으로 주택대출금을 납부해라. 제때 대출금을 내지 않으면 당신의 신용 기록이 망가진다. 이렇게 되면 다시 주택대출이나 차 대출, 신용카드를 신청하는 것이 어려워진다. 아파트관리비, 공과금을 조금 밀리더라도 주택대출금은 최대한 연체하지 말아야 한다.

2. 신용카드

현금이 있다면 먼저 신용카드로 사용한 돈을 갚아야 한다. 적은 금액을 미리 지불하고 다른 부분은 남겨두면 된다. 만약 일시적으로 경제 상황이 나빠지면 신용카드로 주택이나 차 대출금을 지불해야 할 수도 있기 때문이다.

3. 노후보험 지출을 줄여라

경제위기에는 주식시장이 큰 폭으로 하락하기 때문에, 이때가 노후자금 계좌에서 돈을 꺼낼 타이밍이다. 하지만 만약 현금이 없거나 급히 지불해야 할 것이 있으면 노후보험의 지출을 줄이는 것도 고려해야 한다.

4. 선불카드를 사용하라

이용한도가 정해져 있는 선불 전화 카드, 선불 현금 카드를 사용해라.

5. 절약계획을 설정하라

절약계획을 설정하면 곤경을 버텨낼 수 있다.

이것들 중 몇 가지는 좋은 방법이 아닐 수도 있다. 하지만 위기 상황에서 효과를 발휘할 것이다. 금융위기의 경향이 날로 명확해지는 요즘 어떻게 자산을 보호할 것인지 관심을 가져야 할 때다. 다음은 하버드 자산관리 전문가들이 제시한 금융위기에 자산을 지킬 수 있는 방법이다.

1. 자본금을 지켜라

안전하고 온건하게 금융위기를 지나치고 싶다면 자본금을 지켜라. 금융위기에서 개인자산을 지켜내면 주식시장이 다시 좋아질 때 수익 발생의 가능성이 생긴다.

2. 고정수익상품으로 자산을 보호하라

세계의 경제가 쇠퇴하고 이율이 계속 내려가면 고정수익형 투자는 상대적으로 유리해진다.

3. 자산 배분 비율을 중시하라

자산관리를 원하는 투자자는 채권형 펀드의 투자력을 늘려라. 높은 유동성을 유지하면서 위험이 비교적 적은 수익을 얻을 수 있다.

하버드 자산관리 비법

우리는 정확하게 금융위기가 도래할지 예측할 수 없다. 속수무책으로 들이닥치는 경제위기에서 최대한 손실을 막아내야 한다. 동시에 소비의 효율을 높여 최소의 돈으로 최대의 수요를 충족시켜야 한다.

75

따뜻할 때
월동준비를 하라

겨울이 다가오고 있었다. 어느 날 토끼, 사슴, 여우 세 마리의 동물이 한데 모여 어떻게 겨울을 날 준비를 할지 토론했다.

토끼가 "나는 매일 음식을 찾을 때 더 꼼꼼히 찾아서 하나라도 더 저축해서 겨울을 날 준비를 해."라고 말했다.

사슴은 토끼의 말을 듣고 나서 "그렇게까지 해야 돼? 난 겨울을 날 음식을 미리 저장해본 적이 거의 없어. 겨울 날씨가 춥긴 하지만 내 몸은 아주 튼튼해서 밖에 나가 음식을 찾는 데 아무런 문제가 없거든. 물론 똑똑한 사냥꾼들은 조심해야 하겠지만 말이야."라고 큰 소리로 웃으며 말했다.

여우가 이 말을 듣고는 "다른 동물들이 먹을 것을 이렇게나 많이 준비하는데 조금씩 얻어먹으면 되지 뭐가 걱정이야?"라고 말하며 고개를 갸우뚱했다.

이 우화를 듣고 당신은 겨울이 되면 누가 더 따뜻하고 행복하게 지낼지 충분히 짐작할 수 있다. 우리도 이 동물들과 같다. 더 나은 생활을 위해 쉼 없이 달려야 한다. 불경기라는 환경 속에서 자산관리를 논할 때는 먼저 지갑을 꽉 움켜쥐어야 한다. 불경기 때 많은 사람들이 토론하는 것은 최근의 경제쇠퇴가 당신에게 어떤 영향을 끼쳤는가 하는 것이다.

사실 경제쇠퇴의 영향은 쉽게 드러난다. 예를 들어 많은 사람들이 스타벅스에서 5천 원짜리 커피를 마시다가, 경제위기에는 천 원짜리 캔커피를 마셔야 할 수도 있다. 어떤 사람들은 상황이 너무 타이트한 나머지 한 잔에 2백 원꼴의 믹스커피를 사서 직접 타먹어야 할 수도 있다.

경제위기가 닥쳐오면 절약하고 생활수준을 적당히 떨어뜨려야 한다. 돈을 헤프게 쓰는 데 익숙한 사람이라도 외식이나 계획 없는 쇼핑 등의 지출을 줄여야 한다. 1원을 아끼는 것이 1원을 버는 것보다 훨씬 쉽다.

경제위기는 사람들의 소비관도 바꾼다. 사야 하는 것만 사고 비싼 것은 사지 않는 것이다. 약속하지 않아도 모든 사람들의 공통된 선택이 된다. 경제위기 시에 주식시장은 줄곧 하락세를 기록하고 부동산 시장도 불경기를 맞는다. 각자 지갑을 움켜쥐고 월동 준비를 하기 때문이다.

재원을 개발할 수 없다면 절약 밖에는 선택의 여지가 없다. 꼭 필요한 것 외에는 큰 지출을 멈추고 예전보다 더 많은 월동 음식을 축적해야 한다. 생활수준을 한 단계 내리고 유지하면, 다급히 몇 계단을 내리는 것보다 훨씬 안정적으로 생활할 수 있다.

고소득층 역시 절약하는 생활을 시작해야 한다. 더 이상 자신의 소비를 초호화급에 머무르게 해서는 안 된다. 재원 개발이 어려운 상황에서 경제의 차가운 흐름이 자신에게 야기하는 손실에 맞서야 하는 것이다.

갈수록 사람들이 꼼꼼하게 계산하는 삶을 살기 시작한다. 돈을 아끼면서도 스스로를 푸대접받는 것을 원하지는 않기 때문에 인터넷에서 쿠폰을 다운받는다. 적지 않은 젊은 소비자들은 '쿠폰 라이프'로 소비를 절약할 수 있다고 말한다.

외국계 기업에 다니는 한 여성은 가까운 친구와 한 달에 총 세 번의 외식을 하는데, 식사 전에 인터넷에서 식당의 쿠폰을 찾아본다. 대부분 30% 전후의 혜택들이 있고, 운이 좋으면 50% 할인 쿠폰까지 찾을 수 있다. 만약 쿠폰이 없다면 15만 원에 가까운 돈을 써야 하지만 쿠폰을 사용하면 10만 원도 쓰지 않게 된다.

금융위기는 두 가지 측면에서 일반인들의 삶을 변화시켰다. 하나는 재산성 수입의 변화다. 주식, 채권, 투자성 부동산 자산, 보석, 소장품 등이 포함되고 그 가치에 변화가 생기는 것들이다. 다른 부분은 급여의 변화다. 예를 들어 직원의 급여 수입이 기업의 생산성 수요로 인해 조정되고, 급여 및 상여금 수입이 변동을 통해 오르거나 떨어질 수 있다.

이런 상황일수록 신중한 자산관리를 지속해야 생활의 질이 안정적으로 상승하는 것을 보장할 수 있다. 경제위기 시에도 두려워할 것은 없다. 침착하게 생활을 지속할 방법이 무엇인지 찾는 것이 먼저다. 그럼 경제위기가 피할 수 없이 도래한다면 개인이나 가정은 어떻게 이를 대처해야 할까?

(1) 경제위기가 찾아오면 부동산, 차와 같은 자산을 사지 않아야 한다. 경제 상황의 하락세에서는 어디가 바닥인지 알 수 없다. 개인이나 가정의 몇 안 되는 자산은 경제가 곤두박질치는 과정에서 남김없이 사라질 수도 있다.

(2) 자신의 직장을 소중하게 생각해야 한다. 경제위기가 왔을 때 소득과 지출이 정비례하지 않을 수 있다. 회사도 지탱하는 힘을 받아야 파도에 휩쓸려가지 않고, 나뭇잎 위에 매달린 한 마리의 개미처럼 파도에 따라 흘러갈 수 있다.

(3) 여유 자금이 있다면 경제위기 시에 토지나 석유, 강철, 식품 등 재생 불가 제품이나 광물 자원, 생활필수품을 구입한다. 식품은 배고프지 않게 할 수 있으며, 재생 불가 제품이나 광물 자원은 어떤 시기에도 계속 소모해야 하는 것이자 갈수록 줄어드는 것이다. 이 때문에 자산이 가치를 유지하거나 증가하는 것을 보장할 수 있다.

(4) 주식, 금 투자 등을 멀리하라. 경제위기에서 주식은 휴지 조각으로 전락할 수 있다. 절대 욕심내서 구매하면 안 된다. 언제 회사가 파산하고 주식거래가 멈출지 알 수 없다. 금은 비록 가치가 유지된다고 하지만 어쨌든 일반 등가물일 뿐 생필품은 아니다. 금 한두 돈이 밀가루 몇십 그램보다 못 할 수도 있다.

(5) 그림이나 골동품류를 사지 말아야 한다. 이런 물건들은 그 자체의 가치와 가격에 거리가 있기 때문이다. 이런 물건이 가치를 유지하

길 바라는 것은 독이든 술을 마셔 갈증을 푸는 것과 같다.

하버드 자산관리 비법

금융위기 시에는 사람들의 수입은 떨어지고 재원 개발이 어려워지면서 절약이 중요해진다. 경제위기는 추운 겨울과 같다. 하지만 그 시기가 도래했더라도 "그럼 그 뒤에는 봄이 오겠구나."라는 긍정적인 마음을 계속 유지해야 한다. 경제위기 속에서 비관하고 절망하면 세상에서 가장 어리석은 사람이 된다.

76

부동산 투자도 신중해야 한다

한때 유행했던 미국 할머니와 중국 할머니 이야기가 있다. 중국 할머니와 미국 할머니가 죽은 뒤 천국에서 만났다. 중국 할머니는 자신이 평생 번 돈으로 죽기 직전이 되어서야 집을 살 돈을 모을 수 있어서 그제야 새 집에서 살았다. 반면 미국 할머니는 먼저 주택대출을 통해 집을 사고 죽을 때쯤 대출금을 모두 갚았다. 그래서 그녀는 평생 자신의 집에서 살았다. 그렇다. 동일한 수입, 동일한 환경에서 아주 사소한 소비 형식이 달랐을 뿐이다. 그런데 미국 할머니는 평생을 자신의 집에서 살았고, 중국 할머니는 자신의 고집에 따라 죽기 직전에야 비로소 제집에서 사는 꿈을 이룬 것이다.

그 당시 언론과 개발사들은 이 이야기를 들어 내일의 돈으로 오늘의 꿈을 이루는 것에 대해 교육했다. 대출을 통해 집을 사고, 인테리어를 하고, 차를 사고, 소비를 하는 것에 대해 알려준 것이다. 그래서 '미리 소비하지 않는 사람은 겁쟁이'라는 인식이 생겼고, 우리는 카 푸어, 하우스푸어, 빚쟁이들이 되었다.

2008년 신도 예측하지 못한 일이 발생했다. 미국 할머니의 집에 문제가 생긴 것이다. 십수년을 산 집에 갑자기 더 이상 살 수 없게 되었다. 서브프라임 모기지론 위기가 발생해 은행에서 집을 빼앗아 갔기 때문이다. 이러한 금융 재난으로 미국 할머니는 눈물을 흘리며 그녀의 집이 은행에 의해 강제로 회수되어 팔리는 모습을 지켜봐야 했다. 게다가 그녀에게는 상환해야 할 빚까지 남았다. 이때 비로소 중국 할머니는 웃을 수 있게 되었다. 힘들게 평생을 번 돈으로 비로소 행복하게 살 수 있게 된 것이다.

미국 할머니의 소비의식은 한때 사람들의 소비 방향과 소비 방식을 대표했다. 하지만 새로운 소비관이 사회 전체에 편재하게 되면 리스크 역시 전체 사회에 편재하게 된다. 그 교훈 앞에서 미국인들의 소비습관과 심리에도 거대한 변화가 생겼다.

이 예시를 보니 대출을 통해 집을 사야 하는지, 저축을 해야 하는지 고민이 된다. 이는 역시 현재의 부동산 경기를 살펴봐야 알 수 있다. 경제학자들과 베테랑 연구원들은 일찍이 집값과 월세, 집값과 수입 비교 등 여러 각도로 부동산 업계에 대한 분석을 진행했다. 부동산 시장의 거품이 있으면 결국엔 파멸한다는 것이다.

그래서 부동산 가격이 합리적인 구간으로 돌아오길 기대했다. 정책의 압박 속에서 부동산 시장의 가격은 잠시 약간의 하락이 있었지만 이런 가격 하락이 그리 오래 지속되지 않았다. 미래의 집값이 경제학자들이 예상하는 것처럼 합리적인 가격으로 돌아가고 거품이 빠질 것인가? 혹은 가격이 계속 오를 것인가? 정부의 부동산 시장에 대한 간섭을 규범화하려면 중앙 정부의 개혁이 힘을 키워야 한다. 하지만 현재의 변형된 경제 속 특유의 현상으로, 행정 수단만으로 시장을 통제하기는 역부족이다.

그럼에도 불구하고 국가는 행정수단으로 집값을 안정시키고 감독할 것이라고 말했다. 만약 이 정책이 성공하여 집값이 안정적인 상태를 장기간 유지한다면 부동산 업계에도 더 폭넓은 발전이 있을 것이다.

하버드 자산관리 비법

하버드대학 박사이자 세계은행 전 총재, 미국 전 국무부 부장관인 로버트 졸릭은 미국인의 주택 소유 비율은 전체적으로 봤을 때 낮은 편에 속하는 60% 미만이라고 말했다. 많은 사람이 월세를 산다는 것이다. 하지만 능력이 있는 사람들은 30세 전후만 되도 첫 주택을 구할 수 있다. 부동산 시장에는 아주 많은 거품과 리스크가 존재하기 때문에 부동산에 투자할 때는 조심에 조심을 기해야 한다.

77

빚 앞에서는 두 손을 모으라

"주식이 묶였다."

"펀드에서 손해를 봤다."

"이자가 줄어들었다."

"부동산 가격이 줄었다."

"급여와 상여금이 줄었다."

전 세계를 강타한 금융위기는 이처럼 일반인들의 자금 수입, 자산관리, 소비 지출에 영향을 주었다. 주식시장이 움직이지 않고, 은행은 이자를 내리고, 채권 시장은 이상하리만큼 불타오른다. 그럼 '채권'을 사야 할까? 하지만 아쉽게도 은행 간의 시장은 개인에게 개방되지 않는다. 일부 기업 채권도 판매한도를 두어 개인의 구매 신청에 제한을 둔다.

채권은 정부, 공공기관과 주식회사 등이 비교적 거액의 자금을 마련하기 위해 발행하는 유가증권이다. 채권투자란 채권 발행인에게 돈을 빌려준다는 의미다. 그 대가로 이자를 받는 것이다. 쉽게 말해 이를 하나의 금융상품으로 보고, 증권시장에서 자유롭게 사고파는 것이 바로 채권투자다.

채권투자를 하는 방법은 크게 직접투자방식과 간접투자방식으로 나뉜다. 직접투자방식은 투자자가 직접 채권을 사고파는 것을 말하고, 간접투자방식은 전문가가 금융상품 운용을 대리하도록 하는 것을 말한다. 보통 초보 투자자의 경우 직접투자방식보다는 간접투자방식을 선호한다.

채권투자는 이자를 수령함으로써 이익을 얻는다. 대출을 받을 때 빌린 돈에 상응하는 이자를 내는 것처럼, 채권을 구매하면 정부와 기업 등이 빌려준 돈에 상응하는 이자를 주는 것이다. 그 결과 만기일까지 채권을 보유하고 있는 것만으로도 원금은 물론 이자까지 받을 수 있다.

또한 채권투자를 통해 자본 차익을 얻기도 한다. 금융상품을 저렴할 때 구매해 비싸게 매도하여 얻는 시세 차익 등이 자본 차익에 해당한다. 채권투자도 주식투자처럼 이러한 자본 차익을 통해 이익을 얻는 것이 가능하다. 하지만 평가손이 발생할 수도 있다는 점은 투자 시 유념해야 하는 부분이다.

채권은 발행주체가 정부, 지방자치단체, 특수법인 및 상법상의 주식회사이기 때문에 안정성이 상대적으로 높은 장점이 있다. 시장 위험의 경우에는 만기까지 보유함으로써 위험 회피가 가능하다. 다시 말해 채권을 발행한 기관이 망하지 않는다면 채권투자는 무조건 원금과 이자를 챙길 수 있다는 것이다. 만기일을 정해 돈을 투자한다는 면에서 채권투자는 오히려 정기예금과 흡사하다고 볼 수 있다.

일반적으로는 금리가 최고조에 이르렀다고 판단될 때 채권투자를 시작하는 것이 바람직하다. 금리 변동은 채권에 직접적으로 영향을 미치는 요소 중 하나다. 채권은 투자자에게 이자를 지급하는 금융상품인 만큼, 금리가 높아지면 채권 이자도 함께 상승한다. 그렇게 되면 자연스럽게 이자율이 낮은 기존 채권의 인기는 떨어지고, 시장에서 판매되던 채권의 가격은 하락하게 된다. 따라서 금리가 최고조에 이르렀을 때 채권을 매수한다면, 채권의 가격이 상대적으로 상승하는 금리 인하기에 높은 이익을 얻을 수 있어 유리하다. 투자할 만한 채권 상품을 발견했더라도 섣불리 투자하기보다는 시장 상황을 잘 판단해야 하는 이유다.

만기일에 원금과 이자를 모두 돌려받기 위해서는 채권을 발행한 기관의 신용도가 무엇보다 중요하다. 신용도가 낮은 기업이 발행한 채권을 섣불리 매수했다가 원금을 회수하지 못할 수도 있기 때문이다. 채권투자는 언제나 수익률보다 신용도가 우선이라는 점을 명심하고, 채권을 발행한 회사의 기업 정보 또는 신용 등급 등을 확인하고 채권을 선택해야 한다.

채권투자는 만기일에 따라 수익률이 달라지므로 투자 기간을 정하는 것에도 신중해야 한다. 단기 정기예금보다 장기 정기예금의 이자율이 높듯이, 채권투자 역시 장기투자상품일수록 수익률이 높아진다. 자금을 빌려 간 기관에 돈을 오래 맡기면 맡길수록 이자율 위험, 유동성 위험 등의 변화 가능성도 함께 커지므로 투자 위험도 함께 커지게 된다. 따라서 현재 금리 상황과 선택한 채권의 수익률을 고려하여 투자 기간을 신중히 정해야 성공적인 채권 투자가 가능하다.

금융위기는 일반인들의 삶에 두 가지 측면의 변화를 야기할 수 있다. 하나는 재산성 수입의 변화다. 주식, 채권, 투자성 부동산 자산, 보석, 소장품 등이 포함되고 그 가치에 변화가 생기거나 심지어는 줄어든다. 다른 부분은 급여의 변화다. 예를 들어 직원의 급여 수입이 기업의 생산성 수요로 인해 조정되고, 급여 및 상여금 수입이 변동을 통해 오르거나 떨어질 수 있다. 신중한 자산관리를 지속해야 생활의 질이 안정적으로 상승하는 것을 보장할 수 있다.

78

월세받기 전략으로 수익을 창출하라

아담은 대학교 근처에 위치한 방 3개, 화장실 2개, 거실 1개짜리 집을 가지고 있다. 이런 지역의 집은 당연히 월세 주기가 아주 좋았다. 학생들은 학교와 가까우면서도 자유로운 집을 선호하기 때문이다. 하지만 아담은 이 집 때문에 한동안 무척이나 골치가 아팠다.

대학생이 이처럼 큰집에 세를 드는 일이 극히 드물기 때문이었다. 집을 보러 오는 학생들은 많았지만 집 전체에 대한 월세 감당에 모두 부담스러워했다. 다른 사람과 함께 살려고 해도 인원수를 채우기가 힘들었다.

고민하던 아담은 아이디어를 냈다. 42평의 집을 작은 공간들로 나누고, 두 개의 화장실은 남자와 여자 화장실로 각각 나누고, 거실과 주방을 공동생활 구역으로 정했다. 이렇게 분리시키고 나서 다시 학생들에게 세를 놓기 시작했다. 큰집을 작게 나누니 월세도 더 잘 나갔다. 이 이후로 아담의 집은 비는 기간이 거의 없었다. 월세수입은 4천 달러가 넘었다. 원래 통째로 세를 줄 때

보다 더 많이 벌게 된 것이다.

큰 면적의 집을 작은 공간들로 나누는 아담의 방법은 정말 굿 아이디어였다. 원래 상태로 학생에게 세를 주어도 자연히 쉐어 하우스가 되어 3명에서 최대 5명까지 살았겠지만, 방세는 많이 받지 못했을 것이다. 아니면 인테리어를 하고 일반인에게 세를 주었다 해도 4천 달러를 간신히 받을까 말까 했을 것이다.

요즘은 면적이 작고 월세가 적은 집이 면적이 크고 월세가 비싼 집보다 세를 주기가 좋다. 아담의 집과 같은 큰집은 쉐어 하우스의 방식을 선택하면 더 쉽게 월세를 줄 수 있다. 월세도 소비자의 기호에 맞춰야 할 뿐만 아니라 전략을 세워야 한다. 그래야만 수익도 원래보다 더 높아질 수 있다.

손은 33평형 투룸을 투자용으로 샀다. 하지만 어떻게 세를 놓아야 할지 몰라 아직 인테리어는 하지 않았다. 이 집은 18층짜리 번듯한 고층 빌딩 중 1층이고, 서북향에 거실은 서쪽을 향하고 있었다. 면적이 아주 크고 바닥까지 닿는 윈도우가 되어 있어서 채광도 괜찮은 편이었다. 그런데 두 개의 침실은 북향으로 햇볕은 거의 들지 않았고, 주방과 화장실은 그렇게 크지 않고 창문도 없었다. 건물 입구 5m 전후는 녹지대이고, 5m 밖은 작은 도로 2개가 서로 교차했다. 도로 맞은편에는 단지 내의 상업 서비스 시설이 있었다. 보아하니 이 빌딩에 사는 사람이 자주 지나다녀야 하는 곳으로 편리하긴 하지만 다소 번잡했다.

주거용 세를 구하려는 사람에게는 그다지 이상적이지 않은 곳이었다. 위치는 편리하지만 보통 주거지 주변은 조용한 것을 선호하는 편이라서 전경도 낙관적이지 않았다.

숀은 임차인 타깃을 사무실 용도로 맞추기로 했다. 그는 집을 적당히 인테리어해서 사무실 수요에 부합하게 만들었고 결국 세를 주는 것에 성공했다.

인테리어가 아주 잘 되어 있고, 좋은 지역에 있는 집이 꼭 월세가 잘 나가는 것은 아니다. 세를 주기 전에 반드시 자신의 집의 상황을 이해하고 예측을 통해 타깃층에 따라 합리적으로 기준을 설정해야 쉽게 월세를 줄 수 있다.

현재 부동산 업계의 투자 환경은 많이 개선되었다. 부동산 대출 이율이 신용대출 이율보다 크게 낮고 부동산 시장도 지속적으로 건전해졌다. 투자 위험이 줄어들고 가치 보존 및 증가의 기회가 늘어난 것이다. 도시에서의 생활에서 많은 청년들이 아직은 자신의 집을 사기가 힘들고, 집을 샀다고 하더라도 이후 주택대출금으로 어려움을 겪는다. 하지만 능력이 있어 집을 샀다면 혹은 가정에서 보유한 집이 여러 채라면 합리적이 계획에 따라 세를 주면 된다. 매월의 월세는 굉장한 수입이 될 것이다. 만약 자신이 살 집이 필요한 경우가 되면 임차인의 계약이 만료된 뒤 자신이 거주하면 된다. 단지, 월세 계약 시 주의 사항이 있다는 점을 잊지 말자.

(1) 주거 용도로 사용하고 불법적인 용도로 사용하지 않을 것을 상세히 명시해야 한다. 상주하는 사람의 신분증 복사본을 첨부하고, 내용을 자세히 기록해서 문서로 보관하여야 한다.

(2) 이웃에 피해를 주는 행위 등 허용되지 않는 행위를 제시해야 한다.

(3) 임차 기간과 사전 해약 시 보장 조건을 명확하게 기록한다.

(4) 보증금을 받고 보증금에 어떤 것이 포함되는지 기록한다. 예를 들어 가구, 가전, 셋톱박스 등 각각의 변상 기준을 기록한다.

(5) 월세 납부 일자, 월세 미납 시 어떤 비율로 보증금에서 제외하는지를 명확하게 기록한다.

하버드 자산관리 비법

만약 가정에 남는 부동산이 있으면 월세의 방식을 사용하면 재원을 낭비하지 않을 수 있다. 뿐만 아니라 일정 수익도 얻을 수 있다. 하지만 모든 부동산이 그렇게 쉽게 월세가 나가는 것은 아니다. 집주인이라면 월세를 줄 때도 전략이 있어야 한다.

79

제대로 사용하면 신용카드가 보너스를 준다

미국의 사업가 프랭크 맥나마라는 뉴욕에서 손님에게 식사를 대접했다. 그런데 식사를 마치고 나서 자신이 지갑을 두고 왔다는 사실을 알게 되었다. 그는 아내가 현금을 들고 와 계산을 마칠 때까지 난감한 상황에 처해 있었다.

그 경험 이후 맥나마라는 신용카드 회사를 만들어야겠다는 생각이 들었다. 1950년 봄, 맥나마라는 그의 절친 도날드와 함께 1만 달러를 투자해 뉴욕에 다이너스클럽을 만들었다. 이것이 바로 다이너스 신용카드사의 전신이 되었다.

이 클럽은 회원들에게 장부 기입식 소비의 카드를 제공했다. 단, 회원이 신분증과 지불 능력을 증명하는 것을 전제로 했다. 이렇게 해서 회원들이 매번 현금을 들고 다녀야 하는 불편함을 없앨 수 있었다.

하지만 그 당시의 신용카드는 은행 업무가 필요가 없는 카드이기 때문에 그 성질이 상업 신용 카드에 속했다. 현재 신용카드는 이미 광범위하게 활용되고 있다. 하지만 신용카드에 대한 사람들의 태도는 다르다. 많은 사람들이 신용카드에서 현금을 꺼내 쓰는 것을 엄청난 재해라고 생각한다.

사실 때로는 신용카드를 적절하게 사용하면 오히려 당신에게 도움이 되고 작은 것으로 큰 걸 얻는 효과를 볼 수 있다. 현명한 독자들이 신용카드를 제대로 사용하는 법을 알게 되면, 당신이 신용카드에 발목이 잡힐 일이 없다. 그뿐만 아니라 신용카드는 당신에게 자산관리의 편리함을 제공하고 복리까지 누리게 해준다.

회사원 앤서니는 두 장의 신용카드를 발급받았다. 하나는 자신의 급여통장 카드와 제휴된 카드이고, 다른 한 장은 대출금이 있는 은행에 만든 것이다. 그는 이 두 장의 신용카드 대금 결제일을 보름의 간격으로 설정하고, 월 전반기에는 전월 말에 대금 결제한 카드로 결제하고, 후반기에는 전반기에 결제한 카드로 결제해 최대한 긴 이자 면제 기간을 누렸다. 또한 소비할 때는 5천 달러가 넘는 귀중품에 대해서는 일정 수수료를 지급하고 할부로 결제하는 방법을 선택했다.

앤서니는 가계부를 쓰는 좋은 습관이 있어서, 그는 매월 자신의 사용 액수를 체크해서 스스로 매월 그 전액을 갚을 수 있게 했다. 앤서니가 대금을 잘 납부하는 좋은 신용기록을 가지고 있었기 때문에 은행은 그의 신용한도를 높여주었다. 그렇게 되니 신용카드를 더 잘 이용할 수 있는 동시에 은행에 조금의 이자도 내지 않을 수 있었다.

자신에게 맞는 신용카드를 선택하고 그 카드가 주는 혜택을 제대로 마스터하면 신용카드는 당신에게 짐을 지우지 않는다. 오히려 자산관리에 유익을 준다. 하버드 자산관리 전문가들은 신용카드를 이용한 자산관리에도 방법이 있다고 전한다.

1. 급여통장 카드로 대금 납부

급여는 보통 계좌에 입금되는 방식이고 대다수의 사람들이 신용카드를 가지고 있다. 만약 급여통장 카드와 신용카드를 연결해놓으면 정기적으로 급여 수입의 일부로 신용카드 납부가 이루어질 것이다. 이렇게 하면 대급 납부가 제때 이루어져 좋은 신용 기록을 남기고, 신용카드의 사용 한도도 높아질 수 있다. 신용카드는 금융거래에서 자신의 신용을 나타내는 보증서와 같다.

2. 합리적이고 효과적인 소비

신용카드를 효과적으로 이용하면 공짜 점심을 먹을 수 있을 만큼 비용을 절감할 수 있다. 예를 들어 에어컨과 같은 계절성 상품은 성수기와 비수기의 가격차가 일반적으로 매우 크다. 가장 클 때는 20%까지 차이가 난다. 하지만 성수기와 비수기의 시차는 3~4개월뿐이다. 이 경우에 신용카드 할부 서비스를 사용하면 돈을 절약할 수 있다.

그 외에 신용카드사 별로 각종 혜택이 있다. 외식, 쇼핑 등에 할인을 받을 수 있다. 신용카드를 사용하면 더 많은 포인트를 적립할 수 있고, 포인트가 일정 액수가 되면 선물을 교환할 수도 있다.

또한 증권, 펀드, 보험 등과 제휴된 서비스들이 개통되어 있어, 은행

카드로 손쉽게 각종 자산관리 상품을 구매할 수도 있다.

신용카드는 편리한 자산관리 도구일 뿐만 아니라 사용자의 투자를 돕는 조수 역할을 한다. 만약 정확하게 사용하면 이는 당신이 부의 문을 여는 열쇠가 될 수도 있다.

데이비드는 졸업한 뒤 한 영리 기업에 취업을 했다. 그는 많은 동료들이 펀드를 사서 돈을 버는 모습을 보았고 그 역시 펀드에 투자해야겠다는 생각을 멈출 수 없었다. 하지만 데이비드는 모아놓은 돈이 없었다. 그럼 어떻게 펀드에 투자할 수 있을까? 어느 날 그가 신용카드로 소비를 하다가 문득 아이디어가 떠올랐다. 신용카드에 50일에 달하는 초과 인출 이자 면제 기간이 있으니 그 돈으로 투자를 할 수 있겠다는 생각이 든 것이다. 자세히 계산한 뒤 그는 완벽한 방법을 생각해냈다. 그는 3천5백 달러의 월급에서 5백 달러를 남겨두고 나머지 3천 달러로 펀드를 구매했다. 그리고 한 달 동안의 모든 쇼핑, 외식 등을 최대한 신용카드로 소비하고 이자 면제 기간이 오면 대금 납부일 전에 펀드를 회수해 신용카드 대금을 갚아버리는 것이다.

이렇게 데이비드는 자신의 자산관리를 시작했다. 하지만 이런 투자는 매우 위험하다. 펀드가 마이너스가 나면 결과가 심각해지기 때문이다. 그래서 신용카드 투자를 할 때는 첫째, 펀드를 잘 골라야 한다. 돈을 벌 수 있으면서 리스크가 없는 펀드여야 한다. 둘째, 반드시 인터넷 뱅킹을 신청해야 한다. 그래야 은행에 줄을 서야 하는 불편을 줄일 수 있다. 셋째, 자산관리 지식을 많이 배워두고 경제 뉴스에 관심을 두고 시세 동태를 이해해야 한다. 조금만 신경을 쓰지 않아도 손해를 볼 수 있다.

신용카드를 사용한 투자에 존재하는 리스크는 매우 크다. 현재 일부 펀드회사와 은행이 제휴를 맺고 펀드용 신용카드를 내놨다. 앞으로 신용카드의 투자기능은 더 많이 활용될 것이다. 하지만 신용카드로 투자를 할 때는 투자수익률, 순환신용이자를 평가하고, 현금 투자보다 더 많은 수익이 나는 종목을 신중하게 골라야 한다. 여력이 없는 사람이라면 이런 방식에 투자를 선택하지 않는 것이 바람직하다.

80

자신에게 먼저 투자하라

경제위기를 맞으면 사람들은 조급해진다. 작은 실패에 불안해하고 계획했던 일을 포기해버리기도 한다. 그러나 금융위기라고 해서 자산관리를 곧장 포기해버리는 것은 어리석은 짓이다. 더욱더 물 샐 틈 없는 자산관리를 수행해야 한다. 알다시피 자산관리는 우리의 자산을 더 확실하게 관리하고자 하는 것이다. 그러기 위해 위기를 대처하는 능력을 높이고 생활의 질을 보장하기 위해 학습하고 실전에 응용해야 한다.

물론 자산관리가 금융 위기의 침략을 차단하거나 막아줄 무기는 아니다. 하지만 우리가 조금이라도 더 평온하게 위기를 지나치도록 돕는 방어막은 될 수 있다.

그러나 좀 더 솔직히 말하면 사회적 파장이 큰 금융위기 시에는 어떤 투자도 안정적이지 않다. 경제 혹한기를 맞은 사람들은 "어떤 투자가 가장 안정적일까요?"라고 묻는다. 그러면 하버드 자산관리 전문가들은 "자신에게 투자하세요!"라고 대답한다. 경제위기 시기를 자신의 역량으로 바꿀 수 없다면 자신을 먼저 바꾸는 것이 낫다는 것이다. 사실 어떤 환경에서든 자신에게 투자하는 것이 가장 중요하고 안전하다. 이 투자는 손해 없이 안정적인 수확만 이루게 하기 때문이다.

어쩌면 당신은 이미 학교를 벗어난 지 오래 되었을 수도 있고, 얼마 되지 않았을 수도 있다. 시간의 길고 짧음에 상관없이 학교를 벗어났다는 것이 배움이 끝났다는 것을 의미하지는 않는다. 오히려 모든 부분에 대해 배워야 한다는 것을 의미한다. 계획이 변화를 따라가지 못하는 시대에서 학력은 빠르게 그 가치가 떨어졌다. 반면에 직장 내 경쟁은 더욱 변화를 예측하기 어렵다. 시대의 변화에 발맞춰 지식의 '충전'은 유행이 아닌 필수가 된 것이다.

한 청년이 인생의 첫 수익을 자신에게 투자할 수 있다면 그는 미래의 삶 속에서 더 많은 무형의 수익을 얻을 수 있다. 젊은 시절 끊임없이 자신에게 투자하고, 노력하고, 자기 자신을 뛰어넘는다면 미래의 사업 발전과 부의 축적에 상당히 중요한 의미가 되기 때문이다. 이는 수많은 성공한 사람들의 사례가 증명하고 있다.

자신에 대한 투자의 경로는 당연히 각양각색이다. 자신에게 맞는 강의를 듣고 한 단계 발전할 수도 있고, 상황이 허락된다면 외국 유학을 갈 수도 있다. 자신에 대한 투자에 방향이 있으면 당신을 이끌 동력도 있어야 한다. 사회의 직위적인 계급 구분, 기업 조직 구조, 여기에 회사 간 단일화와 합병, 주력산업의 변화에 따라 조정되는 급여 등은 당신을 민감하게 만든다. 이대로 있을 수는 없다는 위기의식과 닥쳐올 변화에 적절히 대처하는 무기가 무엇인지 알게 하는 것이다. 즉, 개인의 전문성과 축적된 지식, 업무 능력의 향상이다. 산을 뚫어 길을 내고, 물 위를 건너는 다리를 만드는 일이며, 예상치 못한 일에 대한 종신보험을 드는 것과 마찬가지이다.

다른 측면에서 보면, 재주가 짐이 되는 법은 없다지만 지식이 넘쳐나는 오늘날에는 수많은 기능들에 다 능통할 필요도 없고, 그럴 수도 없다. 갖가지 가르침을 주는 서적들 속에서 무언가를 배우고자 하는 사람은 자신의 발전 경로에 맞춰 가장 알맞은 '충전소'를 선택해야 한다. 전문적인 기술이 있어야 진정으로 유용한 배움이 될 것이다.

현대사회에서는 직업 지식의 변화와 세대교체가 갈수록 빨라진다. 더불어 인재에 대한 요구 역시 이에 따라 계속 변화한다. 그렇다면 미래 사회의 변화는 불 보듯 뻔해진다. 그래서 당신은 전문성을 갖춘 인재로 거듭나야 한다.

요즘은 영어 인재에 대한 수요가 이미 기존 순수 영어 인재에서 법률 영어, 금융 영어 등 복합형 인재로 바뀌었다. 이에 맞추어 충전하고, 직접 광범위한 정보를 수집하고 자신을 보완하고 더 많은 시간을 들여 기본서나 관련 문헌 자료를 살펴야 한다.

자신에게 투자하는 것은 사실 '뇌 충전'과 업무 연구에 국한되지 않는다. 소프트웨어적으로도 지식을 확대하고 끊임없이 배워 실력을 향상시켜야 한다. 이외에 우리가 자신에게 투자할 수 있는 내용은 더 많다. 업무 외의 시간에 많은 시간을 들여 하드웨어, 즉 몸을 단련하는 것 등이다. 신체 단련을 잘하는 것은 곧 건강한 몸에 대한 자산관리다. "몸이 곧 노동의 자본이다."라는 말처럼 건강은 우리의 가장 큰 재산이다.

현대의 대다수 사람들은 일의 압박이 크고 여가 시간이 없다. 육체적 정신적 몸이 '최악의 건강' 상태에 놓여 있다. 하지만 무엇보다 우선으로 생각해야 할 것은 자신의 건강이다. 몸을 관리하는 데 투자할 수 있다면, 자신의 체력이 좋아질 뿐만 아니라 좋은 체력으로 업무의 도전에 맞설 수 있다. 경제적 관점에서 보자면 의료비 지출을 줄일 수 있다. 몸이 축나면 그 어떤 성공과 부도 의미가 없다. 우선적으로 건강에 투자하고 적극적으로 몸을 관리하는 것. 이 역시 다른 측면에서의 자산관리다.

홀로 모든 것을 이뤄낼 수는 없다.

주변에 있는 사람들을 부자로 만들어야 당신도 부자가 될 수 있다.

앤드류 카네기

돈이 없는 게 문제가 아니다.

비전이 없는 게 문제다.

샘 월튼